SILENCIAMENTOS ROMPIDOS
PROFESSORAS PREMIADAS NO COMBATE AO RACISMO

Editora Appris Ltda.
1.ª Edição - Copyright© 2024 da autora
Direitos de Edição Reservados à Editora Appris Ltda.

Nenhuma parte desta obra poderá ser utilizada indevidamente, sem estar de acordo com a Lei nº 9.610/98. Se incorreções forem encontradas, serão de exclusiva responsabilidade de seus organizadores. Foi realizado o Depósito Legal na Fundação Biblioteca Nacional, de acordo com as Leis nºs 10.994, de 14/12/2004, e 12.192, de 14/01/2010.

Catalogação na Fonte
Elaborado por: Dayanne Leal Souza
Bibliotecária CRB 9/2162

C141r 2024	Calado, Maria da Glória Silenciamentos rompidos: professoras premiadas no combate ao racismo / Maria da Glória Calado. – 1. ed. – Curitiba: Appris, 2024. 234 p. : il. ; 23 cm. (Educação, Tecnologias e Transdisciplinaridades). Inclui referências. ISBN 978-65-250-6105-4 1. Racismo. 2. Escola. 3. Discriminação racial. I. Calado, Maria da Glória. II. Título. III. Série. CDD – 320.56

Livro de acordo com a normalização técnica da ABNT

Appris editora

Editora e Livraria Appris Ltda.
Av. Manoel Ribas, 2265 – Mercês
Curitiba/PR – CEP: 80810-002
Tel. (41) 3156 - 4731
www.editoraappris.com.br

Printed in Brazil
Impresso no Brasil

MARIA DA GLÓRIA CALADO

SILENCIAMENTOS ROMPIDOS
PROFESSORAS PREMIADAS NO COMBATE AO RACISMO

FICHA TÉCNICA

EDITORIAL
Augusto Coelho
Sara C. de Andrade Coelho

COMITÊ EDITORIAL
Marli Caetano
Andréa Barbosa Gouveia - UFPR
Edmeire C. Pereira - UFPR
Iraneide da Silva - UFC
Jacques de Lima Ferreira - UP

SUPERVISOR DA PRODUÇÃO
Renata Cristina Lopes Miccelli

PRODUÇÃO EDITORIAL
Sabrina Costa da Silva

REVISÃO
Camila Dias Manoel

DIAGRAMAÇÃO
Bruno Ferreira Nascimento

CAPA
Eneo Lage

COMITÊ CIENTÍFICO DA COLEÇÃO EDUCAÇÃO, TECNOLOGIAS E TRANSDISCIPLINARIDADE

DIREÇÃO CIENTÍFICA
Dr.ª Marilda A. Behrens (PUCPR) — **Dr.ª Patrícia L. Torres (PUCPR)**

CONSULTORES

Dr.ª Ademilde Silveira Sartori (Udesc)

Dr.ª Iara Cordeiro de Melo Franco (PUC Minas)

Dr. Ángel H. Facundo
(Univ. Externado de Colômbia)

Dr. João Augusto Mattar Neto (PUC-SP)

Dr.ª Ariana Maria de Almeida Matos Cosme
(Universidade do Porto/Portugal)

Dr. José Manuel Moran Costas
(Universidade Anhembi Morumbi)

Dr. Artieres Estevão Romeiro
(Universidade Técnica Particular de Loja-Equador)

Dr.ª Lúcia Amante (Univ. Aberta-Portugal)

Dr. Bento Duarte da Silva
(Universidade do Minho/Portugal)

Dr.ª Lucia Maria Martins Giraffa (PUCRS)

Dr. Claudio Rama (Univ. de la Empresa-Uruguai)

Dr. Marco Antonio da Silva (Uerj)

Dr.ª Cristiane de Oliveira Busato Smith
(Arizona State University /EUA)

Dr.ª Maria Altina da Silva Ramos
(Universidade do Minho-Portugal)

Dr.ª Dulce Márcia Cruz (Ufsc)

Dr.ª Maria Joana Mader Joaquim (HC-UFPR)

Dr.ª Edméa Santos (Uerj)

Dr. Reginaldo Rodrigues da Costa (PUCPR)

Dr.ª Eliane Schlemmer (Unisinos)

Dr. Ricardo Antunes de Sá (UFPR)

Dr.ª Ercilia Maria Angeli Teixeira de Paula (UEM)

Dr.ª Romilda Teodora Ens (PUCPR)

Dr.ª Evelise Maria Labatut Portilho (PUCPR)

Dr. Rui Trindade (Univ. do Porto-Portugal)

Dr.ª Evelyn de Almeida Orlando (PUCPR)

Dr.ª Sonia Ana Charchut Leszczynski (UTFPR)

Dr. Francisco Antonio Pereira Fialho (Ufsc)

Dr.ª Vani Moreira Kenski (USP)

Dr.ª Fabiane Oliveira (PUCPR)

À minha inesquecível mãe, in memoriam, *inspiração incondicional em todas as conquistas e percalços da caminhada da vida.*

Ao meu querido pai, in memoriam.

Aos meus irmãos, todos importantes no meu processo formativo, mais um em especial - Beco - pelo amor aos estudos, leituras, indicações de leituras e materialmente me presenteando com o que mais gostava de fazer: debruçar-se sobre os livros.

À minha irmã, Luzia, mulher guerreira que sempre esteve presente em todos os momentos da minha vida. Uma verdadeira mãe suplente.

À Samira Chalub, in memoriam, *quem me iniciou nos estudos da pós-graduação na PUC-SP na Comunicação e Semiótica.*

Ao meu pai suplente, Aristeu Moreira, jornalista político que muito me ajudou material e simbolicamente, pois, quando eu pensava que o meu sonho de estudar acabara, acenou-me oferecendo sua casa para minha guarida.

AGRADECIMENTOS

Esta pesquisa foi resultante da convivência de longa data com pessoas muito especiais que encontrei na minha trajetória. Pessoas que, ao seu modo, contribuem na construção de relações mais justas e igualitárias e que colaboraram para a realização deste trabalho. Dessa forma, sou eternamente grata:

Às professoras entrevistadas que participaram desta pesquisa, pelo tempo que me concederam e pela oportunidade de conhecer suas histórias, seus sonhos e seus projetos de construírem um mundo mais igualitário.

Ao Centro de Estudos das Relações e Desigualdades no Trabalho, pelo acolhimento receptivo. Sem a colaboração da Dr.ª Maria Aparecida Bento, de Shirley dos Santos e de Antônio Carlos Malaquias, não seria possível realizar este trabalho.

À estimada orientadora da investigação de doutorado, Prof.ª Dr.ª Maria Cecília Cortez Christiano de Souza, que me orientou com muita paciência, sobretudo em momentos nos quais as adversidades da vida se intensificaram. Sem sua compreensão e seu apoio, não seria possível realizar este trabalho.

Agradeço aos professores doutores Kabengele Munanga e Ricardo Franklin Ferreira pela leitura cuidadosa e as valiosas contribuições durante nosso exame de qualificação; as palavras carinhosas e acalentadoras em momentos difíceis.

Agradeço à Prof.ª Dr.ª Cristiane Santana pelas contribuições na perspectiva de uma educação antirracista, e à Prof.ª Dr.ª Marisa Baptista Todescan a leitura e os apontamentos que enriqueceram este trabalho.

Às Prof.ᵃˢ Dr.ᵃˢ Maria Cristina Wissenbach e Marie Claire Stekel, pelos ensinamentos nas disciplinas, cujas aulas sempre davam a impressão de passarem rápido demais.

À Prof.ª Dr.ª Rosa Cabecinhas, pela acolhida afável e pelos ensinamentos na realização das disciplinas, como também pela preocupação em contribuir na construção deste trabalho.

À amiga Juliana Salles que esteve comigo nos momentos mais adversos da minha vida e pelas valiosas contribuições a este trabalho.

À Coordenação de Aperfeiçoamento de Pessoal de Nível Superior, pela bolsa parcial concedida a esta pesquisa.

Ao Marcelo e a toda a equipe de funcionários da pós-graduação da Faculdade de Educação da Universidade de São Paulo (Feusp), pela atenção e pela paciência.

À Eliane Costa; o nosso reencontro não poderia ser mais feliz, realizado em dupla conjunção na inspiração deste trabalho, como também no fortalecimento do vínculo de amizade pela vida afora.

Aos colegas e às coordenadoras do Programa de Formação de Professores, que me acompanharam durante o percurso do doutoramento, aconselhando-me e compartilhando os momentos de angústias, ansiedade e, também, de descobertas.

A todos os professores e professoras que, com suas práticas pedagógicas, contribuem para que as relações humanas sejam mais igualitárias.

À minha amiga, Alessandra, por seu apoio essencial com a revisão cuidadosa do trabalho, como também pelo apoio afetivo despendido à minha pessoa.

Ao amigo Cláudio, pela leitura cuidadosa e pelos apontamentos apurados, que contribuíram na melhoria deste trabalho. Mais uma vez, pude contar com a sua valiosa contribuição.

Ao João, companheiro de todas as horas, esteve sempre ao meu lado, compreendendo minhas angústias, pela paciência e pelas palavras de alento, incentivando-me a continuar firme nos meus propósitos. Sua parceria foi para além do apoio moral.

Ao meu querido pai, *in memoriam*. A sua presença permanece em mim, por meio de seus ensinamentos e, sobretudo, na busca da construção de um mundo melhor. À minha mãe, *in memoriam*, exemplo de mulher guerreira. Inspirou-me a força necessária nos momentos mais difíceis dessa caminhada.

À minha irmã, Luzia, pela coragem na labuta cotidiana, referência de mulher que não esmorece diante das adversidades da vida.

Aos meus irmãos, pela paciência e compreensão em razão dos meus longos períodos de ausência, em que tive de me abster de nossos prazerosos momentos comuns.

À minha querida analista, cuja escuta atenta me ajudou nessa travessia, assinalando a importância de manter-me equilibrada para a conclusão deste trabalho, que representa a realização de um antigo sonho.

Aos meus amigos de todas as horas, Beatriz, Daniele, Daniela, Eliane, Kenya, Juliana, Fabrício, Vanessa, Sandra, Luciana, Melissa, Pedro Jaime, Paula, Paulina, Priscila, Tânia, pelo apoio e pela amizade, como também pela interlocução e colaboração para que esta pesquisa se realizasse.

Aos professores do Instituto de Psicologia e da FEUSP, pelos ensinamentos compartilhados, pelo apoio e pelos vários modos de estímulo.

Agradeço à Prof.ª Dr.ª Maria de Lourdes Ramos da Silva a convivência durante o período inicial dessa jornada.

Ao Ailton, pela amizade e pelo incentivo às leituras nesse período.

Às amigas de linha de pesquisa, Paula, Patrícia e Priscila, companheiras com as quais dividi muitos momentos de angústia, alegrias e, também, de aprendizagem. Sem o apoio incondicional que delas tive, não poderia terminar este trabalho. As suas contribuições foram inestimáveis.

Agradeço à Prof.ª Dr.ª Mónica do Amaral e aos colegas do grupo de pesquisa Afroperspectivas: Anair, Ana Claudia, Ana Marinho, Caroline, Cristiane, Daniel, Kleber, Lilian, Luciana, Luísa, Marivalda (Nana), Renato, Rinah, Simone, Thiago, Valdirene e Valdenor, pelos afetos e partilhas durante a jornada do pós-doutorado. Nossas discussões e reflexões puderam enriquecer a elaboração deste trabalho.

À coordenadora do Programa de Formação de Professores, que me acompanhou durante o percurso do doutoramento, aconselhando-me e compartilhando os momentos de angústias, ansiedade e, também, de descobertas.

Aos meus amigos da Feusp, Ariel, Daniela, Daniele, Crislei, Joy, Mauro, Mighian, Joice, Maria Helena, Marina, Silvia, Sandra, Vanessa, Ricardo, Jany, Daniel, Luciana e Mariana, pela ajuda em vários momentos. Tenho certeza de que esta pesquisa seria impossível sem a contribuição de cada um deles, que tornou a realização deste trabalho menos árdua e solitária.

Ninguém nasce odiando outra pessoa
pela cor de sua pele,
ou por sua origem, ou sua religião.
Para odiar, as pessoas precisam aprender,
e se elas aprendem a odiar,
podem ser ensinadas a amar,
pois o amor chega mais naturalmente
ao coração humano do que o seu oposto.
A bondade humana é uma chama que pode ser oculta,
jamais extinta.

(Nelson Mandela)

APRESENTAÇÃO

Por que combater o racismo é tão difícil? De que maneira as raízes históricas atuam na persistência desses obstáculos? A escola, espaço de formação de identidade, tem, predominantemente, enfrentado ou reproduzido o racismo? Por que é tão complexo desconstruir a discriminação racial, o racismo e o preconceito na escola? O que diferencia as experiências que romperam com o silenciamento desses fenômenos e as situações nas quais o tema racial é retratado apenas a cada 20 de novembro? Por que uma lei tão relevante como uma alteração da Lei de Diretrizes e Bases (LDB) feita pela Lei 10.639/2003 está tão longe da efetivação?

Entre tantas perguntas, tive a oportunidade de investigar e analisar relatos de professoras ganhadoras da quarta edição do Prêmio Educar para a Igualdade Racial: Experiências de Promoção da Igualdade Étnico-Racial em Ambiente Escolar, promovido pelo Centro de Estudos das Relações de Trabalho e Desigualdades. Tal experiência foi transformadora para mim enquanto pesquisadora. Tive a oportunidade de compreender com profundidade os enquadres que levavam à persistência do racismo: da objetificação promovida pelo escravismo até a busca pela afirmação do negro como sujeito de direitos a partir da Constituição federal de 1988, há trajetórias fundamentais para a compreensão da sociedade atual, tais como as teorias de eugenia, a ideia positivada de branquitude em contraposição à percepção deturpada de negritude. O racismo era ciência, a Abolição era inconclusa, os direitos eram negados, a discriminação era regra, e as consequências psíquicas eram devastadoras.

Em *Rompendo o silêncio: professoras premiadas no combate ao racismo*, também consegui dar espaço para a resistência de movimentos sociais negros a esses processos desumanizadores para, posteriormente, mostrar os impactos psicossociais do silenciamento do racismo e da persistência do mito da democracia racial nas escolas brasileiras. De fato, os movimentos sociais transformaram a educação em bandeira de luta e caminho para a emancipação.

Nos relatos das entrevistadas, docentes engajadas na luta antirracista descrevem suas trajetórias, desafios em sala de aula, ideias e aspirações.

Sonhos perdidos, indignações, busca por conhecimento, autodeclaração, estratégias de rompimento do silenciamento da problemática racial. Da confecção de bonecas negras a visitas a museus, foram muitos os trajetos encontrados para pautar esse tema. Opressões interseccionadas, heranças coloniais e desconstrução da falsa ideia de "harmonia racial" são importantes elementos analisados nos depoimentos coletados.

Resultado de uma pesquisa de doutorado que realizei na Faculdade de Educação da Universidade de São Paulo, a obra também aponta caminhos para a construção de uma educação antirracista, decolonial e interseccional, com orientações dicas práticas direcionadas a educadores, gestores escolares e gestores públicos na área da educação a fim de contribuir com a esperada efetivação da alteração da LDB pela Lei 10.639/2003, que torna obrigatório o ensino da história e cultura afro-brasileira no currículo nacional da educação básica. Entre tantos desafios, como a formação docente, a superação da pedagogia de projetos, a necessidade de desconstrução de estereótipos e do crescimento de discursos violentos e fascistas na sociedade, é fundamental romper silenciamentos, reconhecer os problemas e desconstruí-los. Este livro traz trajetos para que o silêncio deixe de ser realidade nos espaços educacionais brasileiros quando o assunto é racismo.

A autora

PREFÁCIO

O texto do livro *Rompendo o silêncio: professoras premiadas no combate ao racismo* foi originalmente uma tese de doutorado defendida com sucesso na Faculdade de Educação da Universidade de São Paulo em 2013, pela professora Maria da Glória Calado. Entre as datas de defesa da tese e a publicação deste livro, cerca de dez anos já se passaram durante os quais ela continuou a aprofundar suas reflexões e a contribuição de sua pesquisa, acompanhando os debates e as novas publicações sobre o racismo na sociedade brasileira em busca dos caminhos para sua superação.

Tendo em vista que se trata de uma questão complexa cujas interpretações e leituras não oferecem uma explicação global e uma única receita de combate, os caminhos de luta encontram muitos obstáculos. Visto deste ângulo, observa-se que as centenas de publicações científicas no mundo e as leis antirracistas promulgadas em alguns países não conseguiram erradicar este mal que continua a castigar seres e sociedades humanas, por causa das diferenças das geografias de nossos corpos. Basta olhar as experiências de luta em todos os países que foram beneficiados pelo tráfico humano dos africanos para se convencer das dificuldades que se tem ainda até hoje para aniquilar o racismo.

Em vez de ficar preso aos discursos e às abstrações generalizantes contra o racismo, é preciso contextualizá-lo a partir das peculiaridades históricas, expressões e manifestações políticas e culturais nos países que o praticam, de suas experiências e práticas concretas de combate. É nesta busca de contextualização a partir das marcas históricas do racismo na sociedade brasileira que Maria da Glória Calado se insere. Certo, alguns trabalhos e pesquisas científicas tentaram buscar as raízes do racismo na história da humanidade, partindo da pré-história, passando pela antiguidade clássica, idade média, tempos moderno e contemporâneo. Sem dúvida, a leitura desses trabalhos é interessante para saber de onde veio esse fenômeno chamado racismo, quando e por onde começou, embora não ofereça soluções para seu combate nas sociedades contemporâneas. As narrativas de Maria da Glória Calado não são as primeiras nem as últimas a focar o papel da educação na luta contra o racismo na sociedade brasileira. Mas diante de um fenômeno alojado na estrutura da sociedade e cuja dinâmica não controlamos, os resultados de sua pesquisa contribuem para redirecionar e reformular as estratégias de luta para o combate do racismo na sociedade brasileira.

A busca dos caminhos de combate ao racismo supõe que saibamos primeiramente o que ele significa e como se manifesta nos países por ele atingido na história da humanidade. Daí a importância da contextualização para não se perder nas especulações teórico-conceituais abstratas.

Neste livro, Maria da Glória Calado tenta fazer esta contextualização das peculiaridades do racismo no Brasil a partir de algumas demarcações que constituem quatro momentos históricos que ela denomina "enquadres" (conceito emprestado de J. Bleger): o escravismo, o abolicionismo, a proclamação da República e a Constituição Federal de 1988. É a partir do enquadre "Nova Constituição Federal de 1988" que o Estado brasileiro reconhece oficialmente o racismo como um crime. Esse reconhecimento constituiria o início formal da luta contra o racismo que o mito de democracia racial cunhado a partir dos anos de 1930 abafava. Isso não quer dizer que o Movimento Negro em suas diferentes fases de rebeliões e revoltas, na Frente Negra Brasileira e até a formação do Movimento Negro Unificado na Luta contra o racismo em 1978 não tinha consciência e não lutou contra o racismo, pelo contrário. Mas o reconhecimento oficial pelo Estado abre novas perspectivas de luta, envolvendo todos os membros conscientes da sociedade civil em termos de solidariedade. Na esteira da Nova Constituição Federal de 1988, novas reivindicações do Movimento Social Negro vão desembocar na promulgação das leis 10.639/2003 e 11.645/2008; no estatuto da igualdade racial pela Lei 2288 de 20 de julho de 2010 e na Lei 12.711.2012 chamada lei de cotas, entre outras conquistas simbólicas como o reconhecimento de Zumbi dos Palmares como herói negro dos brasileiros e brasileiras. Infelizmente a Lei 7.716/89, artigo 5, XLII da Constituição de 1988 que considera as práticas fragrantes de discriminação racial como crime inafiançável e imprescritível sujeito à pena de reclusão, não surtiu os efeitos que dela se esperava, pois esses crimes foram julgados nos tribunais dominados pelos brancos apenas como injúrias raciais e não como crimes. Espera-se que a Nova Lei promulgada em 2023 pelo presidente Lula e que considera injurias raciais como crime possa funcionar.

A Lei 10.639/03 abre novo caminho de luta contra o racismo que passaria por uma educação antirracista num terreno que as leis mesmo quando funcionam não atingiriam: os preconceitos raciais que são atitudes preconcebidas introjetadas pela educação numa cultura racista. O que seria essa educação antirracista? Certamente uma educação multicultural que destrói os preconceitos e as crenças que dizem que os negros não têm cultura, não têm história e nem identidade, e que seus antepassados africanos viviam num estado primitivo, sem leis, deus e religiões. Razões pelas quais foram escravizados e colonizados pelo mundo ocidental considerado como civilizado. Precisava demonstrar através dessa educação multicultural antirracista que os africanos antes de serem escravizados e colonizados tinham cultura, história e identidade e constituem o berço da humanidade, ou seja, onde surgiu a própria história. Precisava demonstrar que os africanos deportados e escravizados no Brasil não apenas resistiram contra a escravidão em defesa de sua liberdade e dignidade humana, mas inventaram novas culturas no Brasil que fazem parte de sua participação e contribuição na construção da cultural brasileira que é plural e não somente europeia.

Os discursos em defesa das Leis 10.639/03 e 11.645/08 são muito lindos e importantes para sensibilizar, conscientizar e politizar os membros da sociedade, brancos e não brancos, políticos e membros da sociedade civil em geral, diante do silêncio sobre o racismo nas famílias brancas e negras e nas instituições escolares onde se constrói a cidadania. Silêncio que tem a ver com a inércia do mito da democracia racial brasileira apesar de ela ter sido desmistificada pelas pesquisas científicas a partir do projeto da UNESCO nos anos de 1960 que tinha como objetivo averiguar a existência dessa democracia racial brasileira tão cantada na ideologia racial brasileira. Mas por onde começar para fazer funcionar esta lei, pois não existiam livros e materiais didáticos e pedagógicos apropriados, o que deixava os poucos e raros educadores(as) e professores(as) sensibilizados e conscientizados sem saber como e por onde começar?

Aqui está o cerne do livro que ora estamos prefaciando: pesquisar as experiências de uma educação multicultural antirracista no espírito das Leis 10.639/03 e 11.645/08, realizadas por algumas educadoras conscientes e engajadas nas escolas da cidade de São Paulo. A respeito, a professora Maria da Glória Calada realizou uma rica pesquisa de campo, entrevistando essas professoras para saber através de seus próprios relatos e narrativas como elas mesmas avaliam os resultados de suas experiências e propostas e que lições se pode tirar delas que poderiam servir de modelos e exemplos para fazer funcionar as leis eludidas, em busca da construção de uma sociedade igualitária entre brancos e não brancos. Mas como se trata de uma pesquisa qualitativa, ela se limitou em seu trabalho de campo a entrevistar apenas quatro professoras que foram premiadas pelo projeto "Educar para Igualdade Racial" promovido pelo CEERT, em sua 4ª edição.

Para analisar os dados dessa pesquisa empírica, a professora Maria da Glória Calado estabeleceu um diálogo interdisciplinar de alta qualidade com pesquisadoras e pesquisadores, negros(as) e não negros(a)s de todas as gerações, das mais antigas como Abdias do Nascimento, Leila Gonzales, Beatriz de Nascimentos às mais novas como Petronília B. Gonçalves, Nima Lino Gomes, Eliana Cavalleiro, entre outras e outros que se debruçaram sobre o impacto do multiculturalismo na educação antirracista.

Sem minimizar esse diálogo com intelectuais que se debruçaram sobre a temática da educação antirracista, os relatos e narrativas das quatro professoras entrevistadas são de uma riqueza incomum. Por meio delas, eu descobri coisas de que não se fala nos textos publicados que costumamos ler. A constituição da subjetividade do sujeito negro, a baixa autoestima do educando negro e até de algumas/uns professoras/es, a cor do inconsciente da qual fala a psicanalista Isildinha Baptista Nogueira no seu livro *A Cor do Inconsciente: Significações do Corpo Negro*, me parecem sair inconscientemente do silêncio nesses relatos e narrativas. Devo confessar que apesar de tudo que já li e do pouco que escrevi a respeito, aprendi muito com as novas narrativas produzidas neste livro da professora Maria da Glória Calado, cuja leitura faço questão de recomendar vivamente.

Kabengele Munanga

LISTA DE SIGLAS E ACRÔNIMOS

CEA Centro de Estudos Africanos

Ceafro Centro de Estudos Afro-Orientais

Ceci Centro de Educação e Cultura indígena

Ceert Centro de Estudos das Relações de Trabalho e Desigualdades

Emef Escola Municipal de Ensino Fundamental

Feusp Faculdade de Educação da Universidade de São Paulo

IHGB Instituto Histórico e Geográfico Brasileiro

Idesp Índice de Desenvolvimento da Educação em São Paulo

Inep Instituto Nacional de Estudos e Pesquisas Educacionais Anísio Teixeira

Ipea Instituto de Pesquisa Econômica Aplicada

LDB Lei de Diretrizes e Bases

MEC Ministério da Educação

MNU Movimento Negro Unificado

TEM Ministério do Trabalho e Emprego

ONG Organização Não Governamental

PCN Parâmetros Curriculares Nacionais

PUC Pontifícia Universidade Católica

Sesc Serviço Social do Comércio

Seppir Secretaria de Política de Promoção da Igualdade Racial

Secadi Secretaria de Educação Continuada, Alfabetização, Diversidade e Inclusão

TEN Teatro Experimental do Negro

Ufba Universidade Federal da Bahia

Unicamp Universidade Estadual de Campinas

USP Universidade de São Paulo

SUMÁRIO

INTRODUÇÃO 23
Doutorado: lupa sobre a educação antirracista brasileira da primeira década do século XXI . . . 26
Anos 2010: vivências e desafios persistentes 32

1

DE OBJETO A SUJEITO DE DIREITO 35
1.1 Subjetividade e enquadre: bases para a compreensão do racismo 36
1.2 Primeiro enquadre: escravismo, o negro como objeto 44
1.3 Segundo enquadre: Abolição, negro livre e inferior 49
1.4 Terceiro enquadre: República Velha, a "legitimação ideológica" da inferioridade do negro . . 54
1.5 Quarto enquadre: Constituição de 1988, o negro como sujeito de direito 73
1.6 Conhecer para desconstruir e reverter 76

2

A EDUCAÇÃO COMO BANDEIRA DE LUTA: RELAÇÕES ÉTNICO-RACIAIS NAS ESCOLAS . . 79
2.1 O racismo na escola brasileira 80
2.2 A educação como bandeira de luta dos movimentos sociais negros 90
    2.2.1 Assimilacionista ou integralista (1889-1937) 91
    2.2.2 Segunda República à Ditadura Militar (1945-1964) 94
    2.2.3 Processo de redemocratização à República Nova (1978-2000) 95
2.3 Racismo no contexto escolar: entre eufemismos e silenciamentos 99
2.4 Desafios da implementação da Lei 10.639/2003 106
2.5 Entre contradições, lutas e perspectivas: um balanço 113

3

PRÁTICAS ANTIRRACISTAS NA EDUCAÇÃO: O PAPEL DO TERCEIRO SETOR 115
3.1 ONG Ceert: ações antirracistas no terceiro setor 120
3.2 Prêmio Educar para a Igualdade Racial: o papel do Ceert na educação antirracista 126
    3.2.1 Prêmio Educar para a Igualdade Racial: quarta edição 130
    3.2.2 Perfil dos participantes da quarta edição do Prêmio Educar para a Igualdade Racial . . . 134

4
NAS TRILHAS DA EDUCAÇÃO ANTIRRACISTA: POTÊNCIAS, RESISTÊNCIAS E DESAFIOS....137

4.1 Relato das práticas das professoras entrevistadas............................. 137

    4.1.1 Primeira entrevista: Prof.ª Virgínia.. 137

    4.1.2 Segunda entrevista: Prof.ª Patrícia Maria.................................. 143

    4.1.3 Terceira entrevista: Prof.ª Lilian... 147

    4.1.4 Quarta entrevista: Prof.ª Maria...151

4.2 O racismo pela ótica das entrevistadas... 156

4.3 Manifestações racistas na escola e práticas de enfrentamento................. 165

4.4 Percepção sobre a Lei 10.639/2003.. 173

5
CONSIDERAÇÕES SOBRE A PESQUISA DESENVOLVIDA ENTRE 2009 E 2013..........181

6
PERSPECTIVAS PARA UMA EDUCAÇÃO ANTIRRACISTA, DECOLONIAL E INTERSECCIONAL NOS ANOS 2020: ENTRE DIÁLOGOS, REFLEXÕES E RESSIGNIFICAÇÕES.............. 189

6.1 Direções essenciais...191

    6.1.1 Reconhecimento das interseccionalidades..................................191

    6.1.2 Decolonialidades e a desconstrução das colonialidades..................... 195

6.2 Características essenciais de uma educação antirracista, decolonial e interseccional..200

6.3 Trajetos iniciais: dicas para educadores.. 201

    6.3.1 Docentes.. 201

    6.3.2 Educadores em geral (docentes, trabalhadores escolares, gestores e outros)... 205

    6.3.3 Gestores escolares..206

    6.3.4 Gestores públicos que atuam fora do ambiente escolar e universidades.....209

6.4 Dicas de leitura.. 212

7
(IN)CONCLUSÕES.. 215

REFERÊNCIAS.. 217

INTRODUÇÃO

Iniciar a elaboração deste texto foi evocar a minha própria história e recuar no tempo em que a escolha pelo tema de pesquisa de mestrado já se apresentava latente. Até que ponto, no entanto, escolhemos o nosso tema de pesquisa? Não seríamos nós por ele escolhidos? Entendo que essa é uma questão subjetiva, que me conduziu à pesquisa de doutorado feita entre 2009 e 2013. Minha formação no ensino secundário, atual ensino médio, foi o magistério, opção possível para uma filha de pais migrantes nordestinos e pobres. Ser professora era tudo o que eu poderia almejar naquele momento. Venho de uma família socialmente classificada como "mestiça", composta por pai negro e mãe branca. Contudo, a discussão de identidade racial não se colocava aberta ou positivamente. Eu e meu irmão, ambos de pele mais escura, éramos chamados de "nego" e "nega", e essa classificação nos uniu sem que tivéssemos a consciência do tema racial.

O livro que está em suas mãos começou a nascer em 2005 e apresenta um acúmulo de reflexões, vivências e oportunidades que resultaram em uma busca por interdisciplinaridade nos debates e análises realizados. A base dele encontra-se na tese de doutorado que defendi em 2013 no Programa de Pós-Graduação em Educação da Universidade de São Paulo (USP). A adaptação desses conteúdos para o formato de livro incluiu também as marcas de minhas experiências como docente universitária no Centro Universitário Senac[1], de cursos pós-graduação *lato sensu* do Centro de Estudos Latino-Americanos sobre Cultura e Comunicação da Escola de Comunicações e Artes (Celacc/ECA/USP), como pós-doutoranda em Educação pela USP, como psicóloga em movimentos sociais e na prática clínica, como conselheira e vice-presidente do XVII Plenário do Conselho Regional de Psicologia de São Paulo (CRP/SP), como pessoa indignada e atravessada por cada novo caso de racismo conhecido em nosso país e suas respectivas consequências psíquicas, sociais e culturais.

No ano de 2005, iniciei o mestrado em Psicologia Social na Universidade São Marcos, sob a orientação do professor doutor Antônio da Costa Ciampa, com um projeto que naquele momento se dirigia à problemática

---

[1] Serviço Nacional de Aprendizagem Comercial.

da precarização dos estágios no mercado de trabalho. No ano de 2006, ingressei na Faculdade Zumbi dos Palmares, nas funções de docente e de orientadora de estágios. A experiência nesta instituição transformou-me profundamente: primeiro, pelo desafio do papel de docente; segundo, pela minha identificação com os alunos que eu orientava em estágios desenvolvidos em instituições financeiras.

Muitas foram as histórias e os aprendizados naquele período, pois os alunos mostravam-se que, mesmo nestes espaços denominados de inclusão corporativa □ parceria realizada entre a Faculdade Zumbi dos Palmares e as instituições financeiras para viabilizar, por meio dos estágios, o acesso dos estudantes ao mercado de trabalho □, também operava o racismo e, às vezes, de forma nada sutil. Nessas interações, tomei contato com as histórias dos sujeitos que afirmavam ter vivenciado situações de racismo e preconceito racial na escola, na família, nos espaços de trabalho e na sociedade em geral. Tais experiências levaram a identificações; tocava-me, por exemplo, o fato de os alunos se sentirem em casa naquela instituição de ensino; em suas palavras, era *"o nosso quilombo"* (informação verbal). Também observava algumas semelhanças entre suas histórias de vida e a minha, no campo econômico, na perseverança, na tenacidade, ou na busca por melhoria das condições de vida por meio dos estudos. Fui me tornando negra.

Nesse momento, entendi com maior profundidade que, no Brasil, ninguém nasce negro, mas torna-se negro, conforme dizeres da psicanalista Neusa Souza Santos[2]. Aliás, a autora afirma, no livro *Tornar-se negro (ou as vicissitudes da identidade do negro brasileiro em ascensão social)*, que

> Saber-se negro é viver a experiência de ter sido violentado de forma constante, contínua e cruel pela dupla injunção de encarnar o corpo e os ideais do Ego do sujeito branco e de recusar, negar e anular a presença do seu corpo negro [...]. Saber-se negra é viver a experiência de ter sido massacrada em sua identidade, confundida em suas expectativas, submetida a exigências, compelida a expectativas alienadas.[3]

---

[2] Em 2022, escrevi um texto para o Centro de Estudos e Pesquisas em Educação, Cultura e Ação Comunitária (Cenpec) sobre o tema "autoidentificação racial". A versão completa está disponível em: CALADO, Maria da Glória. Por que ainda é tão difícil declarar-se como negra (o) no Brasil? *Cenpec*, São Paulo, 17 nov. 2022. Disponível em: https://www.cenpec.org.br/noticias/artigo-autodeclaracao-racial. Acesso em: 20 nov. 2022.

[3] SOUZA, Neusa Santos. *Tornar-se negro (ou as vicissitudes da identidade do negro brasileiro em ascensão social)*. São Paulo: Companhia das Letras, 2022, s/p.

A própria psicanalista foi atravessada pelas dores de ser negro no Brasil e cometeu suicídio, o que reforça o sofrimento psíquico que as nuances do racismo são capazes de ocasionar. Um levantamento feito pela Organização Mundial da Saúde (OMS) traduz em números coletivos o impacto do sofrimento psíquico ligado à cor da pele no país: taxas de suicídio entre jovens pretos do sexo masculino são 45% maiores do que de brancos na mesma faixa etária[4].

Nos encontros de orientação de estágio, mais do que orientações formais, os alunos buscavam em mim uma aliada no enfrentamento do preconceito por eles vivido, particularmente nos locais de estágio. Descreviam que se sentiam "os estranhos", desconfortáveis por estarem em espaços pouco ocupados por negros, já que outros negros, nessas instituições, trabalhavam em posições de menor prestígio social. Além disso, a maioria era contratada por meio de um sistema de cotas, um programa de inclusão corporativa. Durante esse período, pude ouvir muitos relatos de conflitos raciais e pude fazer a mediação entre o estagiário e a instituição. Foi com base no compartilhamento dessas histórias que percebi que, além da precarização dos estágios, havia uma problemática racial subjacente e que merecia atenção. Dessa forma, a pesquisa de mestrado que vinha se desenvolvendo foi ampliada para a compreensão do papel dos estágios na formação da identidade profissional, como também do papel da socialização no desenvolvimento da identidade positivamente afirmada. A partir desse momento, iniciei meu estudo na área das relações raciais.

O término do mestrado trouxe-me muitas reflexões, que me impulsionaram a continuar os estudos na temática racial e apontavam a escola como instituição fundamental na formação de sujeitos críticos e espaço de transformação das relações raciais. Então, eu me questionava sobre como a escola estaria lidando com o racismo: enfrentando ou reproduzindo? Se os alunos chegavam à faculdade já tendo vivido experiências densas com o racismo, que se refletiam nas relações pessoais no ambiente dos estágios, percebemos que o enfrentamento do racismo deveria ser iniciado ainda na infância, na fase escolar.

No ano de 2008, participei do processo seletivo de doutorado na Faculdade de Educação da Universidade de São Paulo (Feusp), com a proposta de estudar o papel do estágio na formação da identidade docente.

---

[4] FIGUEIREDO, Patrícia. Índice de suicídio entre jovens e adolescentes negros cresce e é 45% maior do que entre brancos. *G1*, [*s. l.*], 21 maio 2019.

Propunha-me a investigar se, nos espaços de estágio, os alunos de pedagogia eram preparados para lidar com a questão racial, tendo em vista a Lei 9.394/1996, de Diretrizes e Bases da Educação Nacional, alterada pela Lei 10.639/2003, que instituiu a obrigatoriedade do ensino de História e Cultura Afro-Brasileira no currículo escolar. Em 11 de março de 2008, a Lei 11.645 deu a mesma orientação quanto à temática indígena.

Passado um ano do início das atividades do doutorado, e buscando aprofundar meus conhecimentos acerca da relação entre a educação e a questão racial, cursei, entre outras, uma disciplina com a professora doutora Maria Cecília Cortez Christiano de Souza, sobre a interface entre psicanálise, educação e cultura brasileira. Essa disciplina foi fundamental, pois ajudou-me a discutir a influência dos discursos racialistas na formação da sociedade brasileira. Refletir sobre tais discursos auxiliou-me a entender as estratégias pelas quais a estrutura social brasileira se constrói, reproduzindo modelos excludentes, baseados na ideia de hierarquia racial. A partir desse momento, concentrei-me no estudo da Educação das Relações Raciais (Erer).

Doutorado: lupa sobre a educação antirracista brasileira da primeira década do século XXI

A educação foi uma bandeira de luta constante do Movimento Negro[5], entendida como estratégia de mudanças no padrão das relações raciais e no combate às desigualdades. Aliás, para que barbáries históricas não se repitam, a educação deve trabalhar preconceitos, discriminações e estereótipos a fim de combater a consciência coisificada[6], ou seja, a percepção do outro como coisa, e não sujeito de suas próprias atitudes[7]. Entendemos, desse modo, que uma educação que busca romper com a repetição de barbáries deve ter a luta contra o racismo estrutural como um eixo fundamental, por esse problema ser uma forma de expressão de uma consciência coisificada.

A ideia da inclusão da história da África no currículo escolar já estava presente na Constituição federal de 1988, atendendo às reivindicações de diversos movimentos sociais dos grupos negros. Conforme o parágrafo 1º do Art. 242 da Constituição: "O ensino da História da África levará em

---

[5] MUNANGA, K.; GOMES, N. L. *O negro no Brasil de hoje*. São Paulo: Global Editora, 2006; SISS, A. *Afro-brasileiros, cotas e ação afirmativa*: razões históricas. Rio de Janeiro; Niterói: Quartet; Penesb, 2003.

[6] ADORNO, Theodor. *Educação e emancipação*. São Paulo: Paz e Terra, 1995.

[7] CALADO, M. G.; FELIX, A. B. M. O que nos ensinam as professoras ganhadoras do Prêmio Educar para a Igualdade Racial? *Práxis Educativa*, Ponta Grossa, v. 17, p. 1-19, 2022.

conta as contribuições das diferentes culturas e etnias para a formação do povo brasileiro"[8].

Apesar dessa determinação da Constituição de 1988, a sociedade brasileira tem dificuldade em considerar a contribuição dos povos africanos e indígenas na constituição da identidade brasileira, permanecendo resquícios da sobrevalorização do colonizador europeu. A invisibilidade das contribuições dos povos africanos e indígenas na constituição da nossa sociedade tem acarretado problemas para a formação da identidade dos brasileiros, tendo em vista que existe subjacente, em vários níveis do currículo escolar, um único modelo de identificação: o branco. Tal modelo implica sofrimento psíquico para os indivíduos negros, pois muito cedo aprendem a ter uma imagem negativa de si mesmos, e, na maioria das vezes, esse processo é inconsciente e decorrente da internalização desse modelo dominante[9].

A pesquisa que ora apresentamos se insere no campo da educação das relações raciais na escola. A escola é um espaço no qual o preconceito e a discriminação racial se reproduzem por meio das relações entre os agentes escolares, professores, alunos e demais profissionais. Pesquisas sobre relações raciais na educação[10] têm mostrado que os professores tendem a silenciar diante das manifestações do preconceito e da discriminação racial vivenciados no âmbito da escola. Esse silenciamento retroalimenta o preconceito e a discriminação racial, gerando conflitos psíquicos no processo de formação da identidade dos educandos que repercutem ao longo da vida destes.

Esses estudos apontam ser a escola um espaço essencial de formação e socialização do sujeito e, portanto, espaço de retroalimentação dos valores presentes na sociedade. Partilhamos dessa percepção da escola como lócus de produção e reprodução do preconceito e da legitimação das desigualdades presentes na sociedade, mas entendemo-nos também como espaço de tensão e conflito que pode revelar possibilidades de transformação e superação do racismo e do preconceito racial. Como bem nos lembra Nilma Lino Gomes, não "há como negar que a educação é um processo amplo e complexo de construção de saberes culturais e sociais que fazem parte do acontecer

---

[8] BRASIL. *Constituição da República Federativa do Brasil.* Brasília, DF: Senado Federal, Centro Gráfico, 1988. p. 61.

[9] FANON, F. *Pele negra, máscaras brancas.* Salvador: Edufba, 1980; REIS FILHO, J. T. *Negritude e sofrimento psíquico*: uma leitura psicanalítica. 2005. Tese (Doutorado em Psicologia Clínica) – Pontifícia Universidade Católica de São Paulo, São Paulo, 2005.

[10] CAVALLEIRO, Eliane dos Santos. *Do silêncio do lar ao silêncio escolar*: racismo, preconceito e discriminação na educação infantil. 1998. Dissertação (Mestrado) – Universidade de São Paulo, São Paulo, 1998; FAZZI, R. C. *O drama racial de crianças brasileiras.* Belo Horizonte: Autêntica Editora, 2006.

humano"[11]. Assim, entendemos que a escola pode se constituir em lócus de reprodução do preconceito, mas também de sua superação.

Considerando o potencial transformador das práticas pedagógicas para o enfrentamento do preconceito e da discriminação racial, tomamos como objeto de análise os relatos das professoras ganhadoras da quarta edição do Prêmio Educar para a Igualdade Racial: Experiências de Promoção da Igualdade Étnico-racial em Ambiente Escolar, procurando entender o que as levou a exercer práticas de superação do racismo na sua atividade profissional.

A escolha do objeto de pesquisa partiu da constatação, já apontada por Nilma Lino Gomes[12], de que a sociedade brasileira vivencia uma ambiguidade. Se, por um lado, diz-se que vivemos numa democracia racial; por outro, a necessidade de a Lei 10.639/2003 incluir, no currículo oficial da rede de ensino, a obrigatoriedade da temática História e Cultura Afro-Brasileira revela a existência do racismo. Aliás, uma das principais contribuições dessa lei tem sido promover o debate acerca da democracia racial, seja como um alvo desejado por todos, seja como mito encobridor das tensões raciais existentes. Ao regular a educação, o Estado brasileiro reafirma que a escola se apresenta como lócus de enfrentamento e superação do racismo. Consequentemente, essa lei decifra tal ambiguidade ao reconhecer o conflito racial entre nós.

Contudo, a efetivação da lei depende de ações cotidianas que envolvem os sujeitos sociais, sobretudo aqueles que estão em contato direto com a escola. Nesse sentido, entendemos que os agentes da comunidade escolar (particularmente, professores, coordenadores e diretores) têm papel significativo no enfrentamento e superação do racismo e da discriminação racial presentes na escola.

A relevância desta pesquisa está na necessidade de produção de experiências de enfrentamento do preconceito e discriminação racial no contexto escolar. O nosso objetivo foi analisar os relatos das professoras sobre as práticas pedagógicas laureadas pelo Prêmio Educar para a Igualdade Racial a fim de compreender as contribuições dessas práticas para o enfrentamento do racismo no contexto escolar. Entre os estudos já produzidos sobre essa temática, há uma parcela que se dedica a pesquisar o mal-estar presente entre os professores quando se defrontam com as manifestações cotidianas

---

[11] GOMES, Nilma Lino. Educação e relações raciais: refletindo sobre algumas estratégias de atuação. *In*: MUNANGA, K. *Superando o racismo na escola*. [*S. l.*]: Secretaria de Educação Continuada, Alfabetizada e Diversidade, 2005b. p. 141.

[12] *Ibidem.*

do racismo na escola[13]. Nosso estudo, porém, põe em relevo as experiências positivas de professoras no enfrentamento do racismo.

Nossa proposta de pesquisa foi delineada tendo em vista a preocupação com o racismo e a discriminação no campo da escola. Para a realização desta pesquisa, foi fundamental a aproximação com o Centro de Estudos das Relações de Trabalho e desigualdades (Ceert), instituição não governamental que vem realizando, ao longo de seus 34 anos, ações de combate ao racismo em vários âmbitos: trabalho, saúde e educação. No campo educacional, uma de suas principais ações é o Prêmio Educar para a Igualdade Racial e de Gênero, que teve oito edições desde 2002.

Esse prêmio é reconhecido pelo Ministério da Educação (MEC) como importante ação de incentivo à implementação da Lei de Diretrizes e Bases (LDB) 9.394/1996, alterada pela Lei 10.639/2003, por valorizar práticas pedagógicas realizadas pelos agentes escolares da rede pública de ensino, que vinham ocorrendo mesmo antes da criação da referida lei. Identificamos na premiação uma importante iniciativa de enfrentamento do preconceito e da discriminação racial, voltada para o desenvolvimento de uma educação antirracista, dando visibilidade às ações de superação do racismo no âmbito escolar.

Dessa forma, reconhecendo o Ceert como catalisador de experiências de enfrentamento do racismo no ambiente escolar, tomamos a quarta edição do Prêmio Educar para a Igualdade Racial como campo de estudo, mais especificamente, analisamos os relatos de professoras ganhadoras desse prêmio nas escolas da cidade de São Paulo.

Concebendo os professores como agentes fundamentais no processo de enfrentamento do racismo, mas também indivíduos formados dentro de uma sociedade marcada pelo racismo, singularmente, escamoteado pelo mito da democracia racial, perguntávamos: o que esses professores fizeram diante das manifestações racistas em sala de aula? O que podemos aprender com essas experiências? Buscando responder a essas questões, delineamos nosso fenômeno de pesquisa: o estudo dos relatos das experiências pedagógicas no enfrentamento do racismo dos professores premiados na quarta edição do Prêmio Educar para Igualdade Racial.

---

[13] CAVALLEIRO, 1998; GONÇALVES, Luiz Alberto Oliveira. *O silêncio*: um ritual pedagógico a favor da discriminação racial (um estudo acerca da discriminação racial como fator de seletividade na escola pública de primeiro grau – 1ª a 4ª série). 1985. Dissertação (Mestrado em Educação) – Universidade Federal de Minas Gerais, Belo Horizonte, 1985; SILVA, I. B. *O racismo silencioso na escola pública*. Araraquara: Junqueira&Marin; Uniara, 2009.

Realizamos então entrevistas com professoras laureadas pelo prêmio. Os resultados foram analisados à luz do aporte teórico construído na intersecção entre as seguintes áreas de conhecimento: história, sociologia, antropologia, educação, psicanálise e psicologia social.

Nossa pesquisa é, ainda, de natureza qualitativa. O estudo qualitativo é descritivo e pressupõe que o registro e sua posterior utilização sejam feitos da maneira mais fidedigna possível. As pesquisas qualitativas preocupam-se mais com o processo do que com os resultados. Ao focar o processo, a pesquisa qualitativa, no campo da educação, ajuda-nos a compreender os elementos imbricados no fenômeno do racismo e da discriminação racial. Vale dizer também que, nessa perspectiva, as informações são analisadas de maneira indutiva. O pesquisador não lida com hipóteses previamente estabelecidas. As informações colhidas vão se mostrando agrupáveis em determinadas categorias. No estudo qualitativo, é fundamental o significado que os sujeitos atribuem às suas experiências, no nosso caso, as práticas pedagógicas dos professores ganhadores.

As análises baseiam-se na perspectiva fenomenológica, a qual parte do princípio de que o mundo e a "realidade" não são objetivos e exteriores ao homem, mas sim são socialmente construídos e são significados com base no ser humano. Nesse sentido, a tarefa do cientista social não é a de colher fatos e aferir a frequência de determinados padrões, como também não é buscar explicações em fatores externos e leis fundamentais para explicar o comportamento, mas sim entender as diferenças. Aqui, adotaremos a perspectiva fenomenológica para a compreensão dos dados obtidos.

Para nossas análises, lançamos mão do conceito de enquadre tal como utilizado por Eliane Silvia Costa[14], que, na esteira de Bleger[15], desenvolveu uma interpretação original, vinculando a experiência histórica do negro no Brasil e os modos de subjetivação estudados pela psicologia social. Similarmente ao trabalho de Costa, nossa pesquisa foi organizada conforme quatro enquadres: o escravismo, a Abolição, a República e a Constituição federal de 1988, momentos históricos em que a sociedade brasileira demarcou lugares sociais para negros e brancos, orientando a formação de suas subjetividades.

No sentido de iluminar e contextualizar as práticas profissionais das professoras, este estudo tem início com uma reflexão sobre os momentos

---

[14] COSTA. Eliane Silvia. *Racismo, política pública e modos de subjetivação em um quilombo do Vale do Ribeira*. 2012. Tese (Doutorado em Psicologia Social) – Universidade de São Paulo, São Paulo, 2012.

[15] BLEGER, J. *Simbiose e ambiguidade*. Rio de Janeiro: Francisco Alves, 1988.

históricos que inauguram modos de subjetivação dos negros brasileiros, entendendo que as relações políticas de dominação tentaram fixar os africanos e seus descendentes num determinado lugar social, dirigindo a eles mensagens de inferiorização para mantê-los paralisados e sem voz como sujeitos. Entretanto, o negro, como sujeito histórico, por meio de suas lutas cotidianas e, mais tarde, organizadas em movimentos sociais, conseguiu promover rupturas de enquadre, passando de objeto a sujeito de sua história.

Este trabalho está estruturado em sete partes, mais introdução e conclusões. No capítulo 1, "De objeto a sujeito de direito", apresentamos os conceitos de subjetividade e de enquadre e localizamo-los dentro da presente pesquisa. Destacamos, nesse capítulo, quatro momentos históricos que entendemos cruciais para a especial configuração das relações raciais existentes no Brasil: o escravismo, a Abolição, a República e a Constituição federal de 1988. Ainda, tematizamos a formação do preconceito e as suas implicações subjetivas nas ações pedagógicas das professoras entrevistadas.

No capítulo 2, "Educação e relações raciais", trazemos estudos que investigaram o racismo no contexto escolar. Este capítulo tem por objetivo contextualizar o fenômeno do racismo na escola e problematizar as dificuldades apresentadas à sua superação.

No capítulo 3, "Práticas antirracistas na educação: o papel do terceiro setor", adentramos nosso campo de pesquisa. Descrevemos a organização não governamental Ceert e sua atuação, destacando suas principais contribuições no campo educacional, sobretudo o Prêmio Educar para a Igualdade Racial.

Já no capítulo 4, "Nas trilhas da educação antirracista: potências, resistências e desafios", expomos nosso material de análise: os relatos das professoras que entrevistamos. Esse é o momento em que colocamos uma lupa sobre as práticas pedagógicas pesquisadas. Analisamos esse material valendo-nos do diálogo entre o aporte teórico apresentado nos capítulos anteriores e as categorias de "enquadre".

Em seguida, no capítulo 5, teceremos considerações sobre a pesquisa realizada durante o período do doutorado, com a breve retomada das contribuições das ações pedagógicas das professoras ganhadoras da quarta edição do Prêmio Educar para a Igualdade Racial para o enfrentamento do racismo em nossa sociedade.

Já no capítulo 6, "Perspectivas para uma educação antirracista, decolonial e interseccional nos anos 2020: entre diálogos, reflexões e ressignificações", são utilizados os conceitos de decolonialidade e interseccionalidade. Além disso, o material apresenta desafios da educação antirracista na conjuntura brasileira do início dos anos 2020, bem como traz dicas iniciais para que educadores, gestores públicos e outros atores sociais possam contribuir para efetivar a Lei 10.639/2003.

Ainda, entendemos que nosso estudo contribui para a discussão das relações raciais na escola, sobretudo de duas maneiras: 1) reforçando a ideia de que é possível ressignificar experiências de racismo em ações de enfrentamento e combate, o que já vem sendo realizado por professores, mostrando que as experiências com o racismo não produzem só a sua retroalimentação; 2) ilustrando o uso do conceito de enquadre na interpretação das relações raciais, já que põe em relevo a interface entre a perspectiva histórica social e a psicológica na constituição da subjetividade.

Anos 2010: vivências e desafios persistentes

Em meio ao racismo estrutural brasileiro[16], as desigualdades vivenciadas pela população negra ainda se refletem no campo educacional. No estado de São Paulo, escolas e universidades contabilizaram um caso de injúria racial a cada cinco dias entre 2016 e 2017, segundo dados da Secretaria Estadual da Segurança Pública[17]. Apesar de o problema manifestar-se dentro e fora dos muros escolares, 24% das escolas públicas brasileiras não têm projetos temáticos que debatam o racismo, de acordo com o Censo escolar 2015[18]. A situação denota avanços dessa política pública que devem ser reconhecidos e continuamente monitorados, mas ainda existe o descumprimento da Lei 10.639/2003.

---

[16] De acordo com Silvio Almeida, o racismo é estrutural e estruturante nas relações sociais e perpassam todas as dimensões sociais: "O racismo, de acordo com esta posição é uma manifestação das estruturas do capitalismo, que foram forjadas pela escravidão. Isso significa dizer que a desigualdade racial é um elemento constitutivo das relações mercantis e das relações de classe, de tal sorte que a modernização da economia e até seu desenvolvimento também podem representar momentos de adaptação dos parâmetros raciais a novas etapas da acumulação capitalista. Em suma: para se renovar, o capitalismo precisa, muitas vezes, renovar o racismo, como, por exemplo, substituir o racismo oficial e a segregação legalizada pela indiferença em face da igualdade racial sob o manto da democracia" (ALMEIDA, 2019, p. 184). Ver mais em: ALMEIDA, Silvio Luiz de. *O que é racismo estrutural?* Belo Horizonte: Letramento, 2019.

[17] ARCOVERDE, Léo; FIÚZA, Renan. Escolas e universidades de SP têm um caso de injúria racial a cada cinco dias. *G1*, São Paulo, 14 mar. 2018.

[18] INSTITUTO NACIONAL DE ESTUDOS E PESQUISAS EDUCACIONAIS ANÍSIO TEIXEIRA (INEP). *Censo escolar 2015*. Brasília, DF: Inep.

Mesmo depois da entrega da tese de doutorado, continuei muito atenta às questões do racismo no ambiente escolar. Apesar da felicidade ao ver mais ações de combate ao silenciamento do racismo nesse espaço tão fundamental na sociedade, também fiquei bastante preocupada ao perceber que os anos passavam, mas a efetividade da Lei 10.639 ainda era mínima. Por meio de leituras, observações participantes, diálogos com educadores(as) e participação em debates, constatei que a formação de educadores para uma perspectiva antirracista estava em falta no ambiente escolar. Assim, o silenciamento alicerça a reprodução do racismo, continua a provocar sofrimento psíquico em crianças, jovens, adultos e idosos, entre outros malefícios.

Outras preocupações também me atravessaram nessa caminhada que separa o fim da elaboração da tese e a publicação deste livro. A vivência em movimentos sociais trouxe para mim proximidade com o luto de mães que perderam seus filhos para a violência policial. Novamente, o racismo estava implicado nessas relações. Ao retornar aos atendimentos psicológicos, tanto em movimentos sociais como em clínica particular, mais uma vez, os sofrimentos psíquicos ocasionados pela discriminação racial impulsionaram-me a retornar às investigações sobre a temática. Preciso incluir também nessa caminhada as aulas dadas no contexto da graduação e da pós-graduação em Instituições de Ensino Superior (IESs), tais como o Centro Universitário Senac e a Universidade de São Paulo.

Em uma soma de ações e reflexões, ingressei no pós-doutorado da Faculdade de Educação da USP em 2021, no desafiador momento da pandemia da doença do novo coronavírus (Covid-19). Nesse trajeto, tenho estudado sobre caminhos para a formação docente. É nesse cenário que emergem as preocupações crescentes com os impactos da decolonialidade e da interseccionalidade no ambiente escolar e na sociedade como um todo. Por conta disso, decidi adicionar esses conhecimentos ao percurso deste livro. Espero que as reflexões teóricas, experiências expostas e dicas enumeradas contribuam com fazeres pedagógicos, com a denúncia constante do racismo e no rompimento com o silenciamento e com o anúncio de uma educação que seja, incondicional e plenamente, antirracista. Boa leitura!

DE OBJETO A SUJEITO DE DIREITO

A abolição da Escravatura foi,
Na verdade, uma condenação perversa
Dos africanos e seus descendentes
Brasileiros, pois implicou num futuro
de humilhações, falsa cidadania e exclusão.

(Abdias do Nascimento)

Como a percepção sobre as pessoas negras mudou no Brasil ao longo do tempo? Quais fatores interferiram nessas transformações? Buscando compreender como as desigualdades foram estruturadas na sociedade brasileira e a maneira pela qual as leis e as ações políticas vêm ora ajudando a legitimar essa desigualdade, ora se apresentando enquanto possibilidade de ruptura, foi realizado um breve levantamento histórico sobre a condição do negro na sociedade brasileira.

Então, neste capítulo, revisitaremos períodos históricos essenciais para identificar marcos delimitadores de modificações nesses pontos de vista, tais como: o escravismo e a visão do negro tomado como objeto; a abolição — negro livre e enxergado como inferior —; República Velha e a legitimação ideológica da inferioridade do negro; a Constituição de 1988 e o negro como sujeito de direito.

Relembrar esses momentos auxiliar-nos-á a compreender suas implicações no imaginário social e seus desdobramentos para a constituição da subjetividade dos brasileiros negros e brancos. Para analisarmos essas perspectivas, os conceitos de subjetividade e enquadre serão retomados, em especial com base em José Bleger, Eliane Silvia Costa, René Kaës e Sigmund Freud.

1.1 Subjetividade e enquadre: bases para a compreensão do racismo

O levantamento histórico que apresentaremos é pautado por uma interpretação fundamentada nos conceitos de subjetividade e de enquadre. Desse modo, é essencial expormos as categorias teóricas que nos permitiram realizar a tarefa.

Antes de se compreender a subjetividade, é importante retomar as noções de ego e superego em Freud. Ao desenvolver a segunda teoria do aparelho psíquico, o psicanalista sistematizou três conceitos: id, ego e superego. O id é regulado pelo princípio do prazer e concentra pulsões de vida e morte. Trata-se de uma espécie de reservatório de energia psíquica[19].

O ego tem a capacidade de dialogar com os aspectos exteriores, apesar de ser inconsciente. Esse mecanismo é possível por conta da identificação, que gera a sensação de pertencimento a um grupo, bem como reconhecer em si características alheias ou perceber no outro itens que deseja para si[20]. Ainda nesse contexto, o ideal de ego revela elementos importantes para o entendimento da psicologia de grupo, pois, além da dimensão individual, contém uma dimensão social, observada no ideal de uma família, uma classe ou mesmo de uma nação[21].

Já o superego atua tal qual um verdadeiro juiz e tem como funções acionar a consciência moral e a auto-observação, ao passo que o ego regula e balanceia os impulsos do id e a possível rigidez do superego. São características do superego incorporar a cultura, a tradição, bem como internalizar valores e restrições morais, consubstanciando uma herança psíquica e justificada. Aliás, de acordo com Freud, o superego contribui para veicular tradições e valores transmitidos de geração em geração, afinal o superego de uma criança é construído conforme o superego de seus pais. Além disso, segundo o psicanalista, o superego é "o veículo do ideal de ego, pelo qual o ego se avalia, que estimula e cuja exigência por uma perfeição sempre maior ele se esforça por cumprir"[22]. Deve-se levar em consideração também que, à medida que as demandas do ideal de ego deixam de ser atendidas, sen-

---

[19] BOCK, A. M. B.; FURTADO, O.; TEIXEIRA, M. L. T. *Psicologias*: uma introdução ao estudo de psicologia. 14. ed. São Paulo: Saraiva, 2008.

[20] COSTA, 2012.

[21] FREUD, S. A dissecção da personalidade psíquica. *In*: FREUD, S. *Edição standard brasileira das obras psicológicas completas de Sigmund Freud*. Tradução de J. Salomão. Rio de Janeiro: Imago, v. 22, p. 75-102. Originalmente publicada em 1932.

[22] *Ibidem*, p. 84.

timentos de culpa ou inferioridade podem aflorar, decorrentes da relação conflituosa entre ego e superego.

Outra observação feita por Freud é que a humanidade nunca vive totalmente no tempo presente, pois as tradições da raça e de um povo presentes no passado vivem nas ideologias do superego[23]. Do ponto de vista da psicanálise, esse dado contribui para explicar as motivações pelas quais dados, crenças e outras informações do passado ainda permeiam atitudes atuais e só mudam de forma lenta, de acordo com as influências do presente. É o caso do racismo, cujas marcas, cujos preconceitos e discriminações ainda sobrevivem na sociedade brasileira do século XXI. O racismo é definido por Achille Mbembe como

> Produto de um maquinário social e técnico indissociável do capitalismo, de sua emergência e globalização, esse termo foi inventado para significar exclusão, embrutecimento, e degradação, ou seja, um limite sempre conjurado e abominado. Humilhado e profundamente desonrado, o negro é na ordem da modernidade, o único de todos os humanos cuja carne foi transformada em coisa e o espírito em mercadoria- a cripta viva do capital.[24]

Para ampliar a compreensão sobre o racismo, é importante também compreender a subjetividade, tida como o laço estabelecido entre o sujeito e o outro, e o meio, e as circunstâncias presentes e passadas, bem como as expectativas que constrói dos afetos promovidos por eventos reais ou imaginários[25]. Assim, a subjetividade seria constituída, mantida e transformada segundo os vínculos intersubjetivos que os sujeitos articulam entre si, fundada em uma estrutura abrangente, em que estão presentes elementos sociais, políticos e históricos.

A subjetividade, em especial o "ideal de ego", também dialoga com a ideologia, de acordo com Eliane Silva Costa[26], pois esta seria constituída conforme a identificação afetiva a um determinado discurso, a uma determinada imagem, a uma liderança, a uma práxis. No horizonte do pensamento freudiano, René Kaës retoma a ideia da dinâmica entre o social e a psique dos sujeitos, enfatizando a existência de uma transmissão entre as gerações de significados inconscientes, consubstanciando uma espécie de recalcamento

---

[23] *Ibidem.*

[24] MBEMBE, Achille. *A crítica da razão negra.* São Paulo: N-1 Edições, 2018. p. 21.

[25] Para saber mais, ver COSTA, 2012.

[26] COSTA, 2012.

coletivo, a suposição de uma psique de massa. Para o autor, nascemos ligados a uma subjetividade já existente e dela nos tornamos contemporâneos[27].

Para Maria Aparecida Bento[28], a hipótese de Kaës é de que os processos psíquicos de massa são similares aos da psique individual, significando que um conteúdo reprimido deixa um resquício que continua seu percurso até emergir e adquirir sentido para um sujeito singular. Desse modo, esse sujeito pode ser compreendido como o "elo da cadeia dos 'sonhos e do desejo' não realizados das gerações que o precederam"[29]. Tal *constructo* permitiu que Kaës formulasse uma teoria geral de grupo, ou seja, a concepção de um aparelho psíquico grupal que possibilitasse a compreensão dos grupos e de suas relações com os grupos intrapsíquicos.

A fim de explicar este processo, Eliane Silvia Costa afirma que Kaës estabeleceu dois tipos de organizadores: (a) socioculturais e (b) inconscientes. Ressalta que, segundo o autor, ambos permitem manter e ordenar o funcionamento do psiquismo entre dois ou mais sujeitos. Nesse contexto, os organizadores socioculturais são responsáveis pelos modelos normativos para os organizadores inconscientes, contribuem para a construção da origem e da identidade, bem como determinam parte da constituição de um grupo[30].

Quanto ao organizador inconsciente, podem ser fantasias, identificação, medos e desejos compartilhados entre os membros de um grupo. Logo, se um grupo é influenciado pelos organizadores socioculturais, também sofre influência do organizador inconsciente. Assim, é possível afirmar que a realidade psíquica do grupo é elaborada pela interpretação particular que os integrantes realizam acerca dos organizadores socioculturais, e por meio dos processos inconscientes próprios de cada um dos membros daquele grupo. Dessa forma, esses indivíduos são detentores de uma realidade psíquica específica, irredutível às instâncias amplas das determinações socioculturais e também a de seus integrantes. Por meio dessa proposta, é possível compreender a ação dos enquadres nos grupos, que, por sua vez, funcionam como elos entre sujeitos. Tal conceito foi sistematizado por José Bleger[31] e revisitado por Costa:

---

[27] KAÉS, René. *O grupo e o sujeito do grupo*: elementos para uma teoria psicanalítica do grupo. São Paulo: Casa do Psicólogo, 1997.

[28] BENTO, M. A. S. Branqueamento e branquitude no Brasil. *In*: CARONE, I.; BENTO, M. A. S. (org.). *Psicologia social do racismo*: estudos sobre branquitude e branqueamento no Brasil. Petrópolis: Vozes, 2002.

[29] *Ibidem*, p. 54.

[30] COSTA, 2012.

[31] BLEGER, 1988.

> Enquadres são as constantes, os marcos, as normas que possibilitam as ações, os comportamentos dos sujeitos. O enquadre está relacionado a esses elementos invariáveis e é compreendido como não processo que garante o estabelecimento do processo, ou seja, o desenvolvimento dos fenômenos, o estabelecimento de relações, a expressão de comportamentos.[32]

Este conceito é comumente empregado na psicanálise para referir-se à situação analítica. São exemplos de enquadre: a função do analista, as condições/regras que são necessárias para viabilizar o processo terapêutico, como é o caso da técnica empregada, a forma de pagamento, o tempo de duração da sessão. Outro exemplo de enquadre em nossa sociedade é o padrão de beleza eurocêntrico, estimulando nos sujeitos brasileiros um ideal baseado na brancura da pele, nos cabelos lisos, entre outros atributos. Isto é, a norma (o enquadre) de estética brasileira é aquela atinente ao corpo do sujeito branco.

Podemos observar a importância do enquadre na formação da subjetividade do indivíduo, na medida em que funciona como um organizador do psiquismo humano, especialmente porque é o "depositário" de conteúdos que não foram elaborados conscientemente e de comunicação pré-verbal, sob a forma de sentimentos indiscriminados, da esfera inconsciente de todo vínculo, constituindo o que Bleger denominou de sincrético, estrutura básica de um grupo que persiste, mesmo com variações, durante toda a vida[33].

O enquadre funciona como uma espécie de contorno à angústia, evitando que a angústia indiscriminada cause a desagregação do indivíduo. Tal angústia advém de conteúdos reprimidos, de difícil acesso às camadas mais conscientes do ego, significando impedir a emergência à consciência do que ainda não foi elaborado a fim de se tentar obter estabilidade.

Uma das funções do enquadre é o de servir de continente para os conteúdos psíquicos da personalidade não discriminados, determinando condições em que ocorre o processo de subjetivação, apontando os horizontes que podem ser potencialmente alcançados. Tem também uma função de apresentar limites, interditos, estabelecendo uma fronteira entre o normatizado e o indiscriminado da esfera da personalidade, entre o ego e o não ego, o dentro e o fora, a interação e a não relação, cumprindo a função de intermediação e de apoiar o sentimento de segurança e identidade.

---

[32] COSTA, 2012, p. 22.

[33] BLEGER, J. *Temas de psicologia*: entrevistas e grupos. 2. ed. São Paulo: Martins Fontes, 2007.

Sem essas constantes, viveríamos uma desagregação psíquica e seríamos tomados pelos sentimentos indiscriminados. Entretanto, adverte Costa[34], conservar insistentemente essas constantes pode apontar na direção de um não processo, de uma estagnação, ou seja, de uma demarcação daquilo que é considerado normal e anormal em uma determinada sociedade. Para Bleger[35], na sociedade, observa-se uma tendência na instalação de uma clivagem entre o que é compreendido como normal e anormal; dessa forma, distingue-se a sociedade sadia e todos aqueles que, tais quais os loucos, os delinquentes e as prostitutas, são desviantes, doentes, conjecturando-se que estes indivíduos não comungam da estrutura social. Porém, para Bleger, na verdade, essa distinção é uma tentativa da sociedade de tentar se proteger não dos loucos e das prostitutas, mas sim de sua própria loucura. A sociedade convencionaria, assim, por meio de estereótipos, quem poderia ser considerado normal e quem poderia ser considerado anormal, demarcando situações privilegiadas para os indivíduos interpretados como normais.

Como o conceito de enquadre contribui para entendermos a persistência de preconceitos na sociedade? Para Costa, o conceito de enquadre proporciona uma compreensão sobre os diferentes aspectos da realidade com base nos quais os vínculos e os lugares psicossociais são organizados, o que não resulta necessariamente em bem-estar e adequação para os envolvidos. Admite que as leis, os enunciados religiosos, políticos, mitológicos podem transformar-se em conteúdos de processos psíquicos internos dos grupos, alicerçando alianças inconscientes. O enquadre seria condicionado por um enquadre amplo, denominado de metaenquadre. Aliás, os grupos são metaenquadrados por enquadres abrangentes, assumindo a função intermediária entre o sujeito e os aspectos cultural, econômico e político que compõem a organização social, assumindo um papel fundamental na socialização. Desse modo, os enquadres mais amplos

> [...] funcionam como metaenquadres para a vida psíquica, são os modelos, as regras e normas sociais, jurídicas, políticas, culturais, religiosas, entre outras, que regem a todos e dão o alicerce para o estabelecimento dos enquadres das organizações, dos pequenos grupos, das famílias, dos casais e do sujeito "que é por princípio vincular e estabelece seus próprios enquadres".[36]

---

[34] COSTA, 2012.

[35] BLEGER, 2007.

[36] COSTA, 2012, p. 24.

Ideologia e enquadre são conceitos que dialogam. Maria Inés Assumpção Fernandes entende que, nos grupos sociais, a ideologia desempenharia o papel de articular o processo psíquico e o processo grupal[37]. Sob os pressupostos de Fernandes, Costa admite a confluência entre os conceitos de enquadre e de ideologia, o que se evidenciaria especialmente em conjunturas nas quais os pactos firmados entre os grupos se estendem por longo prazo, transformando-se no elemento estabilizador de um esquema relacional, constituindo-se como enquadre[38]. Este raciocínio procura combinar a esfera estrutural, da qual deriva o conceito de ideologia, com o pequeno grupo, o sujeito e o conteúdo da realidade psíquica do sujeito particular. Para a compreensão desse raciocínio, Costa recorre aos seguintes âmbitos propostos por Kaës[39]:

a. Singular privado: trata-se do lugar psíquico inconsciente e particular que caracteriza a constituição, a história e a subjetividade de um sujeito. Como exemplos, podemos mencionar os mecanismos de defesa, os conteúdos reprimidos, as fantasias e as identificações. Faz parte dessa singularidade a parcela herdada, transmitida de geração para geração, tenha o sujeito a transformada ou não;

b. Diferente: considera o fator distância no vínculo entre os indivíduos e define como diferença o que não pode ser comum tampouco partilhado entre eles. Na visão de Kaës, a diferença faz emergir a alteridade radical do outro;

c. Comum: trata-se de conteúdos psíquicos que ligam os sujeitos de um vínculo de diferentes configurações, tais como um casal, uma família ou um grupo. Podem ser fantasias, medos e, até mesmo, alianças inconscientes. O vínculo requer a existência de algo em comum. Nesse sentido, o comum exige a indiferenciação em alguns aspectos, mas, ao mesmo tempo, é essencial para que a singularidade floresça;

d. Partilhado: indica o lugar próprio e complementar que o sujeito ocupa em um imaginário, pacto, acordo ou um arranjo defensivo comum, em um processo de subjetivação que atua entre o espaço comum e partilhado a fim de que ocorra uma troca intersubjetiva.

---

[37] FERNANDES, M. I. A. *Negatividade e vínculo*: a mestiçagem como ideologia. São Paulo: Casa do Psicólogo, 2005.

[38] COSTA, 2012.

[39] KAËS, R. *Um singular plural*: a psicanálise à prova do grupo. São Paulo: Edições Loyola, 2011.

Costa pensa o conceito de partilhado como aquele que aproxima os conceitos de intersubjetividade, enquadre e ideologia, principalmente nas situações em que os mesmos lugares psicossociais são atribuídos para os mesmos indivíduos ou representantes de um grupo social. É o caso do racismo, que atua enquanto demarcador de lugares e hierarquizações para brancos e negros. Nesse sentido, menciona o racismo como um demarcador de lugares sociais para brancos e negros, no qual caberia aos brancos a superioridade. Mais do que uma questão social, o racismo também afeta o psiquismo dos indivíduos.

A ideologia possui caráter de enquadre, em uma complementaridade entre referenciais sociológicos e psicológicos. A metamorfose da ideologia em "verdade" e, posteriormente, em regra efetiva a sua transmutação em enquadre, por meio de uma ocultação, de uma negação. Entretanto, se, na perspectiva sociológica, ideologia é encobrimento da realidade, na perspectiva psicológica, é negação e associação. Desse modo, a ideologia, compreendida como aliança inconsciente, conecta os sujeitos entre si, e também conecta os sujeitos às concepções de mundo e aos sentimentos e, ainda, à negação de outras concepções de mundo e de sentimentos. Nesse contexto, pode-se afirmar que há a vigência de uma ideologia racista no Brasil, analisada sob os aspectos psicológicos e sociológicos por Costa como:

> [...] uma aliança inconsciente coletiva – tem como um de seus mecanismos de excelência a ideologia do embranquecimento e, por assim dizer, a do morenamento (uma variante do embranquecimento). No tocante a essas ideologias, elas são sustentadas inconscientemente por brancos e não brancos.[40]

A ideologia racista, no Brasil, acabou por instituir uma identidade nacional entendida hegemonicamente como adequada. Nos anos iniciais da República, a nação reconhece todos os indivíduos, desde que não negros, como formadores da identidade nacional; posteriormente, com a emergência da democracia racial, reconhecerá como tais todos os indivíduos, desde que *morenos*. Nesse processo de ideologia de embranquecimento, há a negação do negro na formação da nação. Compreendemos que a sociedade, forjando o indivíduo-padrão, superior estandardizado, desenvolveu um imaginário sobre o negro. Quem são os negros então nesse imaginário? Os diferentes e inferiores. Foi necessário destituir a humanidade dos negros para construir a nação; homens de vários locais do continente africano foram arrancados

---

[40] COSTA. 2012, p. 120.

de suas terras, índios foram expropriados de suas terras; a violência marcou aqueles que foram interpretados como os anormais, os fora da norma.

Assim, num primeiro momento, na colônia e no Império, foi estabelecido para o negro o lugar de escravizado, de mercadoria e, portanto, de coisa, forçando-o a ser aí enquadrado. Para se afirmar enquanto sujeito, o escravizado teria que se confrontar com esse contorno. O negro resistiu como ser humano, por meio de gestos e de lutas cotidianas □ resistências, ou via rebelião extrema, individualmente e em movimentos organizados, procurando resistir ao processo de desumanização para transformar-se de coisa em sujeito da sua história. Todavia, no plano psíquico, essa forma de reificação extrema visava deixar o negro num estado próximo à melancolia, no qual teria dificuldades em imaginar saídas à usurpação de seu corpo, de suas expressões culturais, de seu destino, de seu passado e de seu futuro; obrigando-o ao trabalho forçado como única forma de sobrevivência. Desse modo, consideramos que a definição de enquadre constitui instrumento valioso para compreendermos a ideologia racista, como também os momentos de ruptura por ela experimentados. As próximas seções mostrarão os diferentes enquadres vivenciados pelos indivíduos na história brasileira, considerando que esse movimento histórico é marcado pelas rupturas de enquadres, pois cada um deles dá sustentação e demarca uma diferente percepção sobre o negro.

Conforme anunciamos, adotamos a mesma divisão proposta por Costa para demarcar os períodos históricos compreendidos como enquadres, caracterizados por marcos jurídicos e políticos que organizaram, sucessivamente, os modos de vida no Brasil, e dividem-se em: (a) escravismo, o negro como objeto; (b) abolição, negro livre e inferior; (c) República, o negro racialmente inferior; (d) Constituição de 1988, o negro como sujeito de direito[41].

---

[41] *Ibidem.*

Figura 1 – Enquadres para a compreensão da percepção sobre o negro na sociedade brasileira

1º Enquadre Escravismo: o negro como objeto	2º Enquadre Abolição: negro livre e inferior	3º Enquadre República Velha: a "legitimação ideológica" da inferioridade do negro	4º Enquadre Constituição de 1988: o negro como sujeito de direito
• Escravizado coisificado, visto como inferior e como máquina de gerar lucros; • Desumanização do escravizado; • Ascensão do escravismo; • Resistência dos escravizados por estratégias variadas, entre elas, os quilombos;	• Permanência de resquícios escravagistas entre ex-senhores e antigos escravizados; • Abolição inconclusa; • Luta pela sobrevivência e ascensão das desigualdades socio-raciais; • Exclusão dos negros nas políticas públicas; • Continuidade das operações da hierarquia racial nas relações sociais e subjetividades.	• Indivíduo branco eleito como padrão; • Teorias racialistas para justificar a manutenção da hierarquia racial; • Defesa da degeneração da raça; • Busca por um branqueamento; • Apropriação da ideia de eugenia no Brasil; • Mito da democracia racial; • Racismo cordial; • Prevalência do ideal de branquitude e consequências nas subjetividades; • Estigmatização do negro.	• Mudanças legislativas a partir da Constituição Cidadã; • Criminalização do racismo; • Mobilizações para o combate ao racismo por parte do Estado; • Obrigatoriedade do ensino de história e cultura africana e afro-brasileira; • Mito da democracia racial em xeque; • Intervenções no processo de formação das novas gerações por meio da educação.

Fonte: a autora (2022)

1.2 Primeiro enquadre: escravismo, o negro como objeto

A sociedade brasileira do período colonial e imperial organizou-se em torno do regime escravista, de maneira que essa condição marcou os modos de subjetivação dos negros. Definimos esse momento histórico como primeiro enquadre, período em que ao negro foi atribuído o lugar de trabalhador *coisificado*, servindo como máquina de gerar lucros. Nesse enquadre, trataremos o processo de escravização do negro no Brasil e as bases ideológicas que alicerçaram essa organização econômica e social.

Em 29 de março de 1559, por meio de alvará, a Coroa Portuguesa autorizou a escravização no Brasil. Teve início então a vinda forçada de negros, trazidos de diversas regiões do continente africano, para o Brasil. A identidade desses povos foi afetada e transformada, à medida que foram misturados sem levar em consideração suas etnias. Eles experimentavam um processo de desenraizamento de suas origens. Ao chegar ao seu local de trabalho, o escravizado era batizado com um nome cristão, totalmente alheio a sua origem. O tratamento como mercadoria era constante, até mesmo com anúncios em jornais de compra, venda, troca e fiança.

A imagem do negro foi construída com base em sua presença forçada no território brasileiro, em detrimento de sua origem no continente africano. Os indivíduos que vieram para o Brasil foram trazidos pela rota transatlântica, oriundos de três regiões geográficas do continente africano,

África Ocidental, África Centro-Ocidental e África Austral[42], participaram de ciclos econômicos como do açúcar, do ouro e do café e foram o caminho para que os escravagistas alcançassem a prosperidade material valendo-se da exploração e desumanização dos povos negros. Durante o período da colônia, contavam-se 6 milhões de africanos escravizados no Brasil. Os negros e seus descendentes chegaram a representar 70% da população brasileira até o momento da abolição da escravatura em 1888[43].

Com o advento da colonização ibérica nas Américas e na costa ocidental e oriental da África, a escravidão configurou-se como um componente fundamental do projeto colonizatório. Não à toa, ao descrever a colonialidade do poder, Aníbal Quijano afirmou que a raça é o instrumento mais eficaz em um processo de dominação, que, por sua vez, é requisito para a exploração[44]. Ao analisar o mesmo contexto, Alencastro defende que a escravidão — processo que converte o trabalhador em uma propriedade privada — transformou-se em escravismo — sistema produtivo baseado na escravidão e na colonização em uma integração ao sistema-mundo —, e coube à África, na divisão internacional do trabalho, o fornecimento de escravizados para servir como mão de obra para o plantio da cana de açúcar e para o funcionamento dos engenhos de açúcar no Brasil e nas Américas. Foi justamente o tráfico de escravizados que deu suporte ao sucesso do projeto colonizador da metrópole portuguesa, isso, claro, do ponto de vista do europeu; do ponto de vista do africano, o tráfico de escravizados foi uma catástrofe sem igual[45].

---

[42] MUNANGA, K. *Origens africanas do Brasil contemporâneo*: histórias, línguas, culturas e civilizações. São Paulo: Global Editora, 2009b.

[43] MOORE, C. *A África que incomoda*. Belo Horizonte: Nandyala, 2010.

[44] Aqui, cabe destacar que "colonialidade" tem um significado diferente de "colonialismo". Enquanto o colonialismo compreende a presença de uma metrópole que exerce poder político, econômico e militar em um determinado território, a colonialidade pode ser entendida como o conjunto de heranças que o processo colonial deixa, mesmo depois de seu término. Nesse contexto, para saber mais sobre a colonialidade do poder, conceito construído por Quijano com base em uma análise de intersecções entre modernidade e colonialidade, ver: QUIJANO, A. Colonialidade do poder, eurocentrismo e América Latina *In*: LANDER, Edgardo (org.). *A colonialidade do saber*: eurocentrismo e ciências sociais. Perspectivas latino-americanas. Ciudad Autónoma de Buenos Aires: Clacso, set. 2005. (Colección Sur Sur).

[45] ALENCASTRO, L. F. O aprendizado da escravidão. *In*: ALENCASTRO, L. F. *O trato dos viventes*: formação do Brasil no Atlântico Sul. São Paulo: Companhia das Letras, 2000.

Os colonizadores portugueses não tinham interesse em preservar a cultura[46] e a etnia[47] dos povos africanos; pelo contrário, para manter um grande contingente de homens, mulheres e crianças na condição de prisioneiros permanentes, obrigados ao trabalho forçado, foi necessário mecanismos de violência física e psíquica, até então inimagináveis, na tentativa de desumanizar aquelas pessoas e transformá-las em máquinas vivas. Por exemplo, capturavam-se os negros em diferentes regiões, e, no momento da comercialização, eles eram sistematicamente separados dos companheiros de mesma etnia e misturados a indivíduos de outras etnias, com línguas, culturas, costumes e religiões distintas. Desse modo, o comprador não correria o risco de comprar o que chamavam de "mercadorias" de uma mesma região. Em decorrência disso, gerou-se um contingente de africanos escravizados com línguas, religiões e hábitos diferentes entre si.

Desconstruir a alteridade da pessoa africana passava, primeiro, por desacreditar sua humanidade para, por fim, destruí-la, negando seu reconhecimento como pessoa humana. A predestinação do africano para a servidão tornou-se o principal argumento utilizado. O discurso criado pela Igreja Católica e pelo Império Português estava embasado por um forte argumento: a vontade de Deus. Logo, todas as ações empreendidas pelos escravagistas, cuja intenção era obter sempre mais lucros, foram legalmente instituídas. A presença dos africanos no Brasil foi legitimada pela necessidade de mão de obra para trabalhar nas lavouras, inicialmente na cana de açúcar.

Para os escravagistas, aqueles africanos não passavam de instrumento de trabalho, em uma relação que envolvia obrigações, ausência de direitos, desrespeito e autoridade ilimitada dos senhores de escravizados. Todavia, apesar do menosprezo aos negros, a presença de milhões de africanos não marcou apenas a expansão econômica, mas, sobretudo, os modos de ser da sociedade que se construía. Assim, o sistema escravocrata tomava a pessoa africana como escravizada, tentando enquadrá-la em uma condição de coisa e/ou de máquina de gerar lucros. Tal ideia de coisificação do indivíduo africano visava estabelecer uma relação de poderes ilimitados, por parte do senhor, e de obediência absoluta, por parte dos escravizados.

---

[46] Sobre "Cultura", o antropólogo Roque de Barros Laraia esclarece que, no fim do século XVIII e no início do século XIX, o termo germânico "Kultur" era utilizado para simbolizar todos os aspectos espirituais de uma comunidade. Este termo foi cunhado por Edward Tylor (1832-1917) com base no vocábulo inglês "Culture", e inclui crenças, moral, leis, conhecimentos ou outras capacidades e hábitos.

[47] "Etnia" é definido por Nei Lopes como um conjunto de humanos com características semelhantes, entre elas a cultura e a língua. Ao mesmo tempo, esse grupo é capaz de se identificar como diferente dos demais. Ver mais em: LOPES, N. Enciclopédia brasileira da diáspora africana. São Paulo: Selo Negro, 2004.

Embora as resistências apresentadas pelos escravizados fossem fortemente punidas por meio de aparatos legais e coercitivos dos quais dispunham os escravagistas, aqueles não deixaram de resistir e lutar. Essa luta acabou por fazer com que os escravistas fizessem certas negociações com os escravizados — o cultivo de roça própria, o dia de domingo para cuidar de pequenos negócios, entre outros itens. A violência física não conseguia sustentar por si só o regime escravista; foi preciso uma série de concessões e outras formas mais sutis de controle e de cooptação. No entanto, a violência nunca desapareceu. Essa forma de controle constituiu o centro da relação assimétrica na qual o escravizado tinha seu lugar bem demarcado, e, se extrapolasse seus limites de atuação, os senhores, em nome da lei, aplicavam-lhes os famosos corretivos.

Podemos entender que a figura do escravizado é, para a sociedade brasileira, algo ambíguo. Por um lado, era a mão de obra necessária à construção do país, por outro, essa mão de obra não se resumia em mercadoria, ela "teimava" em reagir e se portar como ser humano que era. Entretanto, nossa elite não reconhecia a dimensão humana nos escravizados, interessava-lhe apenas a máquina de gerar lucros.

Vale ressaltar que, embora em todo esse período os negros escravizados fossem retratados e estigmatizados como não humanos, esses sujeitos históricos resistiram à dominação e lutaram pela sua emancipação em todo o período do sistema escravista, fosse na organização dos quilombos, fosse nas diversas revoltas ou nos ataques aos senhores. Essa resistência não se fez apenas por revoltas, mas por diversos outros meios, que vêm sendo desvendados pela historiografia que trata especificamente da presença dos negros nas Américas. No entanto, na memória da resistência contra o escravismo, os quilombos, que sobrevivem até hoje, desempenharam um papel central. Eles se espalharam por quase todo o país e não se deixaram destruir pelos senhores brancos. Quando algum quilombo era atacado e destruído, os negros voltavam a se organizar em outros locais. Esses movimentos de luta organizada tiveram papel de destaque na luta contra o sistema escravista. O mais célebre foi o Quilombo de Palmares, na Serra da Barriga, região então pertencente a Pernambuco, no atual estado de Alagoas. Essa aguerrida organização, que teve como mais conhecido líder Zumbi[48], durou aproximadamente cem anos.

---

[48] Zumbi, negro valente, foi seu principal chefe, tendo seu reduto cercado e tomado em 1694. Ao contrário do que diz a tradição, Zumbi não praticou o suicídio atirando-se com seus fiéis em um abismo, mas foi assassinado em 1695. Alguns autores não consideram Zumbi, ou Zâmbi, como um único homem. Para eles, "Zumbi" referir-se-ia a um título dado aos indivíduos que lideravam os quilombos. Ver mais em: NISKIER, Arnaldo. *Educação brasileira: 500 anos de história*. Rio de Janeiro: Funarte, 2001. p. 181.

Mesmo após a destruição do Quilombo de Palmares, outros quilombos persistiram na luta por liberdade e se organizaram em diversos locais. Os mais conhecidos foram: Trombetas (1866-1888, no Pará), Turiaçu (século XIII, Maranhão), Preto Cosme (1838, Maranhão), Oitizeiro (1807, Bahia), Calunga (1790-1888, Goiás), Campo Grande (1720-1756, Mato Grosso), Ambrósio (século XVIII, Minas Gerais) e Jabaquara (1883-1888, São Paulo). Ainda hoje, os quilombos sobrevivem enquanto comunidades alternativas à sociedade hegemônica. O último governo do presidente Luiz Inácio Lula da Silva reconheceu o direito dos quilombolas conferindo-lhes uma diretriz educacional específica e a regulamentação do título de posse das terras quilombolas prevista na Constituição federal de 1988, por meio do Decreto 4.847, de 20 de novembro de 2003.

Para Jaime Pinsky, um dos quilombos que se destacaram foi o Quariterê, cujo meio de sobrevivência eram as lavouras e a produção de algodão em Mato Grosso. Esse quilombo foi eliminado aproximadamente no ano de 1769. A sua destruição foi celebrada com uma festa custeada pelos portugueses. Os quilombos eram vistos como maus exemplos para os outros escravizados porque uma maneira de alimentar esperanças para os que não haviam se evadido. A destruição de um quilombo, portanto, entendiam os portugueses, como também outros colonizadores, deveria ser celebrada[49].

Nesse sentido, esclarece Clóvis Moura, em sua obra *Os quilombos na dinâmica social do Brasil*:

> Historicamente o Quilombo aparecerá como unidade de protesto, de resistência e reelaboração dos valores sociais e culturais dos escravos em todas as partes em que a sociedade latifundiário-escravista se manifestou. Era a sua contrapartida de negação. Isso se verificava à medida em que o escravo passava de negro fugido a quilombola.[50]

É fundamental reafirmar que os negros escravizados são sujeitos históricos; desse modo, as pesquisas científicas e a educação básica devem dar cada vez mais espaço para destacar as experiências e visões dos escravizados a fim de negar a imagem de indivíduos passivos e apáticos e destacar o protagonismo dos escravizados nas diferentes ações de resistência que operaram na sociabilidade cotidiana. Esses sujeitos históricos, os negros escravizados, afirmariam sua presença negociando e conquistando espaços

---

[49] PINSKY, J. *A escravidão no Brasil*. São Paulo: Contexto, 2001.

[50] MOURA. C. (org.). *Os quilombos na dinâmica social do Brasil*. Maceió: Edufal, 2001. p. 103.

para a preservação de valores e costumes ligados à sua ancestralidade. Entendemos que esse processo de resistência demonstra o esforço de afirmação da ancestralidade, cuja manifestação é ato de resistência e forma de consolidar um patrimônio cultural capaz de alicerçar o sentimento de valor, orgulho e autoestima, aliados substantivos na luta contra a opressão[51]. Nesse sentido, podemos destacar as significativas contribuições dos estudos desenvolvidos por Sidney Chalhoub, Maria Cristina Cortez Wissenbach e Maria Helena Pereira Toledo Machado.

Essas lutas, revoltas organizadas ou resistências cotidianas, foram importantes aliadas também na campanha abolicionista que culminou na extinção da escravatura em 1888. O sistema escravocrata impunha para aqueles homens, ao tratá-los como objeto, uma condição de escravizados que marcou o processo da construção do imaginário social sobre o negro. Ao tratá-lo como coisa, objeto, máquina de gerar lucros, nega-se a subjetividade do negro, associando a sua imagem à caricatura de feio, do irracional, enquadrando-a numa dimensão sub-humana. É importante enfatizar que, não obstante a existência de todo um arcabouço jurídico-institucional, objetivando a sujeição dos escravizados, houve resistência, revoltas, indicando a existência de limites para a manipulação dos conteúdos psíquicos dos envolvidos. Nesse sentido, remetemo-nos à uma afirmação de Freud, segundo o qual a tradição de um povo perdura nas ideologias do superego, o que se consubstanciou nas estratégias de resistência à escravização, como, por exemplo, criação dos quilombos, manutenção de crenças religiosas e festas.

1.3 Segundo enquadre: Abolição, negro livre e inferior

Nesse segundo enquadre, abordaremos o processo que culminou na abolição da escravatura, a própria abolição e a adaptação do negro no cenário pós-abolição. A escravidão brasileira durou aproximadamente quatro séculos. Vale reiterar que o Brasil foi o último país da América Latina a extinguir

---

[51] A respeito desse tema, ver mais em: CHALHOUB, S. *Trabalho, lar e botequim*: o cotidiano dos trabalhadores no Rio de Janeiro da belle époque. Campinas: Editora da Unicamp, 2001; *Visões de liberdade*: uma história das últimas décadas da escravidão da Corte. São Paulo: Cia das Letras, 1990; WISSENBACH, M. C. Da escravidão à liberdade: dimensões de uma privacidade possível. *In*: NOVAIS, F. A. (dir.). *História da vida privada no Brasil*. São Paulo Companhia das Letras, 1988. v. 3, organização de Nicolau Sevcenko; *Sonhos africanos, vivências ladinas*: escravos e forros em São Paulo. 2. ed. São Paulo: Hucitec, 2009; MACHADO, M. H. P. T. (org.). *O Brasil no olhar de William James*: cartas, diários e desenhos, 1865-1866. São Paulo: Editora da Universidade de São Paulo, 2010; *Crime e escravidão*: trabalho, luta e resistência nas lavouras paulistas 1830-1888. São Paulo: Brasiliense, 1987; *O plano e o pânico*: movimentos sociais na década da abolição. Rio de Janeiro; São Paulo: Editora da UFRJ; Editora da Universidade de São Paulo, 1994.

o sistema escravista, que se encerrou não apenas, nem principalmente, por objetivos humanitários, mas sim em função da pressão econômica da Inglaterra e dos movimentos organizados por escravizados e também por abolicionistas.

O movimento abolicionista dividiu-se em duas vertentes: a primeira, comandada por Joaquim Nabuco[52], tida como mais moderada, cuja reivindicação estava focada nos prejuízos morais causados pela escravidão; a segunda, constituída por uma ala de radicais, como Silva Jardim, Raul Pompéia, Antônio Bento e Luiz Gama[53], entre outros, objetivava organizar os escravizados para a luta contra o cativeiro. O movimento abolicionista ganhou novo impulso com o fim da Guerra do Paraguai em 1870, na qual os escravizados foram forçados a lutar com o exército brasileiro.

A participação inglesa foi um dos vários fatores que culminaram no fim legal da escravidão. O país influi, não apenas pressionando pelo fim da escravidão, mas também jogando um peso decisivo para que a Guerra do Paraguai acontecesse, mudando a dinâmica da sociedade escravista. A participação dos negros nessa guerra despertou preocupações por parte da Coroa quanto à lealdade de uma parte significativa dos brasileiros. Entendia D. Pedro II que a manutenção da escravidão deixava vulnerável o Brasil de duas maneiras. Se, por um lado, não se podia contar com os escravizados para a defesa do país, por outro, estes podiam, agora mais do que antes, rebelar-se com apropriado manejo das armas. D. Pedro II assim optou por tomar medidas que apontassem para o fim da escravidão, ainda que tais medidas legais contrariassem os interesses econômicos da elite[54]. Não obstante essa influência positiva, a guerra também serviu como forma de extermínio dos negros, pois eles estavam em uma linha de frente, o que ocasionou a queda da população negra em 57% logo após a Guerra do Paraguai[55].

Entendemos que, em *O abolicionismo*, Joaquim Nabuco apresenta uma visão bem estruturada desse dilema vivido pelos senhores escravocratas no período que antecedeu a Abolição da Escravatura e a Proclamação da República. O texto de Nabuco permite-nos vislumbrar um homem — da elite

---

[52] Joaquim Nabuco: parlamentar e importante escritor, pertencente a uma família pernambucana proprietária rural.

[53] Clóvis Moura afirma que o abolicionista Luiz Gama foi um ex-escravizado e, por ter vivido na própria pele o sofrimento das agruras da escravidão, tornou-se porta-voz de centenas de escravizados, os quais, inconformados com as condições às quais estavam submetidos, reagiam de diversas formas, por meio de fugas, compras de alforrias etc. Ver mais em: MOURA, C. *Rebeliões da senzala*. 4. ed. Porto Alegre: Mercado Aberto, 1988.

[54] FAUSTO, B. *História concisa do Brasil*. São Paulo: Edusp, 2006.

[55] CHIAVENATO, J. *O negro no Brasil*: da senzala à Guerra do Paraguai. São Paulo: Brasiliense, 1980.

política e econômica da época — crítico quanto ao modelo econômico-social, enfatizando a degradação da sociedade brasileira pelo regime escravista. A perspicácia da análise sobre os efeitos da escravidão para a estrutura social e econômica brasileira empregada por Nabuco é inovadora para a época[56].

O auge do movimento abolicionista deu-se com a promulgação da Lei Áurea em 13 de maio de 1888, que sancionou a abolição da escravidão, assinada pela princesa e regente imperial Isabel. Paralelamente ao declínio do sistema escravista, também se dava a queda do Império. No entanto, apesar das leis, a situação dos ex-escravizados libertos não foi aceita pela sociedade brasileira. Permaneceram fortes resquícios escravagistas na relação entre os ex-senhores e os antigos escravizados, a ponto de estes não serem contratados uma vez que os senhores não aceitavam remunerá-los pelo trabalho na lavoura.

Os negros libertos passaram a compor um enorme contingente de desempregados, vivendo de pequenos serviços, em áreas afastadas, muitas vezes vivendo em terras do governo, sem condições de frequentar escolas e sem acesso mínimo às políticas sociais. Mas, mesmo nessas condições desfavoráveis, os negros libertos deram continuidade à sua luta, que se perpetua até os dias de hoje.

Com a abolição da escravatura, houve a necessidade de implantar um regime de mão de obra assalariada, que, não por acaso, ocorreu por meio de políticas de atração de imigrantes italianos, alemães, poloneses e, mais tarde, japoneses para o Brasil. Em dezembro de 1889, ocorreu a chamada "grande naturalização", ou seja, todos os estrangeiros que estavam no país e que não oferecessem resistência à naturalização passavam a ser brasileiros. Outro objetivo da política de imigração era promover a purificação da raça fazendo com que a população do país se tornasse mais clara. A postura ideológica dos fazendeiros em relação ao trabalho assalariado negro pós-abolição estendeu-se também nas relações estabelecidas com os trabalhadores imigrantes que vieram a substituir a mão de obra escrava. O trato arbitrário e desumano dado aos novos trabalhadores fez com que grande parte desses imigrantes abandonasse o trabalho no campo e fosse buscar novas oportunidades nas cidades. Na verdade, o cenário das relações no período pós-abolição era carregado de tensões. A luta pela sobrevivência ocorria num ambiente de

---

[56] Ver mais em: NABUCO, J. *O abolicionista*. São Paulo: Publifolha, 2000; SOUZA, M. C. C. C. Educação, memória e direito à história. *In*: JEAN LAUNAND –SEMINÁRIO INTERNACIONAL CEMOrOC: Filosofia e Educação, 8. *Anais* [...]. São Paulo: Factash Editora, 2008b. p. 7-24.

embates e movimentos singulares de alianças, solidariedade e disputas entre negros libertos, trabalhadores pobres, nativos e imigrantes, no mercado capitalista em formação. Para os negros, restava a dificuldade de integração ao mercado de trabalho, o que fazia com que eles se mantivessem em ocupações com pouca ou nenhuma estabilidade.

Ao estudar a cidade do Rio de Janeiro do fim do século XIX, Chalhoub[57] enfatiza ainda a importância das disputas entre os trabalhadores nativos e imigrantes portugueses, que minavam as relações de igualdade da classe, obscurecida por um ressentimento mútuo[58]. De um lado, os imigrantes portugueses traziam de sua terra natal — reforçada em terras tropicais — uma concepção de serem culturalmente superiores aos brasileiros negros, e estes, por sua vez, para quem o escravismo era ainda um passado bastante recente, ressentiam-se dos brancos em geral, e, mais ainda, dos imigrantes que vinham chegando ao Rio de Janeiro em grandes levas, desde os últimos anos do Império, e ocupavam grande parte dos empregos disponíveis na cidade. Antes mesmo da extinção do tráfico ou da abolição da escravatura, registraram-se as chegadas de diversas levas de imigrantes a território brasileiro. Foi o caso, por exemplo, dos cafeicultores paulistas que, necessitando de uma alternativa rápida para substituição da mão de obra escrava, estimularam, pela propaganda e pela imigração subvencionada, a importação de trabalhadores europeus. Nesse horizonte, foi promulgado, em 28 de junho de 1890, o Decreto 528, que regularizava o serviço de introdução de imigrantes no Brasil. Como consequência, a estrutura ocupacional da cidade do Rio de Janeiro, em 1890, apontava para uma marginalização dos negros, em boa parte ocasionada pela introdução da mão de obra imigrante, pois:

> Mais da metade 89 mil estrangeiros economicamente ativos trabalhavam no comércio, indústria manufatureira e atividades artísticas, ou seja, os imigrantes ocupavam setores de emprego mais dinâmicos. Enquanto isso, 48% dos não-brancos economicamente ativos empregava-se nos serviços domésticos, 17% na indústria, 16% não tinham profissão declarada e o restante encontrava-se em atividades extrativas, de criação e agrícolas.[59]

Tínhamos, então, um cenário social e econômico, resultado do projeto político de introdução massiva de imigrantes europeus, que cumpria dupla função: a introdução da mão de obra assalariada no Brasil e o branqueamento

---

[57] CHALHOUB, 2001.

[58] Esse conflito está presente em um clássico da literatura brasileira, *O cortiço*, de Aluísio de Azevedo.

[59] CHALHOUB, 2001, p. 81.

de sua população, com vistas à construção de uma "nação moderna". Nesse período, o imaginário social sobre o negro como coisa foi intensificado e esteve por trás da marginalidade social sofrida pelos ex-escravizados.

Houve uma desvalorização do conhecimento cultural trazido pelo povo negro com base em suas raízes africanas, bem como pelo conhecimento acumulado por meio de suas vivências e experiências nas terras brasileiras, como povo escravizado e como povo liberto, refletindo a visão estigmatizada perpetuada sobre eles por aqueles que os trataram como coisa, que os aprisionaram, que os obrigaram ao trabalho forçado, explorando-os durante gerações e, finalmente, expulsando-os, sem indenização, de suas casas e propriedades. Essa percepção não foi suficientemente criticada, jamais essa dívida foi reconhecida, nem sequer foi reparada. Há pouco espaço para abordar e debater as ideologias que buscaram legitimar a inferioridade do negro sob o pretexto de um discurso científico, classificando-os como indivíduos oriundos de uma classe perigosa. Outra forma de legitimação acontecia por vias jurídicas, a exemplo de um projeto de repressão à ociosidade, elaborado pelo ministro Ferreira Viana em 1888, que foi visto como salvação pública, situação ocorrida porque a imagem dos negros era associada a ociosidade, inferioridade e desordem. Tal visão preconceituosa sobre os afrodescendentes vem sendo reproduzida em diferentes espaços sociais, sobretudo na escola, no lugar de transmissão da cultura e de valorização do conhecimento. Apesar da desvalorização, esses negros escreviam a sua história, criavam estratégias de sobrevivências e modos de ser. Nesse contexto, os negros percebiam a necessidade de integração aos outros grupos étnicos da sociedade. Buscavam, por exemplo, adquirir os símbolos sociais valorizados, como sapatos e guarda-chuvas. A liberdade era algo a ser ostentado e experimentado[60].

À sua maneira, iam mesclando saberes de sua cultura africana às exigências da nova condição social. Assim, o processo abolicionista significou um marco histórico importante para o povo negro. Entretanto, tal processo, mesmo na atualidade, não foi totalmente concluído, na medida em que verificamos, nos índices de desenvolvimento humano, que os piores resultados se referem à população negra. Compreendemos esse período entre a luta do movimento abolicionista, que culmina com a abolição da escravatura, e o processo de adaptação do negro à sua nova condição de homem livre como uma ruptura de enquadre jurídico-político vigente, com a emergência de um novo enquadre, que objetivava passar o negro da condição de

---

[60] Ver mais em: WISSENBACH, 2009.

objeto para a de ser humano. Entretanto, o Estado brasileiro e as elites não se preocuparam com a situação dos negros, deixando-os à mercê da sua própria sorte. Não foi responsabilizada nenhuma instituição pelos crimes cometidos pelo escravismo. Mais importante ainda, os antigos escravizados não foram indenizados de nenhuma forma pela exploração secular de seu trabalho, o que faz com que o processo de extinção da escravatura possa ser considerado também como um ato de espoliação da população negra, nas palavras de Florestan Fernandes[61].

No âmbito do mercado de trabalho, o que se verificou foi a adoção de uma discriminação que colocou o negro em inferioridade na disputa por vagas ligadas ao trabalho assalariado. Embora tivessem adquirido o status de homens livres, não lhes foram assegurados os direitos fundamentais para a manutenção da vida. Além da exclusão do mercado de trabalho, não foram desenvolvidas políticas de acesso a moradia, saúde e educação. Para a sobrevivência dessa população, restou a ocupação em atividades informais, geralmente mais insalubres nas cidades, trabalhos domésticos ou afazeres nas regiões rurais.

Não obstante a abolição ter significado a liberdade, ou seja, uma mudança no enquadre, nosso entendimento é de que persistiu a hierarquia racial operando nas relações sociais e nas subjetividades, pois, conforme vimos, a mudança do marco jurídico-político não produz no curto e, por vezes, no médio prazo alterações nos conteúdos psíquicos. Do ponto de vista econômico, faria sentido a contratação dos libertos, mas isso não ocorreu. Por quê? Freud oferece-nos uma possível chave para a compreensão do fenômeno, quando destaca que o comportamento social não se pauta unicamente pela dimensão econômica, e que as ideologias persistem no psiquismo e só lentamente cedem às mudanças[62].

1.4 Terceiro enquadre: República Velha, a "legitimação ideológica" da inferioridade do negro

Denominamos terceiro enquadre o momento no qual foi definido o indivíduo branco enquanto padrão para a constituição do povo brasileiro. Enquadre que foi construído como resposta ao problema posto nos primeiros anos da República: a construção da identidade nacional. Entendemos

---

[61] FERNANDES, F. *A integração do negro na sociedade de classes*. São Paulo: Edusp, 1965. v. 1-2.
[62] FREUD, 1932, p. 84.

que, nesse período, ser branco foi associado a ser brasileiro, o que trouxe implicações psíquicas para todos os indivíduos, particularmente àqueles que não correspondiam ao modelo. Abordaremos então o processo de formação da identidade brasileira, destacando como essa questão foi resolvida com base no debate sobre teorias raciais que, apropriadas pela intelectualidade brasileira, procuravam justificar a manutenção da hierarquia racial construída durante o período colonial escravista.

Assim, no período da Primeira República, de 1889 a 1930, estabelecemos o terceiro enquadre, momento marcado pelo intenso debate sobre raça e pela proliferação de teorias racialistas, presentes inicialmente na Europa e absorvidas pela intelectualidade brasileira. Revisitar esse momento nos permitiu compreender como foi construído o imaginário social sobre o negro nesse período. Essa compreensão, entendemos, é crucial para problematizar e combater a reprodução do preconceito racial[63] e estereótipos presentes na sociedade, particularmente na escola, campo de nossa pesquisa. Logo de partida, é preciso assinalar que entendemos raça como uma construção social que organiza as relações sociais em nossa sociedade. Conforme nos explica Antonio Sérgio Alfredo Guimarães:

> [...] as raças não existem num sentido estritamente realista da ciência, ou seja, se não são um fato do mundo físico, são, contudo, plenamente existentes no mundo social, produtos de formas de classificar e de identificar que orientam as ações humanas.[64]

Contudo, vários argumentos foram desenvolvidos para embasar a ideia de que há uma raça humana superior em relação às demais a fim de justificar a dominação de um grupo sobre o outro. Assim, a ideia de raça como constructos sociais, formas de identidades calcadas numa ideia biológica equivocada, são tomadas como álibi na construção, manutenção e demarcação das diferenças e privilégios.

A palavra "raça" tem a mesma raiz de *ratio*, cuja acepção biológica é empregada ao homem na França do século XVII. Até o século XVIII, na Europa, a palavra "raça" era empregada para designar grupos humanos com relação de parentesco. A distinção entre os diversos povos sob a classificação

---

[63] A respeito do preconceito racial, ver mais em: JONES, M. *Racismo e preconceito*. Tradução de Dantes Moreira Leite. São Paulo: Universidade de São Paulo, 1973.

[64] GUIMARÃES, A. S. A. *Racismo e anti-racismo no Brasil*. São Paulo: Editora 34; Fundação de Apoio à Universidade de São Paulo, 1999. p. 67.

das "raças", segundo suas características físicas, centralmente a cor de pele, passa a ocupar um papel fundamental na definição da hierarquização dos povos somente a partir do processo de expansão do colonialismo europeu. Os séculos XV e XVI foram marcados por grandes viagens e expedições europeias aos novos continentes[65]. O conhecimento advindo dessas expedições e as ambições incontroladas de exploração e ganância dos europeus acabaram por fazê-los colocar em dúvida aquilo que havia sido o cerne do cristianismo: a igualdade entre os homens. Para os europeus, os povos recém-descobertos constituíam uma humanidade diferente, fantástica e monstruosa[66].

O racismo surge na Europa no século XVIII. O objetivo foi o de criar um sistema de dominação simbólica, com vistas a justificar o colonialismo europeu e o sistema escravocrata. Buscava-se delimitar graus de humanidade para os grupos não brancos. Nesse período, a visão de homem era hierarquizada. No topo, encontrava-se o branco europeu, seguido das mulheres de origem europeia e do judeu europeu; mais abaixo, estavam chineses, persas e egípcios, que, embora não fossem europeus, pertenciam a Estados estruturados; e, por fim, no mais baixo nível dessa hierarquia, os nativos da África ou das Américas[67]. Tendo em vista a função atribuída à Igreja de detentora do saber, coube a ela a construção de explicações sobre a origem dos povos recém-descobertos. Vale ressaltar que a Igreja assumiu um papel importante no processo de colonização, na medida em que foi responsável pela evangelização dos povos colonizados. Nesse contexto, ressaltamos o papel de Bartolomé de las Casas[68] (1474-1566) na defesa da escravização dos negros e em favor da não escravização dos indígenas.

Las Casas sustentou, junto à Coroa espanhola, a ideia de que a substituição da mão de obra escrava indígena pela mão de obra escrava negra nas minas de ouro resultaria em maior lucratividade. Juliana Beatriz Almeida de Souza firma ainda que Las Casas teve forte influência no convencimento da

---

[65] Ver mais em: MAIO, M. C.; SANTOS, R. V. (org.). *Raça como questão*: história, ciência e identidades no Brasil. Rio de Janeiro: Editora Fiocruz, 2010.

[66] MUNANGA, K. Uma abordagem conceitual das noções de raça, racismo, identidade e etnia. *In*: PROGRAMA de Educação sobre o Negro na Sociedade Brasileira. Niterói: Editora da Universidade Federal Fluminense, 2004.

[67] TROUILLOT, M. R. *Silencing the past*: power and production of history. Boston: Beacon Press, 1995.

[68] Bartolomé de las Casas nasceu em Sevilha em 1484, formou-se em Direito na Universidade de Salamanca e foi ordenado sacerdote em 1507. Em 21 de dezembro de 1511, em São Domingos, escutou o sermão do dominicano Antonio de Montesinos contra os abusos da exploração do trabalho indígena, marcando-o fortemente. Em 1514, renunciou a sua *encomienda* – concessão de mão de obra compulsória dos índios, em troca de assistência material e religiosa –, que possuía desde 1502, e converteu-se à causa indígena contra a sua escravização pelos espanhóis, sendo considerado o "patrono das nações indígenas". Em: SOUZA, J. B. A. Las Casas, Alonso de Sandoval e a defesa da escravidão negra. *Topoi*, Rio de Janeiro, v. 7, n. 12, p. 25-59, jan. 2006.

Coroa e da Igreja das vantagens da introdução dos negros escravizados na América, até mesmo propondo a Carlos V a posse de quatro escravizados negros por colono: duas mulheres e dois homens[69]. Outro religioso que se destacou na defesa da escravização dos negros foi o jesuíta Alonso de Sandoval[70] (1576-1651), que, em sua obra *De instauranda* (considerada importante pelos textos que descreviam a etnografia africana e afro-americana), argumentava a favor da escravização como alternativa para a salvação das almas, com base no processo de evangelização. Em seu primeiro livro, Sandoval associava a situação do negro à sua origem nas zonas tórridas e à descendência de Cam[71]. Andreas Hofbauer esclarece que a passagem do Velho Testamento, presente no livro de Gênesis, que conta a maldição de Noé sobre seu filho Ham (Cam) embasou a justificativa religiosa para a escravização dos povos negros. Vejamos:

> Conta o texto em questão que um dia Ham encontra seu pai, Noé, bêbado e nu, dormindo em sua cama. Ham comunica a seus irmãos, Shem e Iéfet, o acontecido. Os dois, de cabeça virada para não olhar a nudez do pai, cobrem-no. Quando Noé acorda e descobre o que tinha acontecido, amaldiçoa Canaã, filho de Ham, à escravidão: Exclamou: Maldito seja Canaã, que ele seja o último dos servos dos seus irmãos! Depois disse: Bendito seja o Senhor, o Deus de Shem; que Canaã seja servo dele! Que Deus seduza Iéfet, mas que ele permaneça nas tendas de Shem e que Canaã seja servo dele![72]

Nos mitos bíblicos, estaria presente uma ideia de hierarquização humana baseada em raça (identificada pelo fenótipo), embora se admitisse que todos os humanos fossem filhos de Adão e Eva. Na história das ciências naturais, o termo "raça" foi usado pela primeira vez para classificar diferentes espécies de animais e vegetais pelo naturalista Carlos Lineu. Em 1735, o mesmo Lineu classificou as raças humanas baseando-se em diversificados critérios, como as características físicas, comportamentais, psicológicas e culturais, para demarcar uma hierarquia do *Homo sapiens* em quatro raças: americanos, africanos, asiáticos e europeus. A estes últimos foram atribuídas características como pele branca, cabelos claros e personalidade amável e

---

[69] SOUZA, 2006.

[70] Alonso de Sandoval nasceu em 1576, em Sevilha, migrando para o Peru quando ainda era criança. Estudou no Seminário de San Martin de Lima, no qual obteve conhecimentos de Arte, Teologia e Moral. Entrou para a Companhia de Jesus em 1593, chegando a Cartagena de Índias em 1605. Ver mais em: SOUZA, 2006.

[71] SOUZA, 2006.

[72] HOFBAUER, A. *Uma história de branqueamento ou o negro em questão*. São Paulo: Editora Unesp, 2006. p. 43.

criativa. Outra classificação muito utilizada foi criada em 1795, pelo antropólogo alemão Johan Friedrich Blumenbach, precursor da antropologia física e craniologia. Na terceira edição de sua obra *Das variedades naturais da humanidade*, classificou cinco raças principais, caucasoide, mongoloide, etiópica, americana e malaia. Os caucasoides eram compostos pelos nativos de Europa, Oriente Médio, Norte da África e Índia, e a sua denominação estava ligada à idealização de perfeição do tipo humano encontrado nos habitantes das montanhas do Cáucaso, que ele acreditava ser o berço da humanidade[73].

Existem diversas correntes da chamada "raciologia clássica", como hierarquizantes e desigualitárias: os poligenistas defendiam que as três raças, branca, amarela e negra, foram geradas separadamente, com traços físicos e mentais específicos, apontando os brancos como portadores de maior capacidade intelectual e os negros com vocação para os trabalhos manuais; já os monogenistas defendiam uma origem única para as diferentes raças, estando estas em etapas diferentes de evolução[74]. As teorias monogenistas eram dominantes até meados do século XIX e estavam embasadas nas escrituras bíblicas, que entendiam a humanidade como tem. Nesse contexto, os seres humanos eram classificados como maior degeneração ou perfeição do Éden[75].

As teorias poligenistas, que começaram a ganhar espaço a partir de meados do século XIX, estavam mais atreladas às ciências biológicas, em contraposição ao pensamento criacionista da Igreja, e partiam da crença na existência de várias origens para as raças humanas. Essa ideia ganha nova configuração com a publicação da obra *A origem das espécies*, de Charles Darwin, em 1859, trazendo uma nova dimensão para a origem e o desenvolvimento da espécie humana. Para ele, as espécies tinham um ancestral comum que se transformava para adaptação ao meio. Dessa forma, as diferentes espécies humanas estavam em diferentes estágios de evolução.

A noção de raça ganhou embasamento físico e biológico com os estudos da antropologia colonialista, que utilizava critérios físicos como cor da pele, forma e tamanho do crânio, textura do cabelo, entre outras características físicas, para classificar as diferentes raças humanas, justificar a desigualdade entre elas e legitimar o sistema de dominação dos brancos europeus. Entre as diversas teorias calcadas na interpretação biológica para

---

[73] Ver mais em: MUNANGA, 2004; PENNA, S. D. J. Razões para banir o conceito de raça da medicina brasileira. *História. Ciências e Saúde*, Manguinhos, v. 12, n. 1, p. 321-346, maio/ago. 2005.

[74] CUNHA, M. I. A natureza da "raça". *Sociedade e cultura 2*: Cadernos do Noroeste 13, Braga, p. 191-203, 2000.

[75] SCHWARCZ, L. M. *O espetáculo das raças*: cientistas, instituições e questão nacional no Brasil. 1870-1930. São Paulo: Companhia das Letras, 1993.

analisar os comportamentos humanos, tiveram maior destaque a frenologia[76] e a antropometria[77], que, valendo-se do tamanho e proporção do cérebro dos diferentes povos, identificavam a capacidade humana. Em meados do século XIX, Paul Broca desenvolveu o método de medição do volume da caixa craniana a fim de provar o maior desenvolvimento intelectual dos brancos (machos) em função dos seus cérebros maiores[78].

Desde o século XVIII — conhecido como o "século das luzes" e do predomínio da racionalidade — os filósofos questionavam o monopólio do conhecimento centralizado na Igreja e colocavam em dúvida se o conceito de humanidade, que estaria na raiz da própria religião cristã, ensejaria a necessidade de se definir quem eram os "outros". Nesse contexto, o conceito de raça, defendido por grandes filósofos iluministas, como Kant, e utilizado pelas ciências naturais, ganhou uma interpretação social. A classificação e a hierarquização das raças não foram realizadas de maneira neutra, pois interessava legitimar a desigualdade entre os povos, pela perspectiva do racialismo[79].

A ideia de classificação de raça que originou sua hierarquização em graus superiores e inferiores ficou conhecida como racismo, definido da seguinte forma:

> [...] doutrina que afirma a superioridade de determinados grupos étnicos, nacionais, linguísticos etc. sobre outros. Por extensão, o termo passou a designar as ideias e práticas discriminatórias advindas dessa afirmada superioridade.[80]

As teorias procuravam explicar as diferenças por meio das características físicas e tinham objetivos ideológicos que demarcavam lugares: de um lado, um grupo dominante, os "superiores"; do outro, os diferentes, vistos como exóticos, inferiores, desprovidos de humanidade. A partir do século XVIII, a cor da pele passou a ser usada como critério essencial na

---

[76] "Teoria que estuda o caráter e as funções intelectuais humanas baseando-se na conformação do crânio" (FRENOLOGIA. *In*: FERREIRA, A. B. H. *Novo dicionário da língua portuguesa*. Rio de Janeiro: Editora Nova Fronteira, 1986. p. 811).

[77] "Processo ou técnica de mensuração do corpo humano ou de suas várias partes" (ANTROPOMETRIA. *In*: FERREIRA, 1986, p. 134).

[78] CABECINHAS, R. *Preto e branco*: a naturalização da discriminação racial. Porto: Campo das Letras, 2007.

[79] Racialismo: doutrina segundo a qual a raça determina a cultura, no sentido em que as diferenças entre raças determinariam as diferenças entre as aptidões mentais, atitudes e costumes; visão da história ou da evolução social que se apresenta como uma teoria explicativa, baseada nesta ou naquela classificação das raças humanas, hierarquicamente ordenadas numa escala de valores. Ver mais em: TAGUIEFF, P. A. *O racismo*. Lisboa: Instituto Piaget, 1997.

[80] LOPES, 2004, p. 557.

divisão entre as chamadas raças, e a espécie humana ficou dividida em três raças — branca, negra e amarela —, noções que persistem até hoje no imaginário coletivo. Nesse contexto, as heranças físicas foram utilizadas como marcas de diferenciação entre os grupos humanos, havendo uma "natural" hierarquização entre os povos, classificados como inferiores e superiores, em consonância com o "desenvolvimento e progresso" que apresentavam. O desenvolvimento e o progresso, neste caso, eram pautados pelos parâmetros europeus, que consideravam os povos da África e da América como primitivos, racial e culturalmente.

Essas ideias racialistas contribuíram para demarcar um lugar estático para diferentes povos. No século XIX, um dos principais expoentes da teoria racial foi Joseph Arthur de Gobineau (1816-1882), que publicou, em 1853, o *Ensaio sobre a desigualdade das raças humanas*. Nessa obra, o autor cria uma teoria para explicar a origem e o desaparecimento das civilizações, com base na noção de degeneração da raça, postulando que, independentemente da vontade de Deus, os povos se extinguem porque são degenerados. A obra de Gobineau novamente faz alusão à noção de degeneração, a qual marcaria a ideia de que a mistura das raças é danosa para a humanidade. Nesse sentido, Gobineau afirmava que, no gênero humano, havia um "instinto racial" de oposição aos cruzamentos, mas a expansão de sociabilidade civilizadora contrariava essa lei[81]. Assim, a teoria pessimista de Gobineau previa o fim da humanidade em função da inevitabilidade da miscigenação das raças. Os brancos civilizados em contato com as raças inferiores teriam perdas nas suas qualidades e gerariam uma "sub-raça decadente e degenerada".

Schwarcz assinala que, se as ideias pessimistas de Gobineau não encontraram ressonância imediata na Europa, o mesmo não se pode dizer da sua influência sobre as outras sociedades que viviam a miscigenação, especialmente o Brasil, país que visitou em 1869, ocasião em que ocupava a posição de ministro da França. Essas teorias foram apropriadas pelo contexto brasileiro de maneira muito particular, de modo a dialogar com as "necessidades" apresentadas em diferentes momentos históricos. Concordamos que a interpretação sobre tais teorias raciais em nosso contexto embasaram não só a construção de um lugar social para o negro, como também para a sociedade, ao fomentar a construção da identidade nacional. Desde muito antes da abolição, a questão da composição racial do povo brasileiro já era uma grande preocupação. O Instituto Histórico e Geográfico Brasileiro (IHGB),

---

[81] MUNANGA, 2004.

criado em 1838, pela elite intelectual e política da época, tinha como objetivo escrever a História do Brasil, segundo a perspectiva de uma nação unificada.

Em 1844, o IHGB realizou o primeiro prêmio Como Escrever a História do Brasil. O vencedor foi o naturalista Karl Friedrich Von Martius (1794-1868), com o texto "Como se deve escrever a história do Brasil". Von Martius defendeu a tese segundo a qual o cruzamento das três raças, branca, indígena e negra, formaria o povo brasileiro. Essa ideia não era nova, como mostra Maria Cecília Cortez Christiano de Souza, pois essa mesma preocupação havia sido expressa por José Bonifácio, antes mesmo da Independência, em 1813, ao colocar como grande barreira para a construção da identidade nacional a diversificada composição da população brasileira (brancos, mulatos, pretos livres e escravizados, índios)[82]. Na tese de Von Martius, podemos identificar uma hierarquização entre as raças. Cada uma das raças tinha um papel específico no desenvolvimento do povo brasileiro:

> [...] ao branco, cabia representar o papel de elemento civilizador. Ao índio, era necessário restituir sua dignidade original ajudando-o a galgar os degraus da civilização. Ao negro, por fim restava o espaço da detração, uma vez que era entendido como fator de impedimento ao progresso da nação: "Não há dúvida que o Brasil teria tido", diz Von Martius, "uma evolução muito diferente sem a introdução dos míseros escravos negros".[83]

Vale ressaltar ainda que o fato de a tese de Von Martius ter vencido o prêmio de uma instituição oficial como o IHGB, importante para a elite intelectual e política da época, indica a influência e o alcance dessas ideias. Tal situação pode explicar também a recorrente retomada, por diversos intelectuais, da classificação proposta por Von Martius, em diferentes momentos de nossa história.

No período republicano, com inserção dos negros ex-escravizados na sociedade brasileira, até então vistos como coisa e força de trabalho, acirra-se a necessidade de construção de uma identidade brasileira baseada na ideia de nação moderna. É no momento da abolição que, de fato, se inaugura a ideia da possibilidade da construção de uma nação moderna[84]. Como realizar esse empreendimento? perguntava-se a elite intelectualizada da época.

---

[82] Ver mais em: SOUZA, M. C. C. C. Depressão em professores e violência escolar. *Notandum*, v. 11, p. 19-28, 2008a.

[83] SCHWARCZ, 1993, p. 112.

[84] HOLANDA, S. B. *Raízes do Brasil*. 26. ed. São Paulo: Companhia das Letras, 1995.

Para tanto, era necessário admitir os negros como parte constitutiva na nação brasileira, mas eles traziam consigo, pensava-se, com base nas teorias racialistas, a herança negativa da inferioridade[85].

Embora com diferentes opiniões, Sílvio Romero, Euclides da Cunha, Edgar Roquete Pinto, Oliveira Viana, Manuel Bonfim, Nina Rodrigues, João Batista Lacerda, Gilberto Freyre, entre outros, estavam preocupados em formular uma teoria do tipo étnico brasileiro, buscando definir o brasileiro como povo; e o Brasil, como nação. Esses intelectuais partilhavam de uma crença na inferioridade das raças não brancas, principalmente a negra, e na degenerescência do mestiço, com algumas exceções. O modelo ideal de nação era a europeia/civilizada, entendida como moderna, calcada na ideia de hierarquização racial. A ideia de nação moderna estava então associada à ideia de progresso, que, por sua vez, associava-se ao europeu.

Thomas Skidmore afirma que o pensamento racial teve seu apogeu no período entre 1890 e 1920, no qual as ideias de hierarquização entre as raças, de miscigenação como degeneração e, depois, de *branqueamento* adquiriram status e legitimidade científica[86]. Essas ideias eram muito fortes no Brasil, e veiculadas por alguns cientistas e viajantes europeus que atribuíam ao Brasil a imagem de país atrasado, em função do baixo desenvolvimento da sua população, afetada pelo clima e pela presença de raças degeneradas. Um exemplo dos viajantes que alimentaram essa visão foi o suíço Louis Agassiz[87] (1807-1873), que enxergava a mistura de raças com um grande mal, que gerava o desaparecimento das melhores qualidades de cada uma para dar lugar a um tipo indefinido e débil.

Arthur Gobineau, em sua estadia no Brasil, exaltava a qualidade da natureza brasileira, mas não demonstrava simpatia pelo povo brasileiro; considerava-o feio e inferior, em função do alto grau de mestiçagem. Para ele, a mestiçagem era sinal de degeneração. Gobineau, em sua obra *Sobre a desigualdade inata das raças*, concebia a degeneração como um processo resultante da mistura das raças, ocasião em que as raças conquistadoras e conquistadas puras perdiam suas boas qualidades[88].

---

[85] MUNANGA, 2004.

[86] Ver mais em: SKIDMORE, T. *Preto no branco*: raça e nacionalidade no pensamento brasileiro. Rio de Janeiro: Paz e Terra, 1976.

[87] Louis Agassiz liderou a expedição científica norte-americana ao Brasil denominada Thayer, no período de 1865 a 1866. Ver mais em: SCHWARCZ, 1993, p. 13.

[88] Ver mais em: SKIDMORE, 1976; BORGES, D. Inchado, feio, preguiçoso e inerte: a degeneração no pensamento social brasileiro, 1880-1940. *Teoria e Pesquisa*, São Carlos, n. 47, p. 43-70, jul./dez. 2005.

Embora houvesse um pessimismo racial pesando sobre o brasileiro, visão presente em Gobineau e Agassiz, nem todos os viajantes partilhavam dessa ideia, a exemplo de William James, integrante na expedição de Agassiz, que elogiou bastante a hospitalidade dos brasileiros. Apesar de James exaltar o Brasil pela sua abundância de recursos e pela hospitalidade de seu povo, para a maioria dos viajantes, prevaleceu a ideia de um país degenerado pela mestiçagem. As ideias de degeneração predominaram e fundamentaram a concepção segundo a qual a população brasileira era um grande organismo doente. Essa noção de país doente refletia o incômodo com a população pobre, promovendo, no Brasil, os contornos de um racismo singular, que utilizava um código de classificação da cor da pele e de suas diversas nuances, por meio do qual as pessoas poderiam ser classificadas como brancas, pretas ou pardas. Quanto mais escuros e mais visíveis fossem os traços da mestiçagem, maiores os sinais de degeneração dos indivíduos. Essa degeneração não se aplicava apenas aos traços físicos — gente inchada e feia —, mas também aos traços de caráter. O degenerado era considerado amoral, mentiroso, preguiçoso e inerte, o que gerava um ideal de "medicalização" e higienismo[89].

Essa noção de degeneração impulsionou a preocupação com a "eugenia", termo cunhado por Francis Galton (1822-1911), em 1883, para referir-se ao "bem-nascido", indicando as possíveis aplicações sociais do conhecimento da hereditariedade na obtenção de uma melhor reprodução humana. Nancy Leys Stepan traz importantes contribuições para a compreensão do desenvolvimento da ideia de eugenia nos países da América Latina. Esclarece que a eugenia também foi definida como um movimento para aprimorar a raça humana, ou seja, para preservar a "pureza" de certos grupos.

> Como ciência, a eugenia se baseou nos entendimentos supostamente novos das leis da hereditariedade humana. Como movimento social, envolveu propostas que permitiriam à sociedade assegurar a constante melhoria de sua composição hereditária encorajando indivíduos e grupos "adequados" a se reproduzirem e, talvez mais importante, desencorajando ou evitando que os "inadequados" transmitissem suas inadequações às gerações futuras.[90]

Percebemos a importância histórica da ideia de eugenia ao considerarmos a criação de sociedades e organizações eugênicas em países como

---

[89] Ver mais em: BORGES, 2005.

[90] STEPAN, N. L. "A hora da eugenia": raça, gênero e nação na América Latina. Rio de Janeiro: Editora Fiocruz, 2005. p. 9.

Inglaterra, França, Japão, União Soviética, Suécia, Peru e Austrália. A intelectualidade brasileira das primeiras décadas do século XX discutia as mais recentes teorias europeias sobre raças. Essa concepção original da eugenia foi amplamente aceita, já que apresentava a possibilidade de "melhorar" as raças negra e indígena, que estavam em estágios inferiores. Ela ganhou terreno entre os intelectuais e profissionais de saúde, como médicos, cientistas sociais, entre outros, os quais a introduziram nas principais instituições sociais, saúde, sistema judiciário e educação, pois compreendiam essas instituições como instrumentos do saneamento necessário para a construção de um país civilizado. Uma das expressões significativas da influência desse pensamento foi a Sociedade Eugênica de São Paulo, organizada por Renato Kehl, cujo secretário era o sociólogo Fernando de Azevedo, quem, mais tarde, dirigiu as reformas nos sistemas escolares do Rio de Janeiro (1926-1930) e São Paulo (1933-1934). Para Fernando de Azevedo, a eugenia era a forma de eliminar os venenos da sociedade, não dos indivíduos[91].

No campo das instituições jurídicas, a eugenia encontrou em Raimundo Nina Rodrigues (1872-1906) seu defensor. Na medicina, Afrânio Peixoto (1876-1947), estudioso das relações entre raças, climas e degeneração nos trópicos, foi a figura que aproximou educação e saúde, uma vez que ocupava a diretoria do departamento de educação da cidade do Rio de Janeiro, no início do século XX. Nina Rodrigues, médico e psiquiatra dedicado ao estudo da criminalidade, foi fundador da antropologia criminal no Brasil, tendo desenvolvido estudos sobre as influências das raças na conduta dos indivíduos. Com a publicação, em 1938, das *Raças humanas e a responsabilidade penal no Brasil*, em que atribuía o crime a um comportamento doente, não apenas ilegal e imoral, propunha um código civil especial para as populações negras, as quais, segundo ele, não poderiam ser educadas e deveriam ser mantidas em apartheid, com um estatuto semelhante ao dos índios. Essa obra revela também a tendência de influência da medicina legal sobre o direito, um discurso biológico sobre o criminoso.

Em resumo, para Nina Rodrigues, discípulo de Cesare Lombroso (1835-1909), as características físicas, derivadas das raças, eram determinantes no comportamento dos criminosos. Tais características permitiam que os negros fossem vistos como cidadãos[92]. Vale ressaltar que, na mesma

---

[91] DÁVILA, J. *Diploma de brancura*: política social e racial no Brasil – 1917-1945. São Paulo: Editora Unesp, 2006.

[92] Ver mais em: CORREA, M. *As ilusões da liberdade*: a Escola Nina Rodrigues e a antropologia no Brasil. Bragança Paulista: Edusf, 1998; DÁVILA, 2006; MAIO; SANTOS, 2010.

perspectiva racialista, Nina Rodrigues utilizou o negro e/ou africano como objeto de seus estudos. Muito embora tenha propósitos racialistas, seus textos constituem documentos históricos e antropológicos preciosos sobre as populações recém-chegadas da África.

Sílvio Romero, outro intelectual importante da época, ofereceu a sua interpretação sobre a sociedade nacional em sua obra *A história da literatura brasileira*, na qual concebia a literatura como o lugar em que a nacionalidade era expressa e construída. As suas considerações pautavam-se em três princípios interpretativos da realidade brasileira: a geográfica, a raça e a evolução. A ideia de evolução era o elemento central de sua análise. Romero duvidava da existência de raças puras, até mesmo na Europa, e concebia a mestiçagem da população brasileira como um dado inescapável, derivado não só dos traços físicos, mas também da cultura. No entanto, não é exceção em relação ao pensamento racialista dominante, tendo mesmo um raro sentido de oportunismo e ironia:

> É uma vergonha para ciência do Brasil que nada tenhamos consagrado de nossos trabalhos ao estudo das línguas e das religiões africanas. Quando vemos homens como Bleek, refugiarem-se dezenas e dezenas de anos nos centros da África, somente para estudar uma língua e coligir uns mitos, nós que temos o material em casa, que temos a África em nossas cozinhas, como a América em nossas selvas, e a Europa em nossos salões, nada havemos produzido neste sentido! [...] O negro não é só uma máquina econômica; ele é antes de tudo, e malgrado sua ignorância, um objeto de ciência.[93]

Romero entendia a raça branca como dominante, por isso, na mistura, ela prevaleceria, gerando um povo brasileiro cada vez mais branco e o desaparecimento de elementos não brancos. Essa ideia era o núcleo de sua teoria de branqueamento do povo brasileiro, embora a ideia fosse compartilhada por diversos intelectuais da época. Romero estava ocupado em encontrar uma solução para o problema da presença negra na constituição do povo brasileiro. Romero disseminou a ideia da purificação racial que viria por meio da imigração europeia e por um extenso processo de mestiçagem física e cultural. Para Romero, a mestiçagem era uma etapa transitória. O branqueamento configurava-se com uma condição para que, posteriormente, o Brasil se constituísse num país moderno e civilizado. Oliveira Viana, contemporâneo de Romero, também realizou interpretações sobre o Brasil. Viana,

---

[93] ROMERO, S. *Contos populares do Brasil*. Rio de Janeiro: José Olympio, 1954. p. 99.

em consonância com as ideias de Nina Rodrigues, acreditava no atavismo, lei antropológica que faria os indivíduos a retomarem características das raças consideradas originais[94].

Apesar de sua crença no atavismo, Viana também apostava na possibilidade do branqueamento da nação brasileira, por meio da miscigenação. Concebia a existência de variações no grupo mestiço, por um lado, existiria uma parcela de inferiores, que seriam extintos em decorrência da degeneração, pelo falecimento ou pela miséria moral ou física. Por outro lado, uma pequena parcela superior (porém inferior em relação ao grupo branco), os mestiços superiores possuidores de características fenotípicas mais próximas aos arianos, tornar-se-ia mais clara, eliminando traços associados à herança negra. Para Oliveira Viana, a diversidade racial da nossa sociedade traria sérios problemas decorrentes das diferenças incontestáveis entre as três raças. Cada tipo antropológico acarretaria um tipo psicológico distinto. Problemas sociais poderiam resultar dessa diversidade de tipos psicológicos, que são explicados com:

> [...] base na diferença do eugenismo entre as três raças e, consequentemente na potencialidade ascensional de cada uma delas, o que é uma visão darwinista social e uma legitimização das desigualdades que ele nega no plano político.[95]

Viana considerava que essa diversidade antropológica e os problemas dela resultantes seriam extintos pela mestiçagem que conduziria à arianização, a um tipo étnico-racial singular: o moreno.

A teoria do embranquecimento, compreendida como ajustamento do "racismo científico", é a teoria racista mais importante que particulariza o racismo universalista brasileiro. Com base nessa teoria, sustentavam-se ideias de purificação e até de exterminação do sangue negro a fim de que os mestiços se tornassem civilizados[96]. Hasenbalg acrescenta que

> [...] o ideal de branqueamento já presente no pensamento abolicionista não só era uma racionalização *ex-post* do avan-

---

[94] "[...] lei antropológica inevitável que faz com que os indivíduos resultantes da mestiçagem tendam a retomar as características físicas, morais e intelectuais das raças originais. Acrescente-se a essa ideia o fato de que, nos cruzamentos entre as raças muito distintas, ilustrados pelas misturas entre brancos e negros, os retornos são, em regra, acompanhados de um caráter degenerescente. Em outras palavras, os mestiços, os mulatos, tendem, na sua descendência, a volta ao tipo inferior, aproximando-se dele mais e mais pela índole e pelo físico" (MUNANGA, 2004, p. 75).

[95] MUNANGA, 2004, p. 79.

[96] Ver mais em: GUIMARÃES, 1999.

çado estágio de mestiçagem racial da população do país como também refletia o pessimismo racial do fim do século XIX.[97]

No Brasil, essa teoria foi utilizada como instrumento ideológico que objetivava purificar a raça brasileira, tornar os povos mais brancos, até que os negros fossem extintos, ou seja, enquanto existissem negros, o Brasil não seria visto como uma nação civilizada. Na década de 1930, essa visão é atenuada com a nova interpretação sobre a identidade brasileira realizada por Gilberto Freyre. A obra de Freyre *Casa grande & senzala* ofereceu novo rumo ao debate ao construir uma interpretação sobre o Brasil na qual apresentava uma solução para a preocupação com a imagem internacional da nação brasileira enquanto nação moderna. Freyre, ressaltando as raças fundadoras do país, pensava o português como benevolente, paternal, embora, às vezes, severo; o indígena, como moralmente digno; o negro, como alguém, por vezes, bárbaro, mas constituidor da sociedade brasileira[98]. Esse autor assinalou os povos presentes no Brasil sob o aspecto cultural e, mais ainda, mostrou apreço por eles, especialmente pelo português, pelas relações sexuais e culturais, pelo hibridismo. Assim, disseminou a ideia da existência de uma certa harmonia entre senhores e escravizados, alicerçando o ideal de uma nação miscigenada. A mestiçagem deixa de ser vista como fator de degeneração e passa a ser pensada de maneira positiva, símbolo do caráter democrático e flexível da sociedade moderna. Nesse período, buscava-se uma solução para a formação do povo brasileiro, pautado no desenvolvimento social e na constatação de que as teorias racialistas do fim do século XIX não se sustentavam mais. Freyre destaca o elemento da cultura como o mais significativo para explicar a modernidade brasileira. Segundo Munanga:

> A grande contribuição de Freyre é ter mostrado que negros, índios e mestiços tiveram contribuições positivas na cultura brasileira: influenciaram profundamente o estilo de vida da classe senhorial em matéria de comida, indumentária e sexo. A mestiçagem, que no pensamento de Nina e de outros causava dano irreparável ao Brasil, era visto por ele como uma vantagem imensa. Em outras palavras, ao transformar a mestiçagem num valor positivo e não negativo sobre o aspecto de degenerescência, o autor de *Casa Grande e Senzala* permitiu

---

[97] HASENBALG, C. A. *Discriminação e desigualdades raciais no Brasil*. Rio de Janeiro: Edições Graal, 1979. p. 238.

[98] FREYRE, G. *Casa grande & senzala*: formação da família brasileira sob o regime da economia patriarcal. 51. ed. São Paulo: Global, 2006.

completar definitivamente os contornos de uma identidade que há muito vinha sendo desenhada[99].

Freyre, enfatizando a dupla mestiçagem, a racial e a cultural, dá origem à ideia de democracia racial, símbolo da modernidade brasileira. Posteriormente, essa tese é reinterpretada e passa a ser referida como o "mito da democracia racial". Esse mito, estimulando a ideia de relações sociais igualitárias e de nação coesa, escamoteia a desigualdade presente na sociedade brasileira. Tal mito, o da democracia racial, propagado na sociedade, propõe uma cordialidade falaciosa e superficial, sustentando a proliferação do preconceito racial. Nesse contexto, Munanga utiliza a metáfora de um iceberg para explicitar a complexidade das relações raciais brasileiras: a parte visível corresponde aos preconceitos manifestos, e a porção submersa equivale a um contingente de preconceitos não manifestos e a suas respectivas consequências na estrutura psíquica das pessoas. A figura do iceberg auxilia-nos a perceber que a construção do preconceito e da discriminação racial na nossa sociedade opera de forma sofisticada, por isso mesmo é fenômeno tão arraigado na formação psíquica dos indivíduos.

O mito da democracia racial tem impactos na educação, conforme descrito por nossa entrevistada Cristiane Santana, mestre em Estudos Comparados de Literaturas de Língua Portuguesa na Faculdade de Filosofia, Letras e Ciências Humanas (FFLCH) da USP e professora do Instituto Federal de São Paulo (IFSP):

> O mito da democracia racial, enquanto construção histórica, social e política, impacta na educação à medida que legitima uma narrativa pela qual o racismo é minimizado e, desta forma, reflete-se num currículo e, consequentemente, em práticas educacionais que se eximem do enfrentamento ao racismo. Por exemplo, deixa-se de questionar o fato de que o currículo é construído sobre bases conceituais e epistêmicas eurocentradas, visto que a ideia de anulação das diferenças, acaba por difundir a falsa impressão de que um currículo dessa natureza poderia contemplar os mais diversos sujeitos. Contudo, o que observamos na prática é que uma escola que não abarque a diversidade, acaba por excluir determinados grupos, nomeadamente negros e indígenas, acarretando o acirramento das desigualdades, a evasão escolar, entre outros efeitos psicossociais do racismo.[100]

---

[99] MUNANGA, 2004, p. 88.

[100] Entrevista concedida à autora no dia 22 de agosto de 2022.

As manifestações do preconceito no Brasil nem sempre são expressas de forma direta. Oracy Nogueira, em seu estudo, apresenta-nos duas modalidades de preconceito, de marca e de origem. O primeiro está relacionado à aparência, ou seja, as pessoas utilizam-se dos traços físicos, fisionomia, gestos e sotaque do indivíduo de forma pejorativa. Já em relação ao preconceito de origem, há uma associação do grupo étnico ao qual o indivíduo é oriundo e o tratamento que ele receberá[101].

Na sociedade brasileira, o preconceito racial é revelado no cotidiano das relações sociais, nas situações mais corriqueiras. Embora no imaginário social perdure a ideia de um país cordial, os sujeitos elaboram um mundo simbólico no qual os traços fenotípicos acabam servindo de base para o preconceito, seja explícito, seja baseado em eufemismos.

O racismo cordial estabelece-se no Brasil em decorrência do mito da democracia racial e da ideologia do branqueamento. É definido como uma forma de discriminação contra os cidadãos não brancos (negros e mulatos), caracterizado por uma polidez superficial que reveste as atitudes e os comportamentos discriminatórios expressos nas relações interpessoais, por meio de piadas, ditos populares e brincadeiras de cunho racial[102]. No Brasil, a marca da cor preta já indica a possibilidade de ser alvo de preconceito e de discriminação racial. Com o avanço das leis antirracistas, essas manifestações operam de forma mais sutil, embora não nos faltem exemplos de preconceitos flagrantes.

Se, por um lado, a solução encontrada para o problema da identidade brasileira foi a mestiçagem; por outro, a mistura entre as três raças escamoteia o conflito latente na formação do povo brasileiro. Nesse sentido, Emanuel Mariano Tadei entende que a mestiçagem é significativa na formação da subjetividade do brasileiro, decorrente da internalização do preconceito. Explica que:

> O dispositivo de mestiçagem apresenta as seguintes características: ele incita à mistura étnica; coloca a sexualidade num plano estratégico, ou seja, como o veículo capaz de promover a confraternização num amálgama capaz de unir os vários elementos que compõem nossa nacionalidade, porém, manobra essa identidade em construção para determinadas direções, conforme a conjuntura de cada período de nossa História.[103]

---

[101] NOGUEIRA, O. *Tanto preto quanto branco*: estudo de relações raciais. São Paulo: T. A. Queiroz, 1985.

[102] LIMA, M. E. O.; VALA, J. As novas formas de expressão do preconceito e do racismo. *Estudos de Psicologia*, Natal, v. 9, n. 3, p. 401-411, 2004.

[103] TADEI, E. M. A. Mestiçagem enquanto um dispositivo de poder e a constituição de nossa identidade nacional. *Psicologia, Ciência e Profissão*, n. 22, p. 2-13, 2002. p. 9.

Tal dispositivo opera na sociedade brasileira no sentido da impossibilidade de definir quem é o povo brasileiro, pois a mistura das raças — indígena, negra, branca — produziu a ideia de uma identidade mestiça e contribuiu para alicerçar a ideologia da democracia racial, um dos principais elementos do racismo à brasileira. Ainda que o Brasil seja conhecido como país em que impera a democracia racial, a mestiçagem e o branqueamento marcam a constituição da subjetividade dos brasileiros. A sociedade brasileira desenvolveu sofisticadas formas para manter uma estrutura de dominação embasada numa hierarquia racial, na qual indivíduos identificados como brancos detêm privilégios econômicos e simbólicos, em detrimento dos demais indivíduos, sobretudo dos negros.

O paradigma do *embranquecimento* permanece no imaginário dos brasileiros, produzindo diferentes consequências à construção de sua subjetividade. Nas pessoas descendentes de negros, o ideal de branqueamento apresenta-se de diversas formas, como na manipulação da estética, na dita "boa aparência", na posse de signos da branquitude. Para os brancos, busca-se reforçar os seus signos alicerçados no padrão de beleza europeu (cabelos claros e lisos, nariz fino, olhos claros, entre outras características).

O legado do escravismo para o branco arrastou consigo ainda uma herança simbólica positiva; do ponto de vista dos dominantes: a branquitude. A autora define esse conceito como uma apropriação simbólica que vem fortalecendo a autoestima e o autoconceito do grupo branco e causando prejuízos à subjetividade das pessoas não brancas. Tal apropriação simbólica vem legitimando a supremacia econômica, política e social do grupo denominado branco. O conceito não é fechado. Na verdade, é complexo, visto que acompanha as idiossincrasias das relações raciais no Brasil. Podemos dizer que a branquitude está no plano da dimensão subjetiva das relações raciais, e foi constituída da ideia de branqueamento posta no século XIX, inventada e mantida pela elite branca[104].

Franz Fanon entende o racismo como sistema complexo, profundamente arraigado na construção da sociedade ocidental. Esse autor realizou uma pesquisa de longa duração, com europeus, ressaltando o processo de projeção na construção do preconceito racial do branco. Nesse estudo, interrogou aproximadamente 500 indivíduos: brancos, franceses, alemães, ingleses e italianos. E identificou respostas que apresentavam o negro por meio de estereótipos ligados à biologia, à sexualidade, à força, ao esporte,

---

[104] Ver mais em: BENTO, 2002.

à selvageria, à animalidade, ao satânico, ao pecado, ao crime. Para Fanon, a percepção do negro como ser biológico está presente na fobia dos brancos, o medo do ser biológico, associado ao medo da sexualidade, que denuncia a projeção de seus próprios impulsos sexuais[105].

Entendemos, então, que a ideia de suposta superioridade dos brancos é o alicerce das relações sociorraciais no Brasil, demarcando lugares desiguais para os diferentes grupos étnicos. Mas como ocorreu esse processo? A branquitude surge quando os ditos brancos — grupo pequeno em relação à grande massa de negros presentes no Brasil, na época da colonização e, particularmente, no período republicano — sentiram-se constantemente temerosos diante da possibilidade de revoltas eminentes, já que tratavam os negros de forma desumana e aviltante. Procurando salvaguardar suas posições no comando e manter a estrutura escravagista, a elite, autoproclamada branca, estruturou, primeiro no plano simbólico, a justificativa para sua superioridade, tendo consequentemente poder sobre a massa de negros. Essa justificativa destacava as características visíveis que os distinguiam dos negros, sobrevalorizando-as. Nesse sentido, as características fenotípicas, sobretudo a cor da pele, mas também os cabelos lisos, o nariz fino, os lábios estreitos etc., foram os alicerces de uma construção ideológica sobre a superioridade do branco, ratificada pelo racismo científico. O branco é, até hoje, associado à pureza, à bondade, à inteligência, à candura. Em contrapartida, o negro é associado a sombrio, sujo, encardido, lascivo, ao que não ama o trabalho, nem prima pela intelectualidade. O branco, dentro da teoria racial, é associado ao civilizado, ao intelectualmente mais aprimorado. O negro é associado ao primitivismo, à superstição e ao desregramento. Foi-se solidificando então a ideia de que ser branco é ser "bom", é ser "humano"; e ser negro é ser "ruim", é ser "inferior". Parecia, portanto, "natural" que os brancos dominassem os negros, segundo a lógica de que os "mais fortes dominam os mais fracos", como postula o darwinismo social.

Desigualdades raciais no Brasil têm um forte componente narcísico e de projeção. Com base na leitura freudiana, Maria Aparecida Bento esclarece que o narcisismo, isto é, o amor por si próprio, é um elemento que opera psiquicamente na preservação do indivíduo, gerando aversão ao que é diferente. Ao colocar-se como modelo de superioridade racial, o grupo branco projetou as mazelas que identificava em si mesmo sobre o outro, no caso, os negros, ratificando sua vantagem simbólica, ao mesmo tempo que depreciava

---

[105] FANON, 1980.

aqueles que dele se diferenciavam. O ideal de branqueamento, que permeou a construção da identidade do afro-brasileiro, vem acarretando dificuldades expressas, por exemplo, quando indivíduos negros, numa tentativa de serem socialmente aceitos, mutilam o corpo, sofrendo na própria carne os males de sua idealização da branquitude[106].

O mecanismo de projeção que indica a existência de conflitos emocionais e uma dificuldade de identificar em si mesmo os conteúdos neuróticos é utilizado, ao mesmo tempo, para manter a harmonia psíquica do sujeito e desabonar o outro. Por meio da depreciação das características do outro, constroem-se preconceitos e estereótipos entendidos como estigma, "ideologia para explicar a sua inferioridade e dar conta do perigo que ela representa, racionalizando algumas vezes uma animosidade baseada em outras diferenças, tais como as de classe social"[107].

A sociedade, ao estigmatizar o indivíduo, não o considera como completamente humano, e também o caracteriza como inferior. À medida que a sociedade estigmatiza o negro, algumas vezes inferiorizando-o e desqualificando suas origens, pode interferir negativamente no surgimento de suas potencialidades, dificultando ou impedindo que elas se manifestem.

No Brasil, as relações sociais ocorrem num campo de tensão e ambiguidade, na qual há um modelo ideal subjacente de indivíduo, o branco. Muito embora os valores ancestrais africanos sejam elementos constitutivos importantes na formação da identidade nacional, existe um processo de negação dessa contribuição. Assim, na sociedade brasileira, identifica-se que:

> [...] o ideal branco de ego determina aos afro-descendentes o desenvolvimento de auto-imagem negativa, acompanhada de auto-estima rebaixada, muito contribuindo para gerar condições subumanas de existência e tendendo a perpetuar-se num processo de exclusão sustentado por complexo mecanismo social.[108]

Esse fenômeno, que entendemos constituir um terceiro enquadre à sociedade brasileira — particularmente às relações raciais , implica conflitos psíquicos à formação da subjetividade dos brasileiros. Se, por um lado, a ideologia veiculada nesse período histórico reforçou uma estrutura de

---

[106] Ver mais em: BENTO, 2002.

[107] GOFFMAN, E. *Estigma*: notas sobre a manipulação da identidade deteriorada. Rio de Janeiro: LTC, 1988. p. 15. A respeito de estigma, consultar a obra mencionada.

[108] FERREIRA, R. F. *Uma história de lutas e vitórias*: A construção da identidade de um afrodescendente brasileiro. São Paulo. Tese (Doutorado) – Universidade de São Paulo, São Paulo, 1999. p. 16.

poder racialmente hierarquizada, já presente no contexto da escravização, por outro, tal estrutura foi legitimada cientificamente. Porém, é importante notar que, nesse período, ocorre uma inflexão, pois até meados da década de 1930 a presença do negro na formação da nação era rechaçada, elaborando-se mesmo estratégias de purificação da raça. Contudo, a obra de Gilberto Freyre propôs uma interpretação positiva para as contribuições das diferentes raças que formaram o povo brasileiro, procurando eliminar a ideia do conflito, substituindo-a pela ideia da existência de uma harmonia social, ocultando as desigualdades que marcam a sociedade brasileira, e estabelecendo a emergência de uma nova ideologia, o mito da democracia racial. O fato é que a realidade material se mostra muito mais efetiva na demarcação de lugares distintos para negros e não negros, de forma que ideia da harmonia foi absorvida pelos brancos, de maneira a ressaltar vantagens materiais e simbólicas, mas também pelos negros, que sofrem com a incoerência entre a ideologia e a sua realidade concreta.

1.5 Quarto enquadre: Constituição de 1988, o negro como sujeito de direito

O nosso último enquadre aborda as mudanças ocorridas a partir da promulgação da Constituição federal de 1988, que afirma o reconhecimento político de todas as culturas e etnias que contribuíram para a formação do povo brasileiro, especialmente as parcelas da população que historicamente têm sido discriminadas, os negros. A Constituição de 1988, em seu Art. 1º, assegura que a República Federativa do Brasil se constitui em Estado democrático de direito, cujos fundamentos são a soberania, a cidadania e a dignidade da pessoa humana. Em seu Art. 3º, afirma como um de seus objetivos "promover o bem de todos, sem preconceito de origem, raça, sexo, cor, idade e quaisquer outras formas de discriminação". No Art. 5º, assegura a igualdade perante a lei; no inciso XLII do mesmo artigo, estabelece que o racismo é um crime inafiançável[109] e imprescritível, sujeito à reclusão. E no inciso I do Art. 242º, determina também que o ensino da História do Brasil deve considerar contribuições de diferentes etnias e culturas na formação do povo nacional.

A partir de 2000, diversas mobilizações em favor do combate ao racismo pelo Estado ganham força. Discutia-se a necessidade de políticas

---

[109] A Lei Afonso Arinos foi a primeira a prever a punição para o crime de discriminação, com prisão simples, de 15 dias a um ano, e aplicação de multas, dependendo da situação. Foi aprovada em 3 de julho de 1951, no governo de Getúlio Vargas.

públicas de ação afirmativa e de enfrentamento do racismo no Brasil, culminando na participação do Brasil na 3ª Conferência Mundial contra o Racismo, a Discriminação Racial, a Xenofobia e Formas Correlatas de Intolerância, promovida pela Organização das Nações Unidas (ONU), ocorrida entre 31 de agosto e 8 de setembro de 2001, na cidade de Durban, África do Sul.

Em 2003, no governo do presidente Luiz Inácio Lula da Silva, há um avanço no combate ao racismo, com a criação da Secretaria Especial de Políticas de Promoção de Igualdade Racial (Seppir), e em 2004 com a Secretaria de Educação Continuada, Alfabetização e Diversidade (Secad) pelo Ministério da Educação e Cultura. A questão racial é uma das prioridades na pauta das políticas públicas da Seppir, órgão que é a consubstanciação da luta histórica do movimento negro. Ela é incumbida do desenvolvimento e articulação de políticas e diretrizes em prol da igualdade racial, para grupos raciais discriminados, principalmente os negros. A Secad foi criada com o objetivo de formular e implementar políticas de inclusão educacional, tendo em vista as especificidades e as desigualdades de nossa diversidade étnico-racial, cultural, de gênero, social, ambiental, regional.

A Lei 10.639/2003, que altera a Lei de Diretrizes e Bases da Educação Nacional 9.394/1996, torna obrigatória a inclusão da História da África e das culturas afro-brasileiras no currículo das escolas públicas e privadas da educação básica do país, e atende a uma reivindicação histórica dos movimentos sociais organizados, em especial do movimento negro.

A política educacional, a partir da alteração proposta pelas Leis 9.394 e 10.639, impulsionou várias ações do governo para sua implementação. Assim, foram aprovadas as diretrizes curriculares nacionais para a educação das relações étnico-raciais e para o ensino de história e cultura afro-brasileira e africana, conforme o parecer do Conselho Nacional de Educação/Conselho Pleno (CNE/CP) 03/2004. Nele, há mais detalhes sobre a proposta de política curricular e de combate ao racismo e às discriminações, com propostas de divulgação e produção de conhecimentos pela perspectiva étnico-racial.

Posteriormente, em 10 de março de 2008, a Lei 11.645 alterou a redação da Lei 10.639/2003 para incluir a obrigatoriedade da História e Cultura Indígena no currículo oficial da rede de ensino, seja em estabelecimentos públicos, seja em estabelecimentos privados, em especial nos componentes de educação artística, literatura e história.

Avançando no campo das ações da política educacional, em 2009 foi traçado o Plano Nacional de Implementação das Diretrizes Curriculares

Nacionais para a Educação das Relações Étnico-Raciais e para o Ensino de História e Cultura Afro-Brasileira e Africana, na gestão do ministro Fernando Haddad. Esse plano resulta da mobilização de instituições como a União Nacional dos Dirigentes Municipais de Educação (Undime) e a Organização das Nações Unidas para a Educação, Ciência e Cultura (Unesco)[110], como também do empenho dos movimentos sociais e organizações da sociedade civil. O plano define um conjunto de ações a serem realizadas no sistema educacional, estabelecendo papéis para as instituições de ensino das esferas federal, estadual e municipal.

A criação do Estatuto da Igualdade Racial, Lei 12.288/2010, é também marco importante na conquista dos direitos sociais aos negros brasileiros. Os Arts. 11 e 13 do estatuto reafirmam que, na formação dos professores, as instituições de ensino devem priorizar as contribuições sociais, econômicas, políticas e culturais da população negra para o desenvolvimento nacional. Para isso, o documento jurídico chama atenção para a importância da formação de professores para o ensino da pluralidade étnica e cultural do Brasil.

Nesse contexto, entendemos que, a partir da Constituição federal de 1988, há um desenvolvimento considerável no debate sobre as relações étnico-raciais, na medida em que, ao se reconhecer a existência do racismo no Brasil, o mito da democracia racial é posto em xeque. Todas essas iniciativas legais procuram assegurar o reconhecimento da contribuição do povo negro na cultura brasileira, permitindo a ressignificação positiva do negro no imaginário social.

Muito embora já tenhamos assinalado as dificuldades para que se processem as mudanças pretendidas por um marco político e jurídico no psiquismo, não podemos deixar de reconhecer que os esforços empreendidos após a promulgação da Constituição de 1988 devem ser considerados como significativos. A criminalização do racismo age como um poderoso mecanismo na inibição de suas manifestações. A expressão da hierarquia racial é *enquadrada*, pois o *enquadre* opera como uma interdição e a existência da punição coíbe a discriminação racial. Mas o aspecto distintivo desse enquadre é o fato de intervir no processo de formação das novas gerações, valorizando os aspectos positivos da cultura africana e afro-brasileira, podendo, assim, influenciar favoravelmente os conteúdos psíquicos do superego, a instância psíquica que estabelece o elo entre o sujeito e a cultura. Por certo, a ruptura pretendida por esse enquadre exige um compromisso amplo:

---

[110]   Do inglês, United Nations Educational, Scientific and Cultural Organizations.

> Mudança de enquadre requer trabalho psíquico e, nesse caso, também político. Demanda que brancos e negros assumam os custos políticos, sociais e psíquicos envolvidos com a ressignificação da identidade nacional. Convoca, entre outros, o enfrentamento do privilégio que o grupo racial branco dominante usufrui no Brasil.[III]

Estamos a ver, então, os primeiros passos de uma longa jornada, para a qual será necessário o engajamento de todos e, particularmente, dos processos educativos, lócus privilegiado para a superação da ideologia racista.

1.6 Conhecer para desconstruir e reverter

Nesta seção, fazemos o exercício de mostrar algumas das implicações dos enquadres que, a nosso ver, organizam a forma como se constituiu a subjetividade dos brasileiros. Uma vez construída a ideologia do branqueamento, cabia então fazê-la materializar-se no cotidiano das relações raciais. Conforme mencionamos, inicialmente coube à eugenia o papel de legitimar esse ideário nas instituições brasileiras e na intelectualidade da época. Ainda faz parte desse processo o pacto do silêncio sobre a branquitude, ou seja, não se fala sobre isso, o foco das relações raciais recai no negro, dificultando a sua problematização. O problema racial torna-se uma questão do negro.

A falta de reflexão sobre os estereótipos pode transformar os indivíduos negros e não negros, em objetos e instrumentos de reprodução de ideias racialistas. Por outro lado, as experiências de racismo, se desveladas com base no esclarecimento da ideologia operante — branquitude —, ainda que causem sofrimento e angústia aos sujeitos envolvidos, podem contribuir para a subversão da lógica entre dominante e dominado.

As experiências de socialização são fundamentais para o esclarecimento e enfrentamento do preconceito, já que podemos entendê-lo como uma disposição psicológica, um fenômeno complexo e dinâmico constituído na relação entre indivíduo e sociedade[112]. Os discursos racialistas moldaram a cultura brasileira, estabelecendo um lugar para o indivíduo negro, reproduzindo uma estrutura excludente, baseada na ideia de hierarquia racial. Logo, o desenvolvimento da subjetividade do afro-brasileiro, muitas vezes, faz-se pela negação de sua ancestralidade africana, na ratificação do histórico de escravização e pelo estigma de ter sido animalizado, em detrimento do pro-

---

[III] COSTA, 2012, p. 52.

[112] Ver mais em: CROCHÍK, J. L. *Preconceito, indivíduo e cultura*. São Paulo: Casa do Psicólogo, 2006.

cesso de humanização associado aos brancos. A estrutura da desigualdade racial então se mantém.

Se, no sistema escravagista, o negro era identificado por morar em senzalas, hoje, com a crescente urbanização, é identificado por morar em favelas e bairros periféricos. Se, no sistema escravagista, os negros não eram considerados humanos, ainda hoje são identificados por piadas que os associam a animais e coisas (macaco, gambá, carvão, bombril etc.), demarcando os sinais da antiga animalização e coisificação. A formação da subjetividade da pessoa negra é, muitas vezes, marcada pela violência, por conta dos ideais do ego do sujeito branco que, frequentemente, recusam, negam e anulam a presença do corpo negro[113].

Os indivíduos negros, geralmente, sentem-se vítimas da discriminação racial, pois a sua cor de pele já os coloca em estado de permanente atenção. Possivelmente, suas memórias de infância trazem muitos exemplos de experiências dolorosas e de humilhação social[114].

Os discursos veiculados nas mensagens de humilhação deixam o indivíduo perplexo, envolto em lembranças inquietantes, carregadas de sentimentos de angústia[115], que agem no sujeito com a força de um golpe externo, mas que os alcança na subjetividade, cujos efeitos seguem agindo. Assim, além da herança intergeracional, a hierarquia é reforçada no espaço público, tornando-se, dessa forma, uma manifestação política da ideologia racista, complementando-a.

Dito de outro modo, a pessoa negra, para ser aceita por esse modelo de sociedade, é impelida a aproximar-se do ideal de branqueamento, sendo estimulada a identificar-se com o branco; processo esse inconsciente e, muitas vezes, estimulado pela falta de modelos identitários positivos, já que o negro é recorrentemente inferiorizado. O ideal de branqueamento permeia a constituição da subjetividade do afro-brasileiro e podemos observar as manifestações sintomáticas disto, a exemplo das intervenções no próprio corpo para se alcançar o padrão de beleza de uma pessoa branca. A identificação com os

---

[113] COSTA, 2012.

[114] CALADO, M. G. *Como uma faculdade voltada para a população negra favorece o enfrentamento da discriminação racial, o aumento da escolaridade e a inserção no mercado de trabalho desta população*. 2007. Dissertação (Mestrado em Psicologia) – Universidade São Marcos, São Paulo, 2007.

[115] A angústia em psicanálise é definida como "o nome para afetos inomináveis é sempre a angústia, moeda dos afetos traumáticos. O mais abstrato, e o mais humano dos afetos, a angústia representa a ressonância em nós de um enigma intersubjetivo, um enigma que veio dos outros e no meio dos outros. Veio um inexplicável olhar ou palavra, um indecifrável recado verbal ou não verbal". Ver mais em: ANGÚSTIA. *In*: LAPLANCHE, Jean. *Vocabulário da psicanálise*. Laplanche e Pontalis; sob a direção de Daniel Lagache. 4. ed. São Paulo: Martins Fontes, 2001. p. 17.

ideais e valores europeus tem como consequência a inferiorização da beleza negra, e também uma percepção desvalorizada acerca de si mesmo. As relações raciais são complexas e permeadas de preconceitos expressos nas atitudes de discriminação, quase sempre envolvendo operações psíquicas intrincadas.

Os estudos sobre a personalidade autoritária de Horkheimer e Adorno ajudam-nos a melhor entender a dinâmica do preconceito, no qual as ideologias sociais, políticas, religiosas são transformadas em justificativas para disfarçar nos outros alvos do preconceito, da discriminação — conteúdos reprimidos presentes naquele que discrimina[116]. O preconceito pode ser então entendido como fenômeno presente na cultura, no qual os diversos valores se transformam em juízos preconcebidos, mediante representações que o sujeito tem sobre a realidade.

A desvalorização da cultura africana e afro-brasileira resultou na dificuldade de construção da subjetividade do afro-brasileiro, cujas contribuições à formação da identidade nacional foram silenciadas, numa tentativa de apagamento de sua história. Ora, se, por um lado, no imaginário social, foi-nos incutida a ideia de que vivemos sob a vigência da democracia racial, por outro, a realidade contradiz o ideário. Nesse horizonte, os negros enfrentam barreiras fulcrais no processo identitário. Um processo que se realiza sob o olhar do outro que silencia o branco hegemônico para o qual sua brancura já o coloca em uma posição de vantagem simbólica e material. Para o indivíduo negro, é necessário um longo e doloroso caminho na desconstrução dessa percepção depreciativa de si mesmo, imposta pelo ideal eurocêntrico — sob a cumplicidade do branco — e internalizada pelo indivíduo negro, por meio de suas experiências cotidianas.

À guisa de reflexão final sobre os conceitos e debates apresentados neste capítulo, consideramos que, não obstante pensarmos o período que se segue à Constituição de 1988 como o de emergência de um novo enquadre, o caminho que assegurará a desconstrução da ideologia secular que legitima, em nosso país, as exclusões social e racial é ainda longo. E aqui ganha relevo o papel da educação escolar. Se a valorização da herança cultural dos povos que formaram nosso país constitui o passo inicial para reverter a negação que caracterizou a construção da subjetividade do afrodescendente no Brasil, caberá à escola desempenhar um papel fundamental no desmonte do construto ideológico da hierarquia racista. No próximo capítulo, apresentamos algumas das razões que nos fazem atribuir à escola papel de destaque no combate ao racismo.

---

[116] Ver mais em: ADORNO, T. W. *Estudos sobre a personalidade autoritária*. São Paulo: Unesp, 2019.

A EDUCAÇÃO COMO BANDEIRA DE LUTA: RELAÇÕES ÉTNICO-RACIAIS NAS ESCOLAS

> *Valeu, Zumbi*
> *O grito forte dos Palmares*
> *Que correu terra, céus e mares*
> *Influenciando a abolição*
> *Zumbi, valeu*
> *Hoje a Vila é Kizomba*
> *É batuque, canto e dança*
> *Jongo e Maracatu*
> *Vem, menininha*
> *Pra dançar o Caxambu.*

> *(Luiz Carlos da Vila)*

Aqui, adotamos uma específica concepção de educação. Consideramos a educação escolar uma prática social contraditória, uma vez que é objeto de interesses antagônicos. A sua peculiaridade política, por exemplo, reside na combinação do conhecimento construído historicamente e sistematizado com os interesses de classe[117]. Deste modo, tanto pode reproduzir o status social vigente quanto pode contribuir para transformá-lo. Essa perspectiva explica a aposta em uma educação para a democracia, isto é, que prepara o homem para o exercício da cidadania plena, na qual o cidadão é entendido não apenas como o portador de direitos, mas aquele em condições de compreender esses direitos e fazê-lo objeto de debate e de reivindicações. Ora, numa sociedade democrática, todos os indivíduos devem ser respeitados em suas singularidades. Nesse sentido, a igualdade somente poderá ser considerada efetiva se uns não se sobrepuserem aos outros por quaisquer que sejam suas características físicas, identitárias ou matriz cultural.

---

[117] Ver mais em: FRIGOTTO, G. *Educação e a crise do capitalismo real*. 6. ed. São Paulo: Cortez Editora, 2010.

Neste capítulo, nosso objetivo é discutir a presença da ideologia racista no contexto escolar, que associa os descendentes de africanos às ideias relacionadas à inferioridade racial. A percepção da raça como dado biológico alicerçou um lugar para os afro-brasileiros no cenário educacional. Assim, procuraremos mostrar que os diferentes *enquadres* que orientam as relações raciais em nosso país também demarcam lugares hierarquizados para brancos e negros no campo da educação. Nesse horizonte, a educação brasileira teve uma função importante na consolidação de ideias excludentes, preconceituosas e discriminadoras sobre o negro. Entretanto, a educação também pode atuar como importante instrumento para a ruptura do terceiro *enquadre*, razão pela qual a educação foi escolhida como uma das principais *bandeiras* de luta do movimento negro[118]. A LDB 9.394/1996, alterada pela Lei 10.639/2003, é, por exemplo, fruto dessa conquista histórica.

2.1 O racismo na escola brasileira

A sociedade brasileira desenvolveu, desde a colonização, mecanismos sofisticados para manter a reprodução de uma estrutura social marcada pela assimetria entre aqueles que fazem parte de um grupo que, historicamente, detém o poder econômico e simbólico — as elites — e aqueles que chegaram mesmo a ser tratados como "coisas" em certo período histórico. Essa estrutura social foi construída sob a égide do sistema escravista e, apesar dos 125 anos transcorridos desde a abolição, ainda é reproduzida, mesmo que sob uma nova roupagem. No contexto de pandemia, as disparidades foram agravadas: em novembro de 2020, a Síntese de Indicadores Sociais divulgada pelo Instituto Brasileiro de Geografia e Estatística (IBGE) revelou que:

- Um dos principais indicadores do mercado de trabalho, a taxa de desocupação foi, em 2019, de 9,3%, para brancos, e 13,6% para pretos ou pardos.
- Entre as pessoas ocupadas, o percentual de pretos ou pardos em ocupações informais chegou a 47,4%, enquanto entre os trabalhadores brancos foi de 34,5%.

---

[118] Ver mais em: DOMINGUES, P. Movimento negro brasileiro: alguns apontamentos históricos. *Tempo*, v. 12, n. 23, p. 100-122. 2007; NASCIMENTO, A. *O genocídio do negro brasileiro*: processo de um racismo mascarado. Rio de Janeiro: Paz e Terra, 1978; SISS, 2003.

- A população ocupada de cor ou raça branca ganhava em média 73,4% mais do que a preta ou parda. Em valores, significava uma renda mensal de trabalho de R$ 2.884 frente a R$ 1.663.
- O rendimento-hora de brancos com nível superior era de R$ 33,90, enquanto pretos e pardos com o mesmo nível de instrução ganhavam R$ 23,50 por hora trabalhada.
- Entre as pessoas abaixo das linhas de pobreza, 70% eram de cor preta ou parda. A pobreza afetou mais as mulheres pretas ou pardas: 39,8% dos extremamente pobres e 38,1% dos pobres.
- 45,2 milhões de pessoas residiam em 14,2 milhões de domicílios com algum tipo de inadequação. Desta população, 13,5 milhões eram de cor ou raça branca e 31,3 milhões pretos ou pardos.[119]

Nesse mesmo período, o *Atlas da violência 2020* revelou que a taxa de homicídios de negros[120] no Brasil saltou de 34 para 37,8 por 100 mil habitantes entre 2008 e 2018 e, além disso, negros foram vítimas de 75,7% de todos os homicídios brasileiros[121].

As desigualdades raciais na educação brasileira são explicitadas por meio de dados como analfabetismo, nível de instrução e evasão escolar. De acordo com a Pesquisa Nacional por Amostra de Domicílios Contínua (Pnad) referente a 2019 e divulgada em 2020, a porcentagem de analfabetos entre pessoas pretas e pardas era de 8,9%, ao passo que o mesmo índice entre brancos é de 3,6%. Entre pessoas com 60 anos ou mais, há 27,1% de analfabetos negros e 9,5% de analfabetos brancos[122]. As diferenças não

---

[119] SARAIVA, Adriana. Trabalho, renda e moradia: desigualdades entre brancos e pretos ou pardos persistem no país. *Agência de Notícias IBGE*, Brasília, 12 nov. 2020.

[120] A palavra "negros" representa o conjunto de pretos e pardos, na nomenclatura do IBGE.

[121] CERQUEIRA, Daniel *et al. Atlas da violência 2020*. Brasília: Ipea, 2020.

[122] INSTITUTO BRASILEIRO DE GEOGRAFIA E ESTATÍSTICA (IBGE). *Pesquisa nacional por amostra de domicílios contínua*: educação 2019. Rio de Janeiro: IBGE, 2020.

param por aí. O Indicador Nacional de Analfabetismo Funcional (Inaf)[123] de 2018 demonstrou que apenas um terço dos brasileiros negros entre 15 e 64 anos tem a alfabetização consolidada, enquanto, entre os brancos, o índice é de 45%[124].

Entre pessoas de 25 anos de idade ou mais, 58,2% de pretos e pardos não concluíram o ensino básico, com uma média de 8,6 anos de estudos, enquanto, entre os brancos, o mesmo índice é de 43% e uma média de 10,4 anos de estudo. Entre 15 e 29 anos, há 7,9 milhões de jovens brancos fora da escola, educação profissional e pré-vestibular, e 15,6 milhões pretos e pardos na mesma condição. Durante a pandemia, as disparidades foram aprofundadas. Com base em dados da Pnad 2018, Instituto TIC Kids Online, Instituto Nacional de Estudos e Pesquisas Educacionais Anísio Teixeira (Inep) e outros institutos, o Porvir reuniu dados sobre as desigualdades raciais na escola em tempos pandêmicos, tais como: apenas 63,5% dos jovens negros entre 15 e 17

---

[123] De acordo com o Inaf, o letramento e o numeramento devem ser avaliados conforme a localização, a integração, a elaboração e a avaliação. Diante disso, há cinco itens de alfabetização: analfabetos ("indivíduos que não conseguem realizar tarefas simples que envolvem a leitura de palavras e frases, ainda que uma parcela deles consiga ler números familiares como o do telefone, da casa, de preços etc."); alfabetismo rudimentar ("capaz de localizar informações explícitas, expressas de forma literal, em textos compostos essencialmente de sentenças ou palavras que exploram situações familiares do cotidiano. Além disso, consegue comparar, ler e escrever números familiares (horários, preços, cédulas/moedas, telefones) identificando o maior e o menor valor. Também tem aptidão para resolver problemas simples do cotidiano envolvendo operações matemáticas elementares e estabelecer relações entre grandezas e unidades de medida"); alfabetizado elementar ("o indivíduo capaz de selecionar, em textos de extensão média, uma ou mais unidades de informação, observando certas condições e realizando pequenas inferências. Ele também resolve problemas envolvendo operações básicas com números da ordem do milhar, que exigem certo grau de planejamento e controle. O alfabetizado funcional em nível elementar tem condição de comparar e relacionar informações numéricas ou textuais expressas em gráficos ou tabelas simples envolvendo situações de contexto cotidiano doméstico ou social. Reconhece, ainda, o significado de uma representação gráfica de direção e/ou sentido de uma grandeza"); alfabetizado em nível intermediário ("indivíduo capaz de localizar informação expressa de forma literal em textos diversos (jornalístico e/ou científico) realizando pequenas inferências. Ele também está apto a resolver problemas matemáticos envolvendo porcentagem e proporção, que exigem critérios de seleção, elaboração e controle. Além disso, o alfabetizado intermediário interpreta e elabora síntese de textos diversos (narrativos, jornalísticos ou científicos), relacionando regras com casos particulares, reconhece evidências e argumentos e confronta a moral da história com a própria opinião ou com o senso comum. Por fim, ele reconhece o efeito de sentido ou estético de escolhas lexicais ou sintáticas, de figuras de linguagem ou de sinais de pontuação"); e alfabetizado proficiente ("elabora textos de maior complexidade (mensagem, descrição, exposição ou argumentação) com base em elementos de um contexto dado e opina sobre o posicionamento ou estilo do autor do texto. É capaz de interpretar tabelas e gráficos envolvendo mais de duas variáveis, compreendendo a representação de informação quantitativa (intervalo, escala, sistema de medidas) e reconhecendo efeitos de sentido (ênfases, distorções, tendências, projeções). A pessoa proficiente também está apta a resolver situações-problema relativas a tarefas de contextos diversos, que envolvem diversas etapas de planejamento, controle e elaboração e que exigem retomada de resultados parciais e o uso de inferências") (AÇÃO EDUCATIVA; CONHECIMENTO SOCIAL ESTRATÉGIA E GESTÃO. *Indicador de Alfabetismo Funcional*. Habilidades funcionais. [S. l.], c2022. s/p).

[124] TODOS PELA EDUCAÇÃO. *Desigualdades persistentes*: só 1 em cada 3 negros tem alfabetização consolidada. São Paulo: Todos pela Educação, 3 dez. 2018.

anos estão no ENSINO MÉDIO, ao passo que 75% de indivíduos brancos nessa mesma faixa etária estão na escola.

No contexto de emergência sanitária, 30% dos jovens negros revelaram não pretender voltar à escola depois da pandemia. Uma das explicações foi o acesso à internet: apenas 39% de jovens negros de 15 a 17 anos tinham acesso à web e a computadores em casa, e 70% das famílias deles enfrentaram a pandemia sem reservas financeiras. Antes mesmo desse período, a taxa de abandono escolar entre jovens negros era de 7,8, enquanto entre brancos era de 5. Em 2018, 27% de jovens negros e 19% de brancos abandonaram os estudos e não fizeram suas respectivas matrículas. Aos 19 anos, 44% dos jovens negros e 58,5% dos jovens brancos concluíram o ensino médio. No Exame Nacional do Ensino Médio (Enem), a nota média na redação de negros foi de 497, enquanto entre os brancos foi de 562[125].

Em outras palavras, são os brasileiros de origem africana — descendentes dos escravizados que formam parte significativa da massa de pobres e miseráveis de nossa sociedade. Por outro lado, os brasileiros de origem europeia são aqueles que apresentam melhores índices sociais — grau de instrução, renda, saúde, entre outros.

Com o avanço da chamada universalização do ensino básico no Brasil, um fenômeno que pesquisadores situam nos fins dos anos 1960, ampliou-se a oferta de vagas no ensino público[126]. No entanto, os dados de disparidades raciais na educação mostram a persistência de problemas em diferentes setores. Logo, o racismo estrutura o Estado brasileiro e constitui-se em um dos principais organizadores das desigualdades sociais entre os brasileiros.

Como vimos, a ideologia *racialista*, que funcionou como mecanismo de legitimação do sistema escravista, fundamentou-se inicialmente em ideias advindas da religião, depois da filosofia e, por fim, da ciência. A atribuição de um caráter científico a essas ideias emprestou credibilidade à concepção de existência de raças humanas e de sua hierarquização, influenciando o destino dos escravizados e de seus descendentes, mesmo após a libertação, por meio, por exemplo, da tentativa do apagamento de sua identidade, de seu futuro e de sua história. Principalmente na segunda metade do século XIX, a ciência ofereceu as bases para legitimar a ideologia da inferioridade dos

---

[125] Os dados estão compilados no infográfico disponível em: https://porvir-prod.s3.amazonaws.com/wp-content/uploads/2020/10/28200949/infografico-racismo-pandemia-ensino-medio-760.png e https://porvir.org/infografico-o-impacto-da-pandemia-e-do-racismo-na-trajetoria-dos-jovens-negros-no-ensino-medio/. Acesso em: 28 fev. 2022.

[126] Ver mais em: ROMANELLI, O. O. *História da educação no Brasil*. 33. ed. Petrópolis: Vozes, 2008.

negros, inspirada nas teorias *racialistas* em voga na Europa e disseminadas na sociedade brasileira.

Como dissemos no primeiro capítulo, na década de 1930 do último século, o debate em torno da identidade nacional marcou as relações sociais e raciais de maneira significativa. A presença dos negros inquietava e amedrontava a sociedade brasileira. Segundo Florestan Fernandes, para os negros, ser livre envolvia enfrentar as barreiras impostas por uma estrutura hierárquica que não os entendia como cidadãos; na verdade, que não os entendia humanos[127]. O imaginário construído sobre o negro procurava enquadrá-lo como objeto, coisa ou população primitiva ou infantilizada. A migração forçada de mulheres e homens africanos para o Brasil no período colonial foi marcada por violências físicas e simbólicas. Aliás, no período colonial, no Primeiro e no Segundo Império, nem escravizados nem mulheres livres eram considerados sujeitos a serem educados[128].

Nos primeiros anos da República, ocorreram mudanças na organização do ensino no Brasil, fundadas ora na visão positivista, ora na liberal. Essas mudanças podem ser observadas na Constituição de 1891, que remeteu aos estados a regulamentação sobre a obrigatoriedade do ensino, e estabeleceu a laicidade na educação pública[129]. A educação brasileira, organizada no horizonte ideológico de interesse de classe, polarizava-se entre um ensino dirigido à elite e outro às classes populares, propondo o ensino elementar e profissional para as massas e a educação científica para as crianças pertencentes à elite[130]. O debate da intelectualidade brasileira girava em torno de propostas para solucionar a seguinte questão: como construir uma nação moderna, tendo em vista que a maioria da população era constituída por negros e indígenas, ou seja, por uma população mestiça, que se supunha degenerada?

Aproximadamente duas décadas antes da abolição, o primeiro censo demográfico realizado pelo Império, em 1872, registra que, da população total de 9.930.478, 58% dos residentes no país declaravam-se "pardos ou pretos", enquanto 38% se diziam brancos[131]. A confirmação do aumento expressivo da população negra implicava na emergência de maneiras distintas de pensar,

---

[127] Ver mais em: FERNANDES, 1965.

[128] Ver mais em: CURY, C. R. J. A educação nas constituições brasileiras. *In*: STEPHANOU, M.; BASTOS, M. H. C. (org.). *Histórias e memórias da educação no Brasil*. Petrópolis: Vozes, 2009. v. 3.

[129] *Ibidem*.

[130] Ver mais em: HILSDORF, M. L. S. *História da educação brasileira*: leituras. São Paulo: Cengage Learning, 2011.

[131] JANSEN, R. Censo de 1872, único a registrar população escrava. *O Globo*, Rio de Janeiro, 12 jan. 2013.

de sentir e de viver, e poderia indicar o início de um processo civilizatório africano desencadeado por negros que residiam no Brasil[132]. O aumento expressivo da população negra e o temor de um processo civilizatório africano provocaram: "a necessidade de destruir essas perigosas diferenças, de homogeneizá-las através do rolo compressor da ideologia do poder branco"[133]. O período foi então marcado por expressões de preconceitos e de estereótipos que visavam demarcar um lugar inferiorizado aos negros e às contribuições das culturas africanas por meio do estereótipo da inferioridade e incentivo à rejeição de si próprio[134].

Neste sentido, não causa estranheza que, nos primeiros anos da República, a escola brasileira tenha sido pensada como a instituição capaz de regenerar a raça no Brasil. No que diz respeito aos pobres e, consequentemente, aos negros, por sua vez, a educação estaria a serviço da preparação da mão de obra. Dávila, na obra emblemática, *Diploma de brancura*, ao analisar as políticas educacionais no período entre 1917 e 1945, assinala que a educação pública brasileira foi estruturada com base na ideologia racial vigente no período, e pautou-se pela hegemonia da cultura dominante (eurocêntrica), desenvolvida por intelectuais oriundos de uma elite branca que valorizavam a *branquitude* a brancura associada a virtude, saúde e força. A *negritude*, nesse contexto, era traduzida pelas elites como algo que representava o passado, o primitivo, a criminalidade, a indolência e a falta de saúde. Borges, analisando as discussões sobre raça, afirma que a ideia de degeneração racial se disseminou pela sociedade brasileira, servindo de inspiração às reformas educacionais e às políticas de saúde e segurança presentes nos anos de 1920 e 1930[135].

Borges identifica, no modelo de escola pública da época, a ideia da escola concebida como o espaço para o "saneamento" ou de laboratório, como o lugar privilegiado para uma pretensa cura, visando apagar as características físicas e culturais dos brasileiros pobres, sobretudo, dos "não brancos". O que temos aí é a ideia de *medicalização*, a de transformar o povo brasileiro por meio da medicina, que ganha força com os *higienistas*[136], transposta para a área da educação[137]. Era outra vez o ideal humano eugênico, fundamentado

---

[132] Ver mais em: SILVA, 2009.

[133] SILVA, 2009, p. 14.

[134] Ver mais em: SILVA, 2009.

[135] Ver mais em: BORGES, 2005.

[136] Preconizavam que era preciso curar antes de educar, derivando daí a ideia de instalar clínicas junto às escolas. Ver mais em: BORGES, 2005.

[137] Nesse período, a educação caminhava lado a lado com a saúde nas políticas de saneamento.

nos cânones da filosofia *positivista*[138], que se procurava alcançar, legitimando ideologicamente a inferioridade do negro. Aqui, a sociedade era entendida como um organismo, e o papel do cientista social era comparado àquele do médico: examinar sintomas de doenças e propor terapias. É perceptível o caráter violento da proposta. À violência física que marcava a vida dos negros e dos pobres, acrescentou-se a violência simbólica que transformava a herança cultural e biológica em doença.

Para ilustrar o engajamento dos dirigentes de importantes ministérios da época, Dávila cita o episódio da construção da estátua do "Homem Brasileiro", que gerou muita polêmica e que nos indica a predominância do ideal que orientava as ações dos dirigentes da nação. Em 1938, o ministro de Educação e Saúde, Gustavo Capanema, encomendou a criação da estátua, que deveria ficar na entrada do prédio do Ministério da Educação e Saúde, recém-construído e símbolo da nova arquitetura nacional. A concepção da estátua produziu intenso debate entre os intelectuais de diferentes áreas sobre qual seria a melhor representação desse homem. O escultor Celso Antônio criou a figura de um caboclo de feições negroides, argumentando que, quando olhava para o Brasil, era essa a figura do homem médio brasileiro que imaginava. A justificativa desagradou cientistas e dirigentes da época, inclusive o próprio ministro, que afirmou que tal representação "parecia racialmente degenerada em vez de viril e ariana, como ele imaginava que viriam a serem os brasileiros"[139].

Os educadores e intelectuais das primeiras décadas do século XX, como Afrânio Peixoto, Anísio Teixeira e Fernando Azevedo, apostavam na viabilidade da nação brasileira por meio de profundas mudanças na instituição escolar. Os responsáveis pela educação pública no Brasil ampliaram o sistema escolar mediante projetos de reforma, cujo objetivo era tornar as escolas públicas mais acessíveis à população pobre e não branca, até então excluída da escola. A ação pautava-se no entendimento de que pela educação se poderia:

> [...] "aperfeiçoar a raça", criar uma "raça brasileira" saudável e culturalmente europeia, em boa forma física e nacionalista. As elites brasileiras da primeira metade do século XX tendiam a

---

[138] Doutrinas que "têm por teses comuns que só o conhecimento dos fatos é fecundo; o modelo da certeza é fornecido pelas ciências experimentais; que o espírito humano, tanto na filosofia como na ciência só pode evitar o verbalismo ou o erro na condição de se ater incessantemente ao contato com a experiência e de renunciar a todo e qualquer *a priori*" (POSITIVISTA. *In*: LALANDE, A. *Vocabulário técnico e crítico de filosofia*. 3. ed. São Paulo: Martins Fontes, 1999. p. 825).

[139] DÁVILA, 2006, p. 47.

> acreditar que os pobres e não brancos eram, em sua grande maioria, degenerados.[140]

A expressão "aperfeiçoar a raça para criar uma raça brasileira" ilustra a presença do ideário eugênico a orientar as políticas educacionais e de saúde, nesse período. Durante o Estado Novo, as reformas educacionais são consolidadas, e sua implementação é fortalecida com a criação do Ministério da Educação e Saúde Pública e do IBGE, ambos a serviço do Estado, para o controle e avaliação das reformas implantadas. Na década de 1930, a educação brasileira experimenta mudanças significativas, com reformas ligadas a ideias eugênicas e expansão industrial no país.

O Ministério da Educação e Saúde empreendia reformas educacionais nos âmbitos da educação fundamental (elementar) — entendida como prioritária —, secundária e superior. Ao priorizar o ensino elementar, as reformas tinham o objetivo de atender principalmente os alunos de camadas pobres e não brancos, objetivando educá-los com base em uma cultura "civilizada". O cenário educacional da década de 1950, então, marcava de forma discrepante a escolarização entre brancos e negros[141].

A discrepância da escolarização entre os alunos brancos e não brancos refletia o posicionamento ideológico das reformas educacionais da época, alicerçados na hierarquização das raças. Nas primeiras décadas do século XX, considerava-se necessária a construção de uma identidade brasileira, tendo em vista fazer do Brasil um país moderno, um país de gente civilizada. Na verdade, almejava-se um país de gente branca na "raça" e europeia na "cultura". Era preciso "salvar" aqueles negros, vistos como degenerados.

No Brasil, a ideia de eugenia ganha terreno entre os intelectuais e profissionais de saúde como médicos, cientistas sociais, entre outros. E, uma vez que se entendia que a degeneração do povo brasileiro seria sanada por intermédio de instituições fortes, o ideal eugênico deveria estar presente nas principais instituições sociais, tais como aquelas relacionadas à saúde, à justiça e à educação. Elas, por sua vez, deveriam se encarregar de disseminar as políticas eugênicas e de saneamento da população brasileira; educação e saúde, juntas, cumpriram papel fundamental nesta empreitada. O antropólogo Edgar Roquete Pinto, por exemplo, era membro em duas instituições

---

[140] *Ibidem*, p. 21.

[141] "Em 1950, 53% dos brancos eram alfabetizados, mais do dobro da taxa daqueles que se declaravam não-brancos. Entre os não-brancos, a diferença entre pretos e pardos era grande: 24 e 27% respectivamente. O grupo mais alfabetizado no país era o de brasileiros de descendência e origem asiática (bem à frente das médias de outros grupos, de 78%)" (DÁVILA, 2006, p. 122-123).

orientadas para esta finalidade: a Sociedade Eugênica e a Liga da Higiene Mental, na qual era editor da *Revista Saúde*[142]. Também é importante assinalar que o sociólogo Fernando de Azevedo, que dirigiu as reformas escolares nos Estados do Rio de Janeiro e de São Paulo, nas décadas de 1920 e 1930, foi secretário da Primeira Sociedade Eugênica de São Paulo, organizada por Renato Khel.

A escola pública brasileira foi usada como laboratório para o pensamento eugenista[143]. Em 1931, Anísio Teixeira, diretor do Departamento de Educação do Distrito Federal, criou o Instituto Nacional de Pesquisas Educacionais, que se incumbiria de efetuar as mais avançadas pesquisas educacionais, sociológicas, eugênicas e psicológicas daquele período. Estas seriam realizadas pelos seguintes departamentos do Inep: Testes e Medidas, Rádio e Cinema Educativo, Ortofrenia e Higiene Mental e Antropometria. Particularmente, o Departamento de Ortofrenia, dirigido por Artur Ramos no período entre 1933 e 1938, valeu-se de muitos "estudiosos da raça", tornando-se uma referência no assunto. Ramos considerava que "os afro-brasileiros e as crianças se encaixavam em uma categoria similar de desenvolvimento primitivo e pré-lógico"[144], e o Departamento de Ortofrenia, sob sua direção, desenvolvia pesquisas, programas educativos para a escola e a comunidade, embora o foco privilegiado fosse o de cuidar das chamadas crianças "problema".

O primeiro psicólogo educacional do Brasil, Lourenço Filho, inspirado pelo ideário eugênico, desenvolveu o teste ABC[145], que classificava os alunos em "maduros" ou "imaturos". Aqueles classificados como intelectualmente "imaturos" eram encaminhados para o primeiro ano letivo, focado no ensino vocacional, que consistia no aprendizado do trabalho braçal em oficinas de carpintaria, tipografia ou mecânica. O atendimento do ensino vocacional era voltado, em sua grande maioria, para os negros e pobres, classificados quase sempre como intelectualmente "imaturos". As classes consideradas "avançadas", formadas por alunos filhos de pais já escolarizados e com condições socioeconômicas vantajosas, eram encaminhadas ao ensino clássico e científico. Foi assim gestada uma distinção entre os alunos brancos e negros,

---

[142] Ver mais em: DÁVILA, 2006.

[143] DÁVILA, 2006.

[144] *Ibidem*, p. 69.

[145] Lourenço Filho combinou a estatística à psicologia para criar uma técnica de avaliação de habilidades e prever as possibilidades de aprendizado. O objetivo do material era verificar a maturidade necessária à alfabetização. Os testes e as medidas de Lourenço Filho foram usados no mínimo até 1957. Ver mais em: DÁVILA, 2006.

e uma educação dicotômica e racista, que promovia para os negros a educação voltada ao trabalho; e para os brancos, a educação intelectualizada, reforçando a hierarquização vigente no Brasil desde os tempos coloniais. É possível compreender que os testes serviram como instrumentos para reforçar o estigma que impunha a inferioridade aos alunos não brancos, sob o argumento de que essas medidas serviam para encaminhá-los conforme o seu perfil e suas "aptidões" naturais. Os alunos negros, classificados como "imaturos", segundo os resultados do teste, eram considerados como médios ou baixos.

Na década de 1940, uma em cada três mulheres na cidade do Rio de Janeiro era empregada doméstica, e eram os pretos e pardos que realizavam a maioria dos trabalhos manuais e serviços[146]. Esse mesmo período é marcado pelo ingresso de algumas mulheres no mercado de trabalho. Na primeira metade do século XX, foram criadas as primeiras escolas direcionadas às mulheres, as chamadas escolas normais. Contudo, a educação feminina era carregada de um forte teor moral. A docência no ensino primário era o cargo máximo que uma mulher poderia almejar. O ensino normal não facultava às mulheres o ingresso nos cursos superiores de maior prestígio então existentes no Brasil, como Medicina, Engenharia e Direito. Apesar disso, o trabalho na educação elementar arregimentou um grande número de mulheres. O aumento significativo das mulheres em atividades de ensino beneficiou as mulheres negras no início, todavia as oportunidades cessaram, por conta da competição acirrada por vagas nesse setor entre brancos e não brancos, a qual favoreceu o primeiro grupo. Analisando as fotografias das escolas oficiais no Rio de Janeiro pelo arquivo do fotógrafo e cronista Augusto Malta, Dávila conclui que, à época, foi ocorrendo um desaparecimento dos professores negros no magistério:

> As mais de quatrocentas fotografias de escolas e salas de aulas revelavam um padrão: durante as primeiras duas décadas do século, muitos professores eram visivelmente afrodescendentes, após a década de 1930 deixaram de aparecer [...] cerca de 15% dos professores que Malta registrou antes de 1920 eram de cor, alguns dos quais de compleição bastante escura. Em contrapartida, na década de 1930, esse número caiu para 2%, e indivíduos desse grupo eram principalmente mulatos de pele clara.[147]

---

[146] Ver mais em: DÁVILA, 2006.

[147] DÁVILA, 2006, p. 151.

A escola pública, reproduzindo o pensamento eugênico da elite dominante da época, demarcou assim um lugar para os não brancos, alunos e professores. A escola pública operava, portanto, com um duplo mecanismo de segregação. Por um lado, a instituição escolar servia à eugenia, no sentido de saneamento da degeneração de raças inferiores (pobres e negros). Por outro, promovia dois modelos de ensino: um voltado à elite (alunos brancos vistos como "maduros" intelectualmente), e outro orientado para pobres e negros (alunos entendidos como "imaturos" intelectualmente). Esses mecanismos serão uma vez mais reproduzidos, posteriormente, quando da instituição das escolas profissionalizantes.

Mas, se a educação brasileira demarcava um lugar na escola para negros e pobres, a população negra nunca perdeu de vista a importância da educação como direito social e, por meio de resistência em movimentos sociais, buscava promover rupturas nos *enquadres* na educação escolarizada, com a finalidade de demarcar um novo lugar social.

2.2 A educação como bandeira de luta dos movimentos sociais negros

No decorrer do século XX, contradizendo o caráter passivo atribuído à população negra, é possível identificar muitas expressões de protesto realizadas pelo movimento social no meio negro, expresso, por exemplo, entre as décadas de 1910 e 1920, pelo que ficou conhecido como Imprensa Negra. A Frente Negra Brasileira (FNB) e o Teatro Experimental do Negro (TEN) são outros importantes exemplos de movimentos sociais organizados que buscavam o reconhecimento da cidadania plena dos negros, nas décadas de 1930 e 1940. No que tange à importância que a educação assume na agenda política desses movimentos, ela foi enxergada como possibilidade de ascensão social, de forma de valorização do diálogo e dos conhecimentos dos(as) negros(as), bem como espaço formativo cidadão a fim de construir uma luta antirracista[148].

Nesse contexto, é importante contextualizar historicamente a emergência de instituições que, durante alguns períodos, desempenharam, ou ainda desempenham, protagonismo na representação da população afrodescendente do Brasil. Para tanto, valemo-nos da pesquisa de Petrônio Domingues[149] sobre o percurso do movimento negro no período de 1889/2000, responsável,

[148] Ver mais em: GOMES, N. L. (org.). *Práticas pedagógicas de trabalho com relações étnico-raciais na escola na perspectiva da Lei 10.639/2003*. Brasília: MEC; Unesco, 2012.

[149] Ver mais em: DOMINGUES, 2007.

desde o início da República, pela organização das manifestações da resistência negra. Segundo Domingues, o movimento refere-se a uma luta antirracista que busca trazer perspectivas de resolução de problemas sociais, com foco em preconceitos e discriminações raciais que trazem marginalizações em vários setores da vida, inclusive na educação. Falamos, portanto, de uma luta contra a conjuntura de desigualdades e da busca de mecanismos de superação do racismo na sociedade brasileira. Para fins didáticos, Domingues divide o Movimento Negro em três fases distintas: 1) da Primeira República ao Estado Novo (1889-1937); 2) da Segunda República à Ditadura Militar (1945 -1964); 3) do fim do período da Ditadura Militar à República Nova (1978-2000)[150]. Aqui, o critério para a distinção das fases do Movimento Negro é político, em todas as quais se podem verificar, em algum momento, a vigência de regimes ditatoriais, no caso, o Estado Novo e o Golpe de 1964, momentos nos quais os protestos populares foram fortemente reprimidos. A seguir, detalhamos cada uma dessas fases e suas as principais instituições.

2.2.1 Assimilacionista ou integralista (1889-1937)

Esse período caracteriza-se pela mudança do sistema escravista para a vida liberta. A liberdade, porém, sabemos, não significou uma melhoria nas condições materiais ou simbólicas para a população negra. Ao contrário, instituíram-se políticas alicerçadas nas teorias do racismo científico e da ideologia do *embranquecimento*, preferindo-se empregar os imigrantes europeus em detrimento dos não brancos. Para superar esse cenário, os libertos e seus descendentes criaram os movimentos de organização racial negra no Brasil, fundando centenas de associações, grêmios e clubes espalhados por todo o país, além de jornais escritos por negros e para os negros. Eventos recreativos, discussões e a procura de saídas práticas para as questões de trabalho, moradia, saúde e educação já estavam presentes nesses fóruns.

Uma das instituições mais importantes desse período foi a Frente Negra Brasileira, fundada em 1931. A Frente possuía um periódico, *A Voz da Raça*, que buscava tratar sobre educação para integrar o negro à vida nacional. A FNB logrou tornar-se um movimento nacional de massa, em razão

---

[150] Para o milênio atual, há a necessidade de estudos mais aprofundados que deem conta de compreender o papel do movimento hip-hop e periférico nesse processo. No âmbito educacional, o grupo de pesquisas coordenado pela professora Mônica do Amaral tem avançado na compreensão da pedagogia hip-hop e na importância desse movimento na construção de uma educação antirracista. Ver mais em: AMARAL, M. *et al. Culturas ancestrais e contemporâneas na escola*. São Paulo: Alameda, 2018; AMARAL, M. *O que o rap diz e a escola contradiz*: um estudo sobre a arte de rua e a formação da juventude na periferia de São Paulo. São Paulo: Alameda, 2017.

do número expressivo de militantes. Foi uma organização voltada para a promoção de melhoria da qualidade de vida dos negros e teve como um dos seus principais fundadores Abdias do Nascimento[151]. A Frente expressava os anseios da população negra, proporcionando-lhe, por exemplo, escolas, cujas professoras eram nomeadas pelo Estado, mas pagas pelas lideranças negras e suas organizações[152]. Por entender a educação como fundamental à construção de uma vida digna, os negros incentivavam pais e filhos a frequentarem as escolas. Os ativistas da FNB salientavam que:

> A cultura da nossa inteligência é a construção intelectualmente falada. O mestre e o seu apregoeiro por excelência incumbem-se de ensinar às crianças. Mas nem sempre principalmente em nossos dias! Também o adulto vai à escola – A escola é o recinto sagrado aonde vamos em comunhão buscar as ciências, artes, música, etc. É na escola que encontramos os meios precisos para nos fazer entendidos pelos nossos irmãos [...].[153]

Embora a organização tenha sido fundada em São Paulo, criou núcleos em outros estados, Rio de Janeiro, Pernambuco, Bahia, Rio Grande do Sul, entre outros. Sua proposta fundamentava-se em uma aposta na educação como mecanismo de transformação do sujeito, considerando que o negro ganharia espaço à medida que conseguisse estabelecer-se nos diversos níveis da ciência, das artes e da literatura. Assim, fundou escolas primárias, sendo também responsável pela manutenção de cursos de alfabetização de adultos, de formação social, secundária e comercial. Havia também aulas noturnas com o intuito de instruir crianças e adultos e, assim, auxiliar no combate ao analfabetismo.

Tais iniciativas expressavam a preocupação da população negra em discutir e reinventar seu lugar na sociedade brasileira. Nesse sentido, a educação era considerada um lócus privilegiado para a construção de uma identidade positivamente afirmada. Por exemplo, a escola da Frente Negra Brasileira surgiu na cidade de São Paulo para atender justamente às expectativas do movimento negro de ascensão social por meio da educação escolarizada[154].

Entre outras importantes iniciativas desta organização, há registros de que a FNB negociou com o presidente Getúlio Vargas a modificação das

---

[151] Abdias do Nascimento foi senador, deputado federal e secretário de estado do Rio de Janeiro. Foi cofundador do Teatro Experimental Negro e da Frente Negra Brasileira.

[152] Ver mais em: SISS, 2003.

[153] SANTOS, 2003 apud SISS, 2003, p. 42.

[154] Ver mais em: ARAUJO, M. L. P. A escola da frente negra brasileira na cidade de São Paulo (1931-1937). 2008. Dissertação (Mestrado em Educação) – Universidade de São Paulo, São Paulo, 2008; MUNANGA; GOMES, 2006.

políticas de acesso em alguns locais destinados ao lazer público. Além disso, conseguiu que a Guarda Civil aceitasse o alistamento de recrutas negros. E em 1936 a FNB transformou-se em partido político, com intenção de participar das eleições, pretendendo obter o voto da "população de cor". Entretanto, após a instauração da ditadura do "Estado Novo" em 1937, a Frente Negra Brasileira, assim como todas as organizações políticas da época, foi extinta.

A partir da década de 1940, vimos o desenvolvimento também do movimento social da Negritude, inspirado pelos intelectuais negros de Paris que propunham a assunção de uma estética negra, por meio da história e herança africana, como reação à ideologia do *embraquecimento*. Nesse contexto, a *negritude* é delineada pelo reconhecimento de ser negro e a aceitação da história e cultura. Esse movimento social tinha três objetivos principais:

> [...] buscar o *desafio cultural* do mundo negro (a identidade negra africana), protestar contra a ordem colonial, lutar pela emancipação de seus povos oprimidos e lançar o apelo de uma revisão das relações entre os povos para que se chegasse a uma civilização não *universal*, como extensão de uma regional imposta pela força – mas uma civilização do *universal*, encontro de todas as outras, concretas e particulares.[155]

O movimento da negritude foi criado por poetas africanos e antilhanos da língua francesa, e seus principais expoentes foram Léopold Sédar Senghor, Léon Gontram Damas e Aimé Césaire. Tornou-se uma das mais importantes expressões da luta anticolonialista.

Os intelectuais ligados ao Teatro Experimental do Negro tiveram o movimento da Negritude como forte referência de afirmação da identidade e consciência cultural de gênese africana também no nosso país. O movimento da Negritude buscava romper com a assimilação do negro. Aceitar-se negro resulta na afirmação cultural, moral, física e psíquica[156]. É importante salientarmos que a questão da luta pela afirmação positiva do negro, expressa aqui pelo TEM, ajuda-nos a entender as origens de um problema ainda vigente, a exemplo da relação entre a existência do racismo e a afirmação da identidade com base no cabelo[157].

---

[155] MUNANGA, K. Prefácio. *In*: CARONE, I.; BENTO, M. A. S. (org.). *Psicologia social do racismo*: estudos sobre branquitude e branqueamento no Brasil. Petrópolis: Vozes, 2002. p. 52.

[156] Ver mais em: NASCIMENTO, E. L. Reflexões sobre o movimento negro no Brasil. *In*: ALFREDO, G. A. S.; LYNN, H. (org.). *Tirando a máscara sobre o racismo no Brasil, 1938-1997*. São Paulo: Paz e Terra, 2000.

[157] No próximo capítulo, o relato da entrevistada Virgínia terá exemplos de como o cabelo pode servir como uma forma de afirmação da identidade.

De fato, o comportamento em relação ao racismo é contraditório. Ao mesmo tempo que se nega a sua existência, ele se expressa nas práticas cotidianas como instrumento de demarcação de lugares de poder. Um poder que denuncia a existência de uma hierarquia racial que se embasa, ainda, por traços físicos de negros e brancos. O cabelo do negro em nossa sociedade manifesta o conflito racial presente entre nós. Em relação aos negros, foi destinado o lugar daquele que sofre a dominação política, econômica e cultural e, ao branco, o lugar dominante[158].

2.2.2 Segunda República à Ditadura Militar (1945-1964)

A luta contra a discriminação racial voltou a ser institucionalizada em associações formais após o Estado Novo — eis o segundo período do movimento negro. Entre as várias instituições criadas, merece destaque a União dos Homens de Cor (UHC), criada em 1940, em Porto Alegre. A UHC tinha a intenção de melhorar as condições econômicas e sociais dos negros, de tal modo que pudessem participar da vida pública, social e administrativa do Brasil, até mesmo candidatando-se a cargos eleitorais. No mesmo período, foi criado o Teatro Experimental do Negro, tendo como principal liderança Abdias do Nascimento. O movimento da Negritude, em nosso país, foi articulado por esta organização que também defendia os direitos civis dos negros e chegava a mobilizar o movimento negro internacional para esse fim.

O TEN adquiriu um caráter mais amplo: publicou o jornal *Quilombo*; passou a oferecer curso de alfabetização, de corte e costura; fundou o Instituto Nacional do Negro e o Museu do Negro; organizou o I Congresso do Negro Brasileiro; promoveu a eleição da Rainha da Mulata e da Boneca de Pixe; em 1955, realizou um concurso de artes plásticas cujo tema foi Cristo Negro, com repercussão na opinião pública. Defendendo os direitos civis dos negros, o TEN propunha a criação de uma legislação antidiscriminatória para o país. No que tange à defesa da cultura, essa organização também visava ao resgate da cultura e valores afro-brasileiros, os quais haviam passado por um longo processo de opressão e negação.

De forma similar à Frente Negra Brasileira, o TEN defendia o direito ao ensino universal e gratuito e à "admissão subvencionada de estudante negro

---

[158] Ver mais em: GOMES, N. L. Trajetórias escolares, corpo negro e cabelo crespo: reprodução de estereótipos ou ressignificação cultural? *Revista Brasileira de Educação*, Rio de Janeiro, n. 21, p. 40-51, dez. 2002.

nas instituições de ensino secundário e universitário"[159]. O TEN também reconhecia a educação como uma das prioridades nas ações de combate ao racismo. Por isso, suas primeiras atividades foram os cursos de alfabetização para favelados, operários, empregadas domésticas e outras pessoas de origem humilde. Ademais, complementavam o processo de alfabetização com aulas de cultura geral e palestras.

A Frente Negra Brasileira e o Teatro Experimental do Negro são exemplos de relevantes movimentos sociais organizados pelo reconhecimento da cidadania plena do negro, entre as décadas de 1930 e 1940. No entanto, o advento do Golpe Militar de 1964 marca o ocaso desta organização, que, na prática, extingue-se com o autoexílio de seu principal dirigente, Abdias do Nascimento, em 1968.

2.2.3 Processo de redemocratização à República Nova (1978-2000)

É importante notar que, na divisão proposta por Petrônio Domingues, há um longo interregno, entre os anos de 1964 e 1978. O autor explica que nesse período ocorreu um refluxo do Movimento Negro organizado. Os seus militantes foram perseguidos e acusados pelos militares de se mobilizarem em prol de uma questão, o racismo, que, na perspectiva do regime, não existia. Dessa forma, registra-se uma forte desmobilização das lideranças negras, e, na prática, a questão racial foi proscrita. Ainda, contamos algumas poucas manifestações, como a formação em São Paulo, em 1972, do Centro de Cultura e Arte Negra (Cecan), iniciativa de um grupo de estudantes e artistas. Mas dá-se também a fundação de alguns jornais, como *Árvore das Palavras* (1974), *O Quadro* (1974), em São Paulo; *Biluga* (1974), em São Caetano/SP; *Nagô* (1975), em São Carlos/SP. Em Porto Alegre, nasce o Grupo Palmares (1971), o primeiro no país a defender a substituição das comemorações do dia 13 de maio para o dia 20 de novembro, dia do nascimento de Zumbi. No Rio de Janeiro, desenvolve-se o movimento *Soul*, depois nomeado de *Black* Rio, e é criado o Instituto de Pesquisa das Culturas Negras (IPCN), em 1976. Contudo, todas essas iniciativas dizem respeito às ações isoladas, cujo objetivo político não era o enfrentamento do regime.

A reorganização política ocorreu no fim dos anos 1970, com a ascensão dos movimentos populares, sindicais e estudantis. Várias foram então as entidades criadas pelo movimento negro. Porém, somente em 1978, com

---

[159] SISS, 2003, p. 51.

a criação do Movimento Negro Unificado (MNU), o movimento negro organizado voltou à cena política brasileira. Este movimento foi fortemente influenciado pelos movimentos internacionais em curso e pelas circunstâncias internas. No âmbito externo, o protesto negro brasileiro do período foi inspirado pela luta em favor dos direitos civis dos negros americanos, no qual despontaram lideranças como Martin Luther King, Malcon X e organizações marxistas como os Panteras Negras, mas também pelos movimentos de libertação dos países africanos, principalmente de língua portuguesa, como Guiné Bissau, Moçambique e Angola. O MNU foi impulsionado por essas ações e assumiu um discurso radical contra o racismo, assim como contra o sistema capitalista[160].

No âmbito interno, a gênese do Movimento Negro Unificado foi a Convergência Socialista, organização de esquerda responsável pela formação política e ideológica de diversas lideranças dessa nova fase do movimento negro. Esses militantes compreendiam que a luta contra o racismo deveria ser conjugada com a luta pela derrubada do sistema capitalista, entendendo que o capitalismo se beneficiava do racismo. Portanto, só com a extinção deste sistema, e a consequente construção de uma formação social justa e igualitária, seria possível a superação do racismo.

Essa conjunção entre a luta de classes e a luta contra o racismo permitiu que as propostas desses grupos assumissem um protagonismo inédito junto à intelectualidade afro-brasileira, sobrepujando os modelos conformista e assimilacionista. Agora, era possível uma articulação de ações de protestos, reunindo diversas entidades[161], que resultou na criação do Movimento Unificado Contra a Discriminação Racial (MUCDR). Seu primeiro ato público foi de repúdio à discriminação racial vivenciada por quatro atletas juvenis negros no Clube de Regatas Tietê e contra a tortura e morte do trabalhador negro Robson Silveira da Luz, no 44º Distrito de Guaianases. Em 23 de julho de 1978, foi acrescentada a palavra "negro" ao nome do movimento, que passou a se chamar Movimento Negro Unificado Contra a Discriminação Racial (MNUCDR). No primeiro congresso do movimento, o nome foi simplificado para Movimento Negro Unificado. Em seu programa de ação, proposto em 1982, defendia:

---

[160] Ver mais em: DOMINGUES, 2007.

[161] Centro de Cultura e Arte Negra (Cecan), Grupo Afro-Latino América, Câmara do Comércio, Afro-Brasileiro, Jornal Abertura, Jornal Capoeira e Grupo de Atletas e Grupo de Artistas Negros.

> [...] as seguintes reivindicações "mínimas": desmistificação da democracia racial brasileira; organização política da população negra; transformação do Movimento Negro em movimento de massas; formação de um amplo leque de alianças na luta contra o racismo e a exploração do trabalhador; organização para enfrentar a violência policial; organização nos sindicatos e partidos políticos; **luta pela introdução da História da África e do Negro no Brasil nos currículos escolares**, bem como a busca pelo apoio internacional contra o racismo no país.[162]

Observa-se que, à semelhança de outros movimentos, o MNU propunha a educação como uma das vias para a superação do racismo, por meio da valorização da herança cultural africana e afro-brasileira. Também é nesse período que estudos acadêmicos passam a questionar o mito da democracia racial. Neste sentido, contribuíram para esse debate os estudos de Carlos Hasenbalg[163] em associação com Nelson do Valle Silva[164], com dados sobre as desigualdades sociais, mesmo no século XX, ainda fundamentadas na vigência da racialização.

No ano de 1995, com a comemoração dos 300 anos de Zumbi, foi realizada em Brasília, no dia 20 de novembro, a Marcha Zumbi dos Palmares contra o Racismo, pela Cidadania e a Vida, coordenada pelo Movimento Negro Unificado, com a participação de alguns setores da sociedade civil. Essa marcha reuniu cerca de 30 mil manifestantes, ocasião em que foi entregue ao então presidente da República, Fernando Henrique Cardoso, o "Programa para a Superação do Racismo e da Desigualdade Racial"[165]. Em 1996, criou-se o Grupo de Trabalho (GT) Interministerial para a Valorização da População Negra. É importante registrar que, nesse período, também ocorreram iniciativas governamentais estruturantes no âmbito da educação brasileira, como a elaboração dos Parâmetros Curriculares Nacionais (PCNs) e a promulgação da Lei 9.394/1996 (LDB), consequência da participação e compromisso do Brasil na Conferência Mundial de Educação para Todos em 1990, na Tailândia.

---

[162] DOMINGUES, 2007, p. 114, grifo nosso.

[163] HASENBALG, 1979.

[164] SILVA, N. V.; HASENBALG, C. A. Tendências da desigualdade educacional no Brasil. *Dados*, v. 43, n. 3, p. 423-445, 2000.

[165] GOMES, N. L. Limites e possibilidades da implementação da lei 10.639/03 no contexto das políticas públicas em educação. *In*: PAULA, M.; HERINGER, R. (org.). *Caminhos convergentes*: Estado e sociedade na superação das desigualdades raciais no Brasil. Rio de Janeiro: Fundação Heinrich Boll, ActionAid, 2009. p. 39-74.

Para a nossa temática, essas mudanças são relevantes. As orientações do tema transversal Pluralidade Cultural dos PCNs de 1997 indicam a importância de serem contemplados pelo tema os conteúdos que abrangem as contribuições das diferentes culturas, visando orientar as escolas a organizarem projetos didáticos pedagógicos que problematizem a ausência da imagem de determinados grupos sociais e étnicos nos trabalhos escolares. Elisabeth Souza, contudo, assinala o fato de que o termo "pluralidade" aparece de forma difusa nos PCNs, já que negros e indígenas são colocados no mesmo patamar, desconsiderando-se suas especificidades culturais e, por vezes, dando-se a impressão de folclorização desses povos. Afirma ainda que

> [...] ali [nesse documento] apesar das críticas ao longo dos últimos anos, pode-se identificar o mito da democracia racial. É a ideia de que no Brasil não há preconceito. Todos são iguais, têm os mesmos direitos.[166]

Ao fazer a crítica aos PCNs, Elisabeth Souza menciona também, com acerto, a presença de um "discurso ideológico, lacunar do que efetivamente uma proposta curricular"[167]. Contudo, a existência dos PCNs representa um avanço na legislação educacional, na medida em que expõem a questão racial em um documento nacional. Logo, é possível perceber os efeitos positivos da pressão política exercida pelos movimentos sociais negros. O movimento negro tem contribuído ainda na reflexão sobre a estrutura excludente da escola, e sobre a necessidade de reconstruir essa estrutura, visando assegurar não só o acesso à educação, mas também a continuidade dos estudos dos alunos de distintos pertencimentos étnico/raciais e camadas sociais. Como outros avanços, registramos a publicação pelo Ministério da Educação e Cultura, em 1999, de uma coletânea de textos intitulada *Superando o racismo*. A coletânea apresentava artigos de pesquisadores tratando temas como currículo, socialização da criança negra, materiais didáticos, entre outros. Este material foi distribuído para as instituições de ensino pelas Secretarias de Educação de diversos estados. Posteriormente, esse material recebeu reedições em 2001 e em 2005.

Conforme vimos no percurso empreendido nesta seção, a educação constituiu elemento fundamental na agenda política do movimento negro. Contudo, é nesse último período que se observa a reivindicação de um

---

[166] SOUZA, E. F. Repercussões do discurso pedagógico sobre relações raciais nos PCNs. *In*: CAVALLEIRO, E. S. (org.). *Racismo e anti-racismo na educação*: repensando nossa escola. São Paulo: Selo Negro Edições, 2001. p. 55.

[167] *Ibidem*, p. 58.

movimento, o MNU, por uma intervenção específica no currículo escolar, considerando ser esta uma das formas possíveis e, a nosso ver, fundamentais para a desconstrução da ideologia racista vigente. A promulgação da Lei 10.639 em 2003 é, portanto, uma conquista fundamental, que possibilita o reconhecimento das contribuições das culturas africana e afro-brasileira na formação de nossa nação. Ela institui um *metaenquadre* essencial para a constituição da subjetividade de nossas novas gerações. Na próxima seção, investigaremos algumas manifestações do racismo na escola, pois sua compreensão é uma etapa essencial para superá-las.

2.3 Racismo no contexto escolar: entre eufemismos e silenciamentos

O estudo clássico de Oracy Nogueira já revelava a existência e a propagação do preconceito racial no espaço escolar em 1955. Nogueira mostra que, desde a mais tenra infância, as crianças aprendiam a apreciar a cor clara e os demais traços caucasoides e a desprezar a cor escura e as demais características negroides. O autor destaca que as crianças internalizavam atitudes inadequadas em relação às características negroides por meio de brincadeiras, provérbios, ditos populares, elogios e sátiras, chamando atenção para o processo de socialização, pois "fazia parte da socialização da criança branca a utilização de eufemismos ou o silêncio em relação às características negroides do interlocutor"[168].

Posteriormente, a pesquisa de Luiz Alberto Oliveira Gonçalves identificou a existência de um ritual pedagógico que reforça o preconceito contra crianças e jovens negros. Os currículos escolares, ao omitirem a história de luta dos negros na sociedade brasileira, incute nas crianças negras um modelo de *branquitude*. Desse modo, a escola brasileira ratifica o racismo por meio do ritual pedagógico, na medida em que omite a história da luta dos negros em nosso país[169].

O silêncio nos currículos escolares, nos planos políticos pedagógicos e o tabu sobre as relações raciais, além de reforçar ou naturalizar o racismo presente na sociedade brasileira, provoca conflitos psíquicos nas subjetividades de todos os envolvidos. Pesquisas indicam que a existência de um ambiente escolar hostil afeta a aprendizagem; logo, para a maioria das crianças negras, a escola revela-se como um espaço de descoberta dos

---

[168] NOGUEIRA, O. Relações raciais no município de Itapetininga. *In*: BASTIDE, Roger; FERNANDES, Florestan (dir.). *Relações raciais entre negros e brancos em São Paulo*. São Paulo: Anhembi, 1955. p. 511.

[169] Ver mais em: GONÇALVES, 1985.

conflitos raciais[170]. Esses estudos mostram a existência de associação entre a criança negra e pobre ao incapaz, bem como destacam o preconceito racial inscrito no material didático. Eles identificam ainda a presença do preconceito racial desde a pré-escola e chamam atenção para o papel do professor na reprodução dos preconceitos e, consequentemente, para a formação de professores para uma educação efetivamente antirracista.

Em razão da presença do racismo nos livros didáticos, já anunciada pelos movimentos negros e constatada em diferentes pesquisas acadêmicas[171], foram desenvolvidas ações governamentais para combater o fenômeno. A ação de combate ao racismo nos livros didáticos foi realizada por meio da determinação do MEC de 1996 de coibir a divulgação de informações que comunicassem preconceitos de cor, etnia, gênero e qualquer outro tipo de discriminação no Projeto Nacional do Livro Didático[172]. Outro estudo importante é o de Eliane Cavalleiro, no qual se constatou a importância do processo de socialização na formação da identidade das crianças:

> A socialização torna possível à criança a compreensão do mundo, por meio das experiências vividas, ocorrendo paulatinamente à necessária interiorização das regras afirmadas pela sociedade. Nesse início de vida a família e a escola serão os mediadores primordiais, apresentando / significando o mundo social. As idiossincrasias estarão determinando as diferenças pessoais, pois esse processo não é simplesmente ensinado: a criança mostra-se um parceiro ativo, podendo procurar novas informações em outros lugares.[173]

Tendo como foco as relações étnicas no espaço escolar (pré-escola) e na família, a pesquisa desenvolveu-se por meio da observação do cotidiano escolar e de entrevistas com professores, crianças e seus familiares, visando entender como esses sujeitos percebem, compreendem e elaboram a formação multiétnica da nossa sociedade. Os resultados dessa pesquisa revelaram que:

---

[170] Ver mais em: ROSEMBERG, F. Relações raciais e rendimento escolar. *Cadernos de Pesquisa*, São Paulo, n. 63, p. 19-23, nov. 1987; Segregação espacial na escola paulista. *Estudos Afro-Asiáticos*, Rio de Janeiro, n. 19, p. 97-107, 1990; Expansão da educação infantil e processos de exclusão. *Cadernos de Pesquisa*, São Paulo, n. 107, p. 7-40, jun. 1999.

[171] Os seguintes estudos são exemplos de aprofundamentos nessa temática: PINTO, R. P. A representação do negro em livros didáticos em leitura. *Cadernos de Pesquisa*, São Paulo, n. 63, p. 88-92, nov. 1978; ROSEMBERG, F.; BAZILLI, C.; SILVA, P. V. B. Racismo em livros didáticos brasileiros e seu combate: uma revisão da literatura. *Educação e Pesquisa*, v. 29, n. 1, p. 125-146, 2003; NEGRÃO, E. V. A discriminação racial em livros didáticos e infanto-juvenis. *Cadernos de Pesquisa*, São Paulo, n. 63, p. 86-87, nov. 1987.

[172] Ver mais em: ROSEMBERG; BAZILLI; SILVA, 2003.

[173] CAVALLEIRO, 1998, p. 19.

> [...] há uma distribuição desigual do contato físico entre as professoras e seus alunos negros e brancos, assim como maneiras diferentes de echaç-los em suas atividades escolares [...] predominância do silêncio nas situações que envolvem o racismo, preconceito e discriminação étnicos, o que permite supor que a criança negra, desde a educação infantil está sendo socializada para o silêncio e para a submissão. Mais grave ainda a criança negra está sendo levada a se conformar com o lugar que lhe é atribuído: o lugar do rejeitado, o de menor valia [...].[174]

Outro resultado significativo foi indicar que o silêncio não ocorre apenas entre as vítimas do racismo, mas também entre aqueles que praticam atos discriminatórios. Os profissionais escolares têm uma visão idealizada da escola, como um ambiente neutro e livre de preconceitos. No entanto, apenas a observação dos cartazes e livros didáticos revela a falta de referências à diversidade étnica. Um dos motivos que levam a essa visão distorcida dos profissionais está relacionado ao fato de as crianças evitarem concretizar a discriminação na frente das professoras. O parque da escola mostrou-se um espaço no qual a discriminação se expressava mais livremente, pois as crianças estão longe dos responsáveis e têm liberdade para escolher com quem brincar. Nesse espaço, percebe-se mais claramente que as crianças acabam por compreender as diferenças como desigualdades, e associam o negro ao inferior. O silêncio corrobora essa compreensão e reforça a ideia de superioridade associada às crianças brancas, podendo impulsioná-las à prática da discriminação racial em relação às crianças negras. Para as crianças negras, isto resulta em:

> Autorrejeição, rejeição ao seu outro igual, rejeição por parte do grupo; desenvolvimento de baixa autoestima com ausência de reconhecimento de capacidade pessoal, timidez, pouca ou nenhuma participação em sala de aula; ausência de reconhecimento positivo do seu pertencimento racial e dificuldade de aprendizagem.[175]

Em contrapartida, para os alunos brancos, o preconceito e a discriminação racial ocasionam a "cristalização de um sentimento irreal de superioridade: racial, cultural, estética, intelectual, etc."[176] Os relatos das entrevistas realizadas por esta pesquisadora indicam que a atitude do pro-

---

[174] *Ibidem*, p. 9.

[175] *Ibidem*, p. 52.

[176] *Ibidem*.

fessor em relação a um ato discriminatório é determinante para a formação das crianças envolvidas.

A existência do PCNs, por si só, não assegura a efetividade da mudança proposta pelo documento. Nesse contexto, Inajá Silva analisou as ações orientadas pelos PCNs, com base no tema transversal Pluralidade Cultural, em duas escolas públicas da cidade de Araraquara, interior do estado de São Paulo. Ela constatou que um dos maiores desafios a serem enfrentados é justamente o silêncio sobre o racismo no contexto escolar. A pesquisa registrou a negação do racismo por membros do corpo docente, embora os alunos entrevistados tenham declarado ter sofrido ou testemunhado eventos de discriminação no ambiente escolar. A pesquisadora observou também que o silenciamento sobre o racismo é invisibilizado nos currículos e não é enfrentado por gestores e docentes, e sua pesquisa aponta que a existência do tema Pluralidade Cultural, no currículo escolar e nos planos pedagógicos, não significou alterações nas ações educativas nas escolas, já que a discussão do racismo traz desconforto para as pessoas, principalmente para as suas vítimas.

Conforme vimos em nossa abordagem sobre os *enquadres*, a discussão do racismo é um debate sobre visões de mundo construídas não apenas no nível consciente, portanto confrontá-lo resulta em incômodo e, até mesmo, em mal-estar. A estratégia menos dolorosa parece ser então a negação. Como questionar o mito da democracia racial, tão arraigado na subjetividade dos brasileiros? Além disso, o tema não integra os conteúdos cujo acompanhamento e cujo aproveitamento sistemático são avaliados pelas demais instâncias dos sistemas de ensino. Não sendo exigido, não é enfrentado; é ignorado[177].

A pesquisa de Rita de Cássia Fazzi também é significativa no campo da educação das relações raciais. Ela focou a socialização entre crianças de 7 a 9 anos de idade em duas escolas de Belo Horizonte, observando o funcionamento das categorias raciais na vida social. Realizou a pesquisa em duas escolas, uma escola de classe média, outra de classe menos favorecida. As estratégias metodológicas utilizadas foram: a observação em sala de aula, no recreio e nas aulas de educação física; entrevistas dirigidas e conversas espontâneas; usos de brincadeiras com bonecos e bonecas de diversas cores; utilização de imagens de personagens brancos e negros, entre outros. A pesquisa empreendeu um esforço

---

[177] Ver mais em: SILVA, 2009.

> [...] de construir um tipo ideal de criança preconceituosa, salientando a natureza dos estereótipos constituintes das relações inter-raciais e caracterizando o comportamento que do ponto de vista de um sociólogo pudesse ser identificado como preconceituoso[178].

Alguns dos estereótipos identificados pela pesquisa foram "preto é feio"; "preto parece diabo"; "ladrão é preto", surgidas de conversas espontâneas e de brincadeiras realizadas com as crianças. Ao utilizar uma simulação de brincadeira de um assalto, a pesquisadora apresentava duas bonecas, uma branca e uma não branca. Dizia que essas bonecas estavam voltando para casa e seriam assaltadas. As crianças deveriam escolher qual boneco seria o ladrão. No grupo de crianças mais pobres, 20 de 24 escolheram o boneco não branco para ser o ladrão, e 14 de 22 crianças da classe média fizeram a mesma escolha. Para a pesquisadora, os dados podem indicar que as características fenotípicas já são interpretadas pelas crianças como estereótipos. Durante a pesquisa, foi possível reconhecer o preconceito racial também por meio de xingamentos, gozações, nas quais as crianças negras eram identificadas como "macacos". Além disso, houve relatos nos quais crianças afirmaram ser associadas a carvão, por isso não gostavam de ser negras. Nessa pesquisa, portanto, constatou-se que a criança negra e pobre é a mais afetada pelos estereótipos e preconceitos do cotidiano escolar, porque é tratada com inferioridade, ao mesmo tempo que ela interioriza esse preconceito e passa a ter uma imagem distorcida de si mesma e de seu grupo.

Aliás, as crianças aprendem, desde muito cedo, a associar as características das pessoas — cor da pele, traços fenotípicos — às desigualdades econômicas e sociais, sobretudo raciais. Aprendem que ser negro é ser inferior, ser branco é ser superior, fato já comprovado por pesquisas como a da Fundação Instituto de Pesquisas Econômicas (Fipe). A Fipe desenvolveu, em 2009, o estudo *Preconceito e discriminação no ambiente escolar*[179], realizada com alunos, pais e mães, diretores, professores e funcionários, o qual revelou que 99,3% das pessoas entrevistadas mostraram algum tipo de preconceito, fosse étnico-racial, fosse socioeconômico, em relação a pessoas, por conta de suas necessidades especiais, gênero, geração, orientação sexual, ou territorial. Os grupos mais passíveis de sofrerem preconceito são o das pessoas com deficiência (96,5%) e dos negros (94,2%).

---

[178] FAZZI, 2006, p. 113.

[179] Até o primeiro semestre de 2023, não houve a realização de uma segunda edição da pesquisa.

O docente é um agente que pode atuar com a desconstrução de estigmas relacionados ao racismo por meio da valorização da autoestima e de conteúdos ligados à história e cultura africana e afro-brasileira. Assim, cabe ao educador problematizar a visão estigmatizada dos afrodescendentes, de tal forma que, ao conhecer a contribuição da cultura africana e afro-brasileira na formação do país, os alunos entendam que estão a conhecer a sua própria história e se orgulhem dela. Nesse sentido, Ana Célia da Silva[180] propõe, ainda, algumas estratégias didáticas, como contrastar as representações literárias com os depoimentos das vivências cotidianas dos alunos, isto é, trazer os alunos à fala, para que eles se manifestem por meio de suas experiências e conhecimento de mundo em relação aos temas dos livros didáticos associados às relações raciais. A desconstrução desses estereótipos é de importância fundamental, pois:

> [...] a invisibilidade e o recalque dos valores históricos e culturais de um povo, bem como a inferiorização dos seus atributos adscritivos, através de estereótipos, conduz esse povo, na maioria das vezes, a desenvolver comportamentos de auto-rejeição, resultando em rejeição e negação dos seus valores culturais e em preferência pela estética e valores culturais dos grupos sociais valorizados nas representações [...].[181]

A discriminação racial denunciada no contexto escolar é um problema complexo que acarreta implicações na constituição da subjetividade dos educandos, e demanda dos atores escolares o reconhecimento do racismo. Sendo historicamente escamoteado pelo mito da democracia racial, a negação do racismo produz o silenciamento e reforça o preconceito e a discriminação racial.

Entretanto, alguns professores têm se mobilizado para o enfrentamento deste fenômeno no interior da escola, como demonstra a pesquisa de Ana Cristina Juvenal da Cruz. Este estudo consistiu na compreensão das estratégias e práticas realizadas por professores para a educação das relações étnico-raciais com base em projetos encaminhados ao Prêmio Educar para a Igualdade Racial, do Centro de Estudos das Relações de Trabalho e Desigualdades. A pesquisa mostrou que as experiências das professoras apontavam para aspectos fundamentais na construção de pedagogias antir-

---

[180] SILVA. A. C. A desconstrução da discriminação no livro didático. *In*: MUNANGA, K. (org.). *Superando o racismo na escola*. 3. ed. Brasília: Ministério de Educação, 2005.

[181] *Ibidem*, p. 22.

racistas. Nessas práticas, observou-se a contribuição da cultura africana e afro-brasileira na valorização da identidade dos educandos[182].

Se as pesquisas apresentadas indicam que o silêncio é um dos problemas centrais no enfrentamento do racismo no contexto escolar, há que se perceber também que esse *silenciamento* é resultante da persistência dos *enquadres* que demarcaram hierarquicamente um lugar psicossocial para os brasileiros. Como observado nas pesquisas que citamos, a escola tem sido um lugar no qual ocorre a transmissão dos preconceitos historicamente construídos. Nesse sentido, quais seriam as implicações para a constituição da subjetividade dos envolvidos? O que pode significar para uma criança negra ser chamada de "macaco", "carvão", entre outras expressões pejorativas? Que prejuízos psíquicos podem ocorrer? O que provocaria o silêncio dos professores nessas ocasiões? Como os educandos podem interpretar tal silêncio? Os efeitos das práticas racistas incidem sobre todos os envolvidos e, de forma mais intensa, recaem sobre as crianças negras.

Se pensarmos que os *enquadres* sobre o negro foram construídos com base em uma concepção ideológica hierárquica, na qual esses indivíduos eram considerados subumanos, ao passo que os indivíduos brancos foram sobrevalorizados, pode-se melhor compreender os resultados dos estudos aqui apresentados. Eles indicam a existência de conflitos raciais no ambiente escolar e, ainda, que, talvez inconscientemente, os sujeitos envolvidos reproduzem essa hierarquia racial. Os alunos, ao ofender os seus colegas negros, ocupam um lugar de superioridade; essa posição é reafirmada pelo consentimento advindo do *silenciamento* do professor. O professor, também orientado pelos *enquadres* sobre o negro, diante do conflito, tende a fugir, não o enfrenta, recorrendo à ideia da democracia racial, conforme a qual não há racismo. Em consequência, não reconhece esse problema. Se considerarmos o processo de constituição do sujeito, essa criança branca poderá tornar-se um indivíduo que reconheça na brancura de sua pele vantagens materiais e simbólicas, possivelmente utilizando esse autoconceito sobrevalorizado em benefício próprio. Já para a criança negra, o processo é inverso, ou seja, aprende-se que a sua cor de pele, seus traços fenotípicos e culturais são menosprezados socialmente, o que pode acarretar um processo de negação de si mesma e de seu grupo.

---

[182] Ver mais em: CRUZ, A. C. J. *Os debates do significado de educar para as relações étnico-raciais na educação brasileira.* 2010. Dissertação (Mestrado em Educação) – Universidade de São Carlos, São Carlos, 2010.

É acertado dizer que a existência dos PCNs já configura um avanço, tal como a promulgação da Lei 10.639/2003, uma vez que está a se reconhecer a questão do racismo e a estabelecer uma intervenção direta no currículo, com vistas a valorizar a herança cultural dos povos africanos e indígenas que formaram o Brasil.

2.4 Desafios da implementação da Lei 10.639/2003

A promulgação da Lei 10.639, que alterou a LDB de 1996 estabelecendo a obrigatoriedade do ensino da história da África e da Cultura Afro-Brasileira no currículo do ensino básico e médio, é resultante do longo processo de luta do movimento negro brasileiro para assegurar o reconhecimento das contribuições culturais dos africanos e afrodescendentes na cultura brasileira. Objetivando implementar a Lei 10.639, o Ministério da Educação e Cultura desenvolveu uma série de ações significativas em diversos espaços, desde a formação continuada (presencial e a distância) de professores na temática da diversidade étnico-racial, até a publicação de material didático[183] sobre o assunto. No mesmo sentido, incentivou a realização de pesquisas na temática, o fortalecimento dos Núcleos de Estudos Afro-Brasileiros (Neabs) nas universidades, a realização de Fóruns Estaduais e Municipais de Educação e Diversidade para Assuntos Relacionados à Educação dos Afro-Brasileiros, a publicação de números específicos sobre a temática na coleção *Educação para todos*, a inclusão do eixo temático Inclusão e Diversidade na Conferência Nacional da Educação Básica (2008), a formação de um Grupo Interministerial para criação do Plano Nacional de Implementação da Lei 10.639/2003, o financiamento e a participação no Programa Brasil Quilombola, na Agência Social Quilombola e na Rede de Educação Quilombola, como também a assistência técnica para estados e municípios para implementação da Lei 11.645/2008 (que alterou a Lei 10.639 incluindo a contribuição dos povos indígenas).

Além dos órgãos oficiais do MEC e secretarias criadas especialmente para tratar da temática, como a Secretaria de Educação Continuada, Alfabetização, Diversidade e Inclusão (Secadi) e a Secretaria de Políticas de Promoção da Igualdade Racial, algumas organizações não governamentais, como a Ação

---

[183] Diversos materiais didáticos e pedagógicos foram publicados pelo MEC; por exemplo, a reedição da coletânea *Superando o racismo na escola*, organizado pelo professor Kabengele Munanga; *Diversidade na educação*: reflexões e experiências, organizado por Marise Nogueira Ramos, Jorge Manoel Adão, Graciete Maria Nascimento Barros; *Quilombos: espaço de resistência de homens e mulheres negros*, coordenado por Schuma Schumaher; *Gibi quilombos*, *orientações e ações para a educação das relações étnico-raciais* e a *Coleção Educação para Todos*, em parceria com a Secad e a Unesco.

Educativa e o Ceert, destacam-se por contribuir com a temática, por meio de cursos de formação, concursos, elaboração e distribuição de materiais didáticos. Os Neabs também têm ofertado diversos materiais formativos, por exemplo, as coleções *Percepções da diferença* e *Negros e brancos na escola*. Outra ação importante tem sido empreendida pelo Centro de Estudos Africanos da Faculdade de Filosofia, Ciências e Letras da USP, com a realização de cursos destinados aos professores[184]. A pesquisa de Lucimar Rosa Dias[185] deu relevo às experiências de formação realizadas no combate ao racismo desenvolvidas por diversas entidades, como o Ilê Ayiê, que realizou o Projeto de Expansão Pedagógica em 1995; o Centro de Estudos Africanos (Ceafro), que desenvolveu em 2000 o Projeto Escola Plural: a Diversidade está na Sala de Aula; e o Ceert, com cursos de formação e prêmios para educadores.

Vale mencionar ainda outra ação de grande relevância no campo das políticas educacionais, a saber, a elaboração das Diretrizes Curriculares Nacionais para a Educação das Relações Étnico-Raciais e para o Ensino de História e Cultura Afro-brasileira e Africana, realizada por meio da parceria entre o Ministério da Educação e a Seppir, aprovadas em março de 2004, pelo Conselho Nacional de Educação, por meio da Resolução 1/2004[186]. Após a elaboração das diretrizes, foi realizada uma mobilização nacional com a participação de diversos órgãos, instituições, movimentos sociais, organizações da sociedade civil e intelectuais para elaboração de um Plano Nacional de Implementação das Diretrizes Curriculares para a Educação das Relações Étnico-Raciais e para o Ensino de História e Cultura Afro-Brasileira e Africana, finalizado em 2009.

As diretrizes têm por objetivo divulgar e produzir conhecimentos, como também desenvolver atitudes, posturas e valores que preparem cidadãos quanto à

> [...] pluralidade etnicorracial, tornando-os capazes de interagir e de negociar objetivos comuns que garantam, a todos, respeito aos direitos legais e valorização de identidade, na busca da consolidação da democracia brasileira.[187]

---

[184] Consiste em um curso de extensão destinado a professores da rede pública de ensino e interessados na temática.

[185] DIAS, L. R. *No fio do horizonte*: educadora da primeira infância e o combate ao racismo. Tese (Doutorado em Educação) – Universidade de São Paulo, São Paulo, 2007. 2 v.

[186] Documento disponível no *Diário Oficial da União*: seção 1, Brasília, DF, p. 11, 22 jun. 2004.

[187] BRASIL. Ministério da Educação. Conselho Nacional de Educação. *Parecer 3/2004*. Diretrizes Curriculares Nacionais para a Educação das Relações Étnico-Raciais e para o Ensino de História e Cultura Afro-Brasileira e Africana. Brasília, DF: MEC, 2004. p. 22.

Este documento determina que as instituições de ensino incluam na grade curricular a educação das relações étnico-raciais e o estudo de cultura afro-brasileira e africana. Como orientação, indica o desenvolvimento do tema em disciplinas curriculares, atividades complementares, conteúdos de disciplinas curriculares, iniciação científica, cursos de extensão e afins. Em contrapartida, na organização dos cursos superiores (licenciaturas destinadas à formação de professores para a educação básica), a História e Cultura Afro-Brasileira deve ser disciplina obrigatória, especialmente nas áreas de Educação Artística, de Literatura e História Brasileira.

A Lei 10.639/2003 determina que as IESs, especialmente as que ofertam cursos de formação inicial e/ou continuada de professores, devem realizar uma série de ações; entre elas, tomamos as seguintes como referenciais:

> [...] *desenvolver* atividades acadêmicas, encontros, jornadas e seminários de promoção das relações etnicorraciais positivas para seus estudantes; [...] *dedicar* especial atenção aos cursos de licenciatura e formação de professores, garantindo formação adequada aos professores sobre História e Cultura Afro-Brasileira e Africana e os conteúdos propostos na Lei 11645/2008; e *desenvolver* nos estudantes de seus cursos de licenciatura e formação de professores as habilidades e atitudes que os permitam contribuir para a educação das relações etnicorraciais com destaque para a capacitação dos mesmos na produção e análise crítica do livro, materiais didáticos e paradidáticos que estejam em consonância com as Diretrizes Curriculares para Educação das Relações Etnicorraciais e para o Ensino de História e Cultura Afro-brasileira e Africanas e com a temática da Lei 11645/08.[188]

Essas legislações produziram novas responsabilidades para os profissionais da educação, principalmente na transformação das práticas pedagógicas. Tais demandas apontam para o enfrentamento e superação de discriminações, revisão dos conteúdos curriculares, inserindo as contribuições de outros povos nos projetos políticos pedagógicos e material didático. Essas ações valorizam a diversidade cultural na formação da nossa sociedade e buscam desconstruir a hegemonia do currículo monocultural. Tendo em vista a obrigatoriedade do ensino da cultura afro-brasileira e africana nas escolas, além de preparar os docentes para ministrar esse novo conteúdo, parece-nos que o maior desafio consiste em desmontar a ideologia racista

---

[188] *Ibidem*, p. 38.

presente no psiquismo de grande parte da população brasileira, entre outros motivos, por conta da persistência do mito da democracia racial, reprodução de preconceitos de forma consciente ou inconsciente, uma educação eurocêntrica e da falta ou pouca formação para as relações étnico-raciais. Não obstante essa dificuldade, a formação é, a nosso ver, uma medida essencial. A ideologia encobre a realidade. Logo, faz-se necessário desconstrução dos estereótipos inculcados em nossa mente[189].

A promulgação da Lei 10.639/2003 pode então ser entendida como um *metaenquadre*, que demarca uma ruptura no paradigma vigente em nosso país, pois reconhece a contribuição dos povos africanos na cultura brasileira e reconhece a presença do racismo nas relações sociais e raciais na sociedade. E, ao instituir a obrigatoriedade do ensino da cultura africana e afro-brasileira, demanda da escola a tarefa de enfrentar e combater as desigualdades raciais, por meio da desconstrução de estereótipos. É à luz do conhecimento que os preconceitos serão desvelados para que a educação possa de fato ser equitativa. Ao problematizar a questão da diversidade cultural, Anete Abramowicz afirma que todo brasileiro vive uma situação no mínimo inusitada, pois, por um lado, há o discurso de que somos um povo único, resultado de um intenso processo de miscigenação e mestiçagem, que culminou na constituição de uma nação singular com indivíduos culturalmente diversificados; por outro lado, vivenciamos, na cotidianidade de nossas relações, práticas preconceituosas, discriminatórias e racistas em relação a alguns segmentos da população, como as mulheres, os indígenas e os afrodescendentes[190].

Nesse contexto, o professor pode ser o agente que pode transformar ou reforçar preconceitos. Ao investigar estratégias de atuação, Nilma Lino Gomes constata que muitos docentes ainda consideram que a escola não é o espaço adequado para discutir as questões raciais. Gomes identifica nessa posição a concepção corrente sobre a função da escola, qual seja, exclusivamente a de transmissão dos conteúdos historicamente acumulados. Trata-se, infelizmente, de uma visão compatível com a perspectiva de educação

---

[189] Ademais, vale lembrar que a própria história da historiografia sobre a África é complexa. O historiador Joseph Ki Zerbo não nos deixa esquecer que a história africana fora "confiscada em proveito de seus mestres europeus, corrigindo o que foi escrito sem eles e contra eles". O historiador assinala também a importância da memória para a formação individual e coletiva: "Pegue uma pessoa, despojando-a brutalmente de todos os dados de sua cabeça. Inflija-lhe, por exemplo, uma amnésia total. Essa pessoa torna-se um ser errante num mundo onde não compreende mais nada. Despojada de sua história, ela estranha a si mesma, aliena-se. A história é a memória das nações. Os povos e as coletividades são frutos da história" (MUNANGA, 2009b, p. 53, grifo do autor).

[190] Ver mais em: ABRAMOWICZ, A. *Trabalhando a diferença na educação infantil*. São Paulo: Moderna, 2006.

bancária — transmissão e depósito de conteúdos —, criticada por Paulo Freire em *Pedagogia do oprimido*[191]. Para romper com a desvinculação entre conteúdos e realidade social brasileira, Gomes defende que

> [...] os(as) educadores(as) compreendam que o processo educacional também é formado por dimensões como a ética, as diferentes identidades, a diversidade, a sexualidade, a cultura, as relações raciais, entre outras. E trabalhar com essas dimensões não significa transformá-las em conteúdos escolares ou temas transversais, mas ter a sensibilidade para perceber como esses processos constituintes da nossa formação humana se manifestam na nossa vida e no próprio cotidiano escolar. Dessa maneira, poderemos construir coletivamente novas formas de convivência e de respeito entre professores, alunos e comunidade. É preciso que a escola se conscientize cada vez mais de que ela existe para atender a sociedade na qual está inserida e não aos órgãos governamentais ou aos desejos dos educadores.[192]

O primeiro passo para a transformação da prática educativa é a constatação de que há racismo no Brasil, o que contribui para desmascarar a ambiguidade do racismo brasileiro, manifestado por meio do histórico movimento de afirmação/negação. O racismo ainda é insistentemente negado no discurso do brasileiro, mas mantém-se presente nos sistemas de valores que regem o comportamento da nossa sociedade, expressando-se por meio das mais diversas práticas sociais. Assim, este fenômeno, sustentado por um discurso ideológico construído e legitimado no terceiro *enquadre*, no qual impera uma ideia de harmonia social, é difícil de desconstruir e superar. O conflito encoberto por esse discurso é rechaçado, produzindo a negação da existência do racismo, resultando no *silenciamento* mencionado em pesquisas citadas neste capítulo. É necessário entender que somente as leis não podem erradicar o preconceito, mas, por meio da educação, torna-se possível abrir caminhos para questionamentos sobre o mito da democracia racial e sobre as formas sutis que a sociedade impõe quanto à superioridade e à inferioridade de grupos sociais[193].

Sem dúvida, a escola não é a única instituição responsável pelo enfrentamento do racismo, mas tem um papel fundamental em sua superação, pois,

---

[191] Ver mais em: FREIRE, P. *Pedagogia do oprimido*. 58. ed. Rio de Janeiro: Paz e Terra, 2014.

[192] GOMES, 2005b, p. 147.

[193] Sobre esse assunto, ver mais em: MUNANGA, K. (org.). *Superando o racismo na escola*. 3. ed. Brasília: Ministério de Educação, 2005. Apresentação.

além de disseminar o conhecimento humano sistematizado, está encarregada de transmitir os aspectos culturais valorizados pela sociedade da qual faz parte. Contudo, aqui cabe uma ressalva: embora julguemos essencial o papel da escola na desconstrução da ideologia, não estamos atribuindo apenas à escola essa tarefa, uma vez que a escola é parte da sociedade e, em muitos sentidos, reproduz tanto seus aspectos positivos quanto aqueles que gostaríamos de modificar. Ao se propor que a escola pública e seus agentes participem dessa dura empreitada, não devemos nos esquecer de que uma grande parcela do professorado exerce suas atividades em condições precárias de trabalho, muitas vezes conciliando várias jornadas de trabalho para assegurar a sua subsistência, numa mesma escola, ou em escolas de redes diferentes. Qualquer iniciativa que pretenda engajar a escola pública na transformação da realidade social deve considerar assegurar as condições básicas para o exercício do trabalho docente.

Ainda que a legislação seja uma conquista essencial para que a escola se torne equitativa, há muito por fazer. Após duas décadas da promulgação da Lei 10.639/2003, que altera a LDB 9.394/1996, a implementação ainda é um dos grandes desafios. Faz-se necessário continuar investigando sobre as práticas realizadas, as dificuldades enfrentadas pelos docentes, bem como realizar pesquisas-ação, com parcerias entre pesquisadores, docentes e artistas, a fim de contribuir com a efetivação da legislação e com a concretização da educação antirracista como um todo.

Uma das pesquisas que se dedicaram a compreender os desafios para a efetivação da Lei 10.639 foi intitulada: *As práticas pedagógicas de trabalho com relações étnico-raciais na escola na perspectiva da Lei 10.639/2003: desafios para a política educacional e indagações para a pesquisa*, elaborada por Gomes e Rodrigo Ednilson de Jesus em 2013. O objetivo foi identificar, mapear e analisar ações realizadas pelas redes públicas de ensino, assim como as práticas pedagógicas desenvolvidas por escolas dessas redes, na perspectiva da Lei 10.639. O levantamento também abrangeu escolas privadas de ensino fundamental e médio. Para tanto, foram coletadas informações sobre a institucionalização da lei nos níveis municipal e estadual, por meio de entrevistas e de pesquisa documental em banco de dados do Ceert, das Secretarias de Educação e dos Núcleos de Estudos Afro-Brasileiros. Realizaram-se, ao fim, 36 estudos de caso em escolas públicas, das cinco regiões do país. Os resultados indicaram que a falta de levantamentos prévios sobre experiências e práticas em andamento representavam dificuldades para uma maior efetivação da Lei 10.639.

De maneira geral, o trabalho empírico com as 36 escolas indicou vários elementos para análise. A seguir, destacamos alguns desses elementos:

1. Alguns dos entrevistados afirmaram que a Lei 10.639 legitimou o trabalho que já vinham realizando, antes mesmo da promulgação da lei, muitas vezes, de forma isolada;

2. As escolas que adotavam processos democráticos de gestão tinham práticas de educação das relações étnico-raciais mais enraizadas e permanentes;

3. Notou-se, em diversas escolas, a coexistência de iniciativas em sintonia com o que preconiza a legislação, desenvolvidas por um grupo de professores, e de integrantes do corpo docente que desconheciam a lei, as diretrizes, ou que resistiam à sua implementação, tratando a lei e as diretrizes como imposição do Estado e caracterizando-as como a "lei dos negros";

4. As escolas em que o mito da democracia racial se apresentou de forma mais intensa revelaram um específico ideário sobre o tema da diversidade e trouxeram práticas baseadas em iniciativas individuais, ou seja, projetos com baixo envolvimento coletivo. Também se notou pouco investimento na formação continuada baseada na lei e suas diretrizes, o que explica os níveis mais fracos de enraizamento de práticas em consonância com a lei;

5. O baixo interesse pelas questões étnico-raciais observado em algumas escolas não estava associado somente às questões do racismo, da discriminação e do mito da democracia racial. Estava associado também à maneira como os educadores tratavam questões valorativas mais gerais, como concepções autoritárias de gestão, individualismo, ceticismo em relação ao trabalho docente etc.;

6. O conhecimento dos próprios docentes sobre as relações étnico-raciais é carregado de estereótipos e, por vezes, confuso. Usualmente, as datas comemorativas ainda são o recurso que os professores

utilizam para realizar os projetos interdisciplinares e os trabalhos grupais voltados para atender às determinações da Lei 10.639;

7. A ação indutora da Secretaria da Educação, associada à iniciativa da equipe de gestão escolar, no estímulo e na construção de processos de formação continuada, revelou-se um elemento essencial para a elaboração e adoção de práticas pedagógicas condizentes com a Lei 10.639.

A pesquisa mostrou que a implementação da Lei 10.639/2003 nos sistemas de ensino e nas escolas públicas participantes não tem ocorrido de maneira uniforme e que, embora tenha havido avanços, destacam-se as dificuldades advindas da falta de formação consistente para os profissionais da educação, das condições materiais precárias para a realização do trabalho e da ausência de divulgação dos materiais existentes. Outra constatação foi o *silenciamento* sobre o racismo — ainda operante — por parte de alguns atores escolares. Todavia, houve o registro de algumas escolas nas quais a gestão escolar demonstrou envolvimento e compromisso com o enfrentamento do preconceito e da discriminação racial, o que contribuiu decisivamente para a efetivação de ações equitativas.

2.5 Entre contradições, lutas e perspectivas: um balanço

Em diferentes períodos históricos demarcados por *enquadres*, a educação escolar assumiu um caráter contraditório. Assim, o discurso ideológico converte-se em unguento milagroso proposto pelos eugenistas para cauterizar a mácula que a mestiçagem significava para a construção de uma identidade nacional, em uma das vias para consolidar uma suposta "harmonia" social, na qual as diversidades cultural e racial conviveriam pacificamente nos trópicos. Tal discurso ideológico se consubstancia de diversas formas, das quais uma das mais perniciosas é o que chamamos de *silenciamento* dos professores, em face das manifestações de racismo na sala de aula.

Entretanto, é importante notar que a concepção da educação como campo privilegiado para desconstruir o discurso ideológico não passou despercebida pelos movimentos de resistência da população negra. O tema é um elemento comum em reivindicações sociais e populares. Conforme já afirmamos, nesse sentido, a Lei 10.639 foi uma conquista histórica, que pode de fato constituir-se na ruptura do *enquadre* vigente. As diversas ações governamentais e também as de organizações da sociedade civil contribuem para que essa lei não se torne "letra morta". Reafirmamos nossa convicção de que a escola tem um papel fundamental na eliminação do racismo e na emancipação dos grupos discriminados, ao proporcionar acesso ao conhecimento científico, a registros culturais diferenciados, à racionalidade que rege as relações sociais e raciais, a conhecimentos avançados, indispensáveis para consolidação das nações como espaços democráticos e igualitários. Nisso está a importância e a necessidade de repensarmos o nosso conhecimento sobre o povo negro e sobre a nossa cultura.

É fato, os desafios ainda são muitos. A desconstrução de um *constructo* ideológico secular, mantido, legitimado e, principalmente, renovado não é uma tarefa simples, mas, como dissemos, consiste em um trabalho que atravessará gerações. No entanto, não há que esmorecer, há que explorar as diferentes possibilidades combatê-lo por meio de ações educativas. Eis a razão pela qual elegemos a prática educativa como um elemento privilegiado para efetivar a transição da esfera macroinstitucional para o cotidiano escolar, no qual se permita que a dinâmica educativa entre o professor e os educandos produza efeitos sobre todos os envolvidos.

Nosso entendimento é de que a experiência pedagógica não deve se constituir em uma via de mão única, mas sim na experiência da reciprocidade. Justificamos nossa opção por meio da assunção de um postulado marxista fundamental, conforme o qual a construção histórica da consciência, ou seja, a visão de si e de mundo que cada homem tem, é elaborada por meio das circunstâncias concretas de sua vida cotidiana[194]. Logo, a produção de uma prática para explicar ou interpretar a cultura africana e afro-brasileira para seus estudantes também permitirá que os docentes questionem suas visões de mundo. Para compreendermos melhor essa realidade, vamos conhecer os relatos de professoras premiadas por práticas educacionais antirracistas.

---

[194] Ver mais em: MARX, K.; ENGELS, F. *A ideologia alemã*: teses sobre Feuerbach. São Paulo: Centauro, 2006.

PRÁTICAS ANTIRRACISTAS NA EDUCAÇÃO: O PAPEL DO TERCEIRO SETOR

Se o preto de alma branca pra você
É o exemplo da dignidade
Não nos ajuda, só nos faz sofrer
Nem resgata nossa identidade
[...]
Quem cede a vez não quer vitória
Somos herança da memória
Temos a cor da noite
Filhos de todo açoite
Fato real de nossa história.

(Jorge Aragão)

O Brasil é marcado por uma ambiguidade nas relações raciais no Brasil, resultado de um conflito entre a negação da existência do racismo, construída pelo mito da democracia racial, e as evidências, cada vez mais divulgadas, das desigualdades raciais em setores políticos, econômicos, sociais, culturais e educativos. Em 2019, por exemplo, o Instituto Brasileiro de Geografia e Estatística publicou o informativo "Desigualdades sociais por cor ou raça no Brasil". No material, há dados, em sua maioria retirados da Pnad Contínua, sobre disparidades raciais no mercado de trabalho, distribuição de renda, condições de moradia, violência, representação política, conectividade e educação. Em todos os setores analisados, pretos(as) estão em condições desfavoráveis em comparação com brancos(as)[195].

---

[195] Ver mais em: INSTITUTO BRASILEIRO DE GEOGRAFIA E ESTATÍSTICA (IBGE). Desigualdades sociais por cor ou raça no Brasil. *Estudos e Pesquisas*: Informação Demográfica e Socioeconômica, Rio de Janeiro, n. 41, 2019.

A promulgação da Lei 10.639/2003 reconhece oficialmente a necessidade do enfrentamento do racismo, assim como ressalta a escola como lugar de formação de cidadãos e, por isso, lugar de valorização das múltiplas matrizes culturais que constituíram o Brasil, na medida em que institui a obrigatoriedade do ensino da História e da Cultura da África e dos Afro--Brasileiros. Diante desse cenário, o que professores têm feito perante as manifestações racistas em sala de aula? O que podemos aprender com essas experiências?

No processo de conhecer e nos apropriarmos da literatura existente sobre a questão racial no contexto escolar, contatamos o Centro de Estudos das Relações de Trabalho e Desigualdades. Tomamos conhecimento dessa organização por meio de um encarte sobre o Prêmio Educar para a Igualdade Racial, primeira edição. Ao manusear o catálogo da primeira edição do prêmio, ocorrida em 2002, tivemos a impressão de que havíamos encontrado material estratégico para discutirmos as questões de nosso trabalho. Para responder em alguma medida a essas questões, analisamos os relatos das professoras que desenvolveram as práticas pedagógicas vencedoras da quarta edição.

Adicionalmente, considerando que a escola é um campo de tensão no qual as relações raciais se fazem presentes de diferentes maneiras[196], interessava-nos compreender a interpretação que os professores davam à Lei 10.639/2003, e como percebiam a sua obrigatoriedade. Ou seja, teria sido a lei um dispositivo gerador de ações de enfrentamento do racismo no contexto escolar? Além disso, é importante relembrarmos que a promulgação da legislação é um desdobramento fundamental do quarto *enquadre* denominado "Constituição de 1988, o negro como sujeito de direito". Chamou-nos atenção o fato de conhecermos experiências de enfrentamento sobre o racismo no contexto escolar, em uma sociedade como a brasileira, na qual o mito da democracia racial é fortemente disseminado. Diante dessas práticas, percebemos que elas poderiam indicar caminhos fecundos para se compreender e agir no sentido de enfrentar esse grave problema brasileiro, bem como elucidar a relação complexa e as dificuldades decorrentes do embate entre a intenção e a realização, entre o projeto e sua concretização, enfim, entre a vontade de mudança e a força inercial do preconceito internalizado.

O contato com excepcionais experiências de enfrentamento do problema, por meio de entrevistas com as professoras, possibilitou um conhecimento de suas contribuições na luta contra o preconceito e a discriminação

---

[196] CAVALLEIRO, 1998; FAZZI, 2006; SILVA, 2009.

racial, bem como uma visão aprofundada das dificuldades com as quais lidaram, das barreiras internas e externas que tiveram que sobrepujar nos planos material, institucional e subjetivo. O catálogo apresentava as ações pedagógicas de enfrentamento do racismo e da discriminação racial na escola, premiadas pela organização. Após os contatos iniciais, a organização mostrou-se receptiva, e, depois de algumas reuniões presenciais com a equipe gestora da organização, houve a autorização para desenvolver a pesquisa.

No decorrer dos levantamentos iniciais junto à instituição, soubemos que, em 2008, havia ocorrido a quarta edição do prêmio e que o seu catálogo estava no prelo. No fim do segundo semestre de 2010, com a publicação do catálogo da quarta edição, obtive os contatos das escolas premiadas. Objetivando responder a nossas questões, buscamos compreender como as práticas pedagógicas de enfrentamento do preconceito e da discriminação racial foram desenvolvidas, e quais eram os elementos presentes nesse processo, além de investigar o que havia de diferente na prática dessas professoras que as levou a se destacarem. Supúnhamos que suas experiências permitiriam uma reflexão sobre os impasses e as estratégias adotadas nas práticas pedagógicas para o enfrentamento do racismo.

As entrevistas semiestruturadas (feitas com um roteiro preestabelecido, mas passível de alterações ao longo das conversas), guiadas pela escolha da história oral como coleta de dados, marcaram um encontro de subjetividades, de representação de códigos socioculturais quase sempre diferenciados, constituindo-se em um processo simultaneamente enriquecedor, problemático e conflituoso[197].

As professoras pesquisadas, ao compartilhar conosco suas experiências, acabam por nos ensinar alguma coisa sobre nós mesmos e sobre a nossa sociedade, como também observou o antropólogo Gilberto Velho:

> Eu, o pesquisador, ao realizar entrevistas e recolher histórias de vida, estou aumentando diretamente o meu conhecimento sobre a minha sociedade e o meio social em que estou inserido, ou seja, claramente envolvido em um processo de autoconhecimento.[198]

Esses foram momentos significativos, permeados pela emoção. Elas revelavam assuntos íntimos e, ao mesmo tempo, densos. Isso chamou nossa atenção, haja vista que em nossa sociedade há um tabu em falar das relações

---

[197] MINAYO, C. S. *O desafio do conhecimento*: pesquisa qualitativa em saúde. São Paulo; Rio de Janeiro: Hucitec, 1993.

[198] VELHO, G. *Subjetividade e sociedade*: uma experiência de geração. Rio de Janeiro: Jorge Zahar Editores, 1989.

raciais. Entrevistamos quatro professoras ganhadoras do 4º Prêmio Educar para a Igualdade Racial, das quais duas se autoidentificaram como negras e duas como brancas. As entrevistas foram realizadas de acordo com os locais e horários definidos pelas professoras; duas nas suas respectivas escolas, uma na casa da entrevistada e outra em uma universidade. O tempo de duração dos encontros variou entre uma e duas horas.

Além das entrevistas com as professoras, foram realizadas outras duas: uma com a coordenadora do Ceert, e outra com o responsável pela quarta edição do prêmio, com o objetivo de levantar informações sobre o Ceert e o prêmio. Para preservar a identidade dos participantes da pesquisa, indicamos os nomes das escolas premiadas e utilizamos nomes fictícios para as professoras entrevistadas. As entrevistas foram gravadas e transcritas e, após sua leitura, levantadas as categorias de análise. Tal opção foi feita por entendermos que os *enquadres* ajudam a compreender o impacto do processo social no psiquismo. Nos relatos das entrevistadas, conseguimos perceber a força e os efeitos dos marcadores históricos sociais — *enquadres* — na constituição destes sujeitos.

Para a realização das entrevistas e o levantamento das categorias de análise, foi realizada uma análise fenomenológica, sob a premissa de que os fatos sociais são socialmente construídos e são significados com base no ser humano. As análises das entrevistas foram realizadas com o apoio de conceitos como enquadre, subjetividade, ideologia, racismo, mito da democracia racial, entre outras contribuições presentes nos capítulos anteriores.

As entrevistas foram realizadas sob três eixos — professor, escola, prêmio —, os quais nos permitiram a construção de algumas categorias analíticas. Contudo, a fim de contribuir para a compreensão do perfil das entrevistadas, também elaboramos uma análise preliminar, contendo alguns elementos da trajetória de vida que julgamos pertinentes para efetuarmos as análises categoriais que empreenderíamos posteriormente. Ao analisarmos o conteúdo dos relatos, constatamos a recorrência de temas centrais, os quais então originaram as categorias de análise: *O racismo pela ótica das entrevistadas*; *Experiências com o racismo na escola*; *Práticas de enfrentamento do racismo*; e *Percepção sobre a Lei 10.639/2003*.

Nossa pesquisa permitiu constatar que as experiências traumáticas com o preconceito e a discriminação racial pelas quais passaram algumas das professoras que entrevistamos não foram suficientes para silenciá-las. As narrativas das experiências, no sentido de ocorrências da vida que deixam marcas, aconteceram na vida pessoal e profissional das entrevistadas. No entanto, essas marcas constituíram-se em fatores que as impulsionaram a realizar práticas de enfrentamento do racismo com os educandos. Tais marcas deixadas pelas experiências racistas vividas foram reelaboradas por meio de uma leitura crítica desse fenômeno, permitindo que elas pudessem elaborar o conflito e transformá-lo em práticas pedagógicas singulares, que contribuem para o enfrentamento do racismo em dupla conjunção, consigo mesma e com o outro. Nesse horizonte, a possibilidade de realizar intervenções para combater o preconceito e a discriminação racial estimulou os indivíduos envolvidos a construir um sentido para as experiências com o racismo.

Os depoimentos de nossas entrevistadas mostram a riqueza de suas experiências no cotidiano do fazer pedagógico. Essas professoras conseguem verbalizar suas dores e experiências vividas com o racismo e transformá-las em ações pedagógicas antirracistas, atribuindo-lhes novo sentido. Percebemos que, dessa forma, as histórias pessoais permeavam as suas práticas pedagógicas, sugerindo uma conexão entre subjetividade e enfrentamento do racismo. A categoria *O racismo pela ótica das entrevistadas* foi construída para dar conta, principalmente, de identificar a influência dos elementos biográficos na compreensão que elas expressaram acerca do racismo.

As categorias *Experiências com o racismo na escola* e *Práticas de enfrentamento do racismo* foram construídas conforme o entendimento de que a escola é um espaço fundamental na socialização das crianças e na formação da identidade e tem um papel significativo na desconstrução dos estereótipos e do preconceito. Já a última categoria, *Percepção sobre a Lei 10.639/2003*, foi pensada para entender a importância do dispositivo legal que institui a obrigatoriedade do ensino da História da África e Cultura Afro-Brasileira no currículo escolar brasileiro. Procuramos observar a sua repercussão no cotidiano das professoras entrevistadas. Interessava-nos saber o grau de conhecimento das docentes sobre lei e em que medida a legislação repercutiu e influenciou suas respectivas ações pedagógicas. Se as experiências dos professores premiados revelam a complexidade da superação do racismo presente na nossa sociedade, também indicam a possibilidade do seu enfrentamento no cotidiano escolar.

Antes de apresentar as percepções e análises das entrevistadas, falaremos sobre a Organização Não Governamental (ONG) responsável por criar a premiação: o Centro de Estudos das Relações de Trabalho e Desigualdades e o histórico da iniciativa.

3.1 ONG Ceert: ações antirracistas no terceiro setor

O termo "ONG" tem sido comumente utilizado para designar as organizações privadas, não governamentais, sem fins lucrativos. Essa definição foi utilizada pela primeira vez pela ONU em 1950. No Brasil, a data do surgimento das primeiras organizações não governamentais é controversa. Para alguns pesquisadores, as primeiras ONGs brasileiras datam das décadas de 1960 e 1970. Elas atuavam então apoiando e assessorando os movimentos sociais que lutavam por melhores condições de vida e pela democratização do Estado. Segundo Leilah Landim[199] e Paulo Cesar Pontes Fraga[200], muitas dessas organizações nasceram próximas aos centros de educação e tinham ligação estreita com a estrutura da Igreja Católica, em seus setores mais progressistas, como as Comunidades Eclesiais de Base (CEBs), também integradas por militantes de organizações de esquerda. Tinham por característica a informalidade, a semiclandestinidade, não geravam recursos próprios, não recebiam financiamento do Estado e, muitas vezes, recebiam algum financiamento internacional.

Com a promulgação da Constituição brasileira de 1988, foram instituídos mecanismos de participação popular que viabilizavam o acompanhamento da gestão pública, o que, por sua vez, alargou as possibilidades de atuação dos movimentos populares e das ONGs. Nesse sentido, na década de 1990, foi criada uma relação com o Estado, dessa vez pautada na parceria e na cooperação, mudando significativamente o funcionamento dos movimentos populares e das ONGs. É nesse período também que há uma grande expansão na criação de ONGs com diversas finalidades. As entidades antigas começam a se profissionalizar, e as novas já nascem profissionalizadas. As relações com os movimentos sociais tornam-se algumas vezes conflituosas[201]. Se, por um lado, os movimentos sociais reconhecem a importância dos trabalhos realizados pelas ONGs; por outro lado, não as reconhecem como suas representantes[202].

No caso específico da questão racial, podemos observar a atuação significativa de ONGs, muitas delas constituídas por militantes do Movimento

---

[199] LANDIM, L. *A invenção das ONGs*: do serviço invisível à profissão impossível. 1993. Tese (Doutorado em Antropologia Social) — Museu Nacional, UFRJ, Rio de Janeiro, 1993.

[200] FRAGA, P. C. P. As ONGs e o espaço público no Brasil. *Tempo Presença*, Rio de Janeiro, p. 26-33, 2002.

[201] *Ibidem*.

[202] Ver mais em: CALADO, Maria da Glória. *Escola e enfrentamento do racismo*: as experiências das professoras ganhadoras do Prêmio Educar para a Igualdade Racial. 2013. Tese (Doutorado em Educação) – Universidade de São Paulo, São Paulo, 2013.

Negro, na elaboração de propostas em prol da igualdade racial nas áreas da educação, saúde, cultura, gênero e trabalho. Nesse aspecto, compreendemos o Centro de Estudos das Relações de Trabalho e Desigualdades como uma das organizações que cumprem um papel relevante.

O Ceert é uma organização não governamental que trabalha no campo das relações raciais e de gênero, implementando programas de promoção da igualdade étnica e racial. O espaço foi fundado em 1990, por Maria Aparecida Silva Bento[203] e Hédio Silva Junior[204], com a finalidade de se ocupar com o tema da desigualdade racial no mercado de trabalho, com base em pesquisas sobre a situação do trabalhador negro. A ONG desenvolveu importante material sobre essa temática, por meio de suas contribuições junto ao movimento sindical, empresas e poder público. O surgimento dessa ONG está vinculado à participação de seus fundadores no movimento sindical na década de 80, ocasião em que havia um grande debate sobre a inserção do negro no mercado de trabalho e sobre a criação de políticas de promoção da igualdade racial no trabalho. Vale ressaltar que, nesse período, o Brasil apresentou um cenário de alto índice de desemprego e de inflação elevada, acarretando, na década seguinte, a chamada precarização do trabalho[205].

A criação da organização também tem relação direta com o contexto internacional: na década de 1980, ocorreu a Segunda Conferência Mundial de Combate ao Racismo e a Discriminação Racial, realizada em 1983, na cidade de Genebra, Suíça. Esse evento, de caráter mundial, destacou as ações de combate ao racismo e à discriminação racial desenvolvidas entre 1973 e 1982. Nessa ocasião, foram formuladas novas medidas a serem desenvolvidas na década seguinte. O evento impulsionou, no Brasil, a criação de comissões de combate ao racismo no âmbito dos sindicatos e das centrais sindicais. Tratava-se de um momento histórico, propício para o avanço das conquis-

---

[203] Maria Aparecida Silva Bento é diretora executiva do Ceert, doutora em Psicologia pelo Instituto de Psicologia da USP; pesquisadora associada do Instituto de Psicologia da USP; ex-conselheira titular do Conselho Nacional de Segurança Alimentar (Consea); membro da Comissão de Direitos Humanos do Conselho Federal de Psicologia.

[204] Hédio Silva Júnior é diretor executivo e advogado do Ceert, Centro de Estudos das Relações de Trabalho e Desigualdades; ex-secretário da Justiça do Estado de São Paulo (governo Alckmin); doutor em Direito do Estado (Direito Constitucional) e mestre em Direito das Relações Sociais (Direito Processual Penal) pela Pontifícia Universidade Católica de São Paulo (PUC-SP); ex-presidente da Comissão de Direitos Humanos do Conselho Seccional da Ordem dos Advogados do Brasil de São Paulo, em 2004-2005.

[205] ANTUNES, R. Mesa redonda – mercado informal, empregabilidade e cooperativismo: as transformações no mundo contemporâneo. *Cadernos de Psicologia Social do Trabalho*, v. 2, n. 1, p. 55-72, 1999; MATTOSO, J. *O Brasil desempregado*: como foram destruídos mais de 3 milhões de empregados nos anos 90. 2. reimp. [S. l.]: Editora Fundação Perseu Abramo, 2000; POCHANN, M. *O trabalho sob fogo cruzado*: exclusão, desemprego e precarização no final do século. 3. ed. São Paulo: Contexto, 2002.

tas em prol da igualdade racial, resultante da retomada da democracia e da reorganização da sociedade brasileira. Após o reconhecimento formal da discriminação racial no mercado de trabalho, criou-se o Instituto Sindical Interamericano para a Igualdade Racial (Inspir), em 1995. Atualmente, esse instituto realiza a investigação de dados estatísticos relacionados ao tema da desigualdade racial no mercado de trabalho e da participação da população negra na sociedade brasileira.

Ao longo de sua trajetória, o Ceert participou de projetos nas áreas de relações de trabalho, saúde e educação por meio da realização de consultorias, desenvolvimento de metodologia de construção participativa e comparti-lhada, realização de oficinas sobre racismo com educadores e educandos da rede pública de ensino do Estado de São Paulo. Dentre as iniciativas, pode-se destacar o projeto que introduziu o quesito cor/raça no Sistema de Informação na Secretaria Municipal de Saúde de São Paulo na gestão Luiza Erundina, o projeto de implantação do quesito cor nos serviços da Divisão de Prevenção do Programa Estadual DST/Aids[206] de São Paulo e a parceria com a prefeitura de Belo Horizonte para a realização de um projeto de enfrentamento à discriminação racial no trabalho.

Entre as ações desenvolvidas pelo Ceert, as na área da educação ganha-vam força, associando ações de combate ao racismo com programas de pesquisa e de promoção de igualdade racial. No catálogo do 4º Prêmio Educar para a Igualdade Racial, o Ceert assim define o seu programa de educação:

> 1. Assessoria a órgãos públicos e secretarias de educação, para o treinamento de educadores, visando tratar o tema da diversidade humana em sala de aula;
>
> 2. Produção de pesquisas sobre diversidade racial nos conteúdos curriculares, nas relações escolares e na gestão da educação;
>
> 3. Produção de materiais didáticos e paradidáticos sobre diversidade humana e igualdade racial;
>
> 4. Gestão do Prêmio Educar para a Igualdade Racial.[207]

---

[206] Doenças Sexualmente Transmissíveis/Síndrome da Imunodeficiência Adquirida (*Acquired Immunodeficiency Syndrome*, em inglês).

[207] CENTRO DE ESTUDOS DAS RELAÇÕES DE TRABALHO E DESIGUALDADES (CEERT). *4º Prêmio Educar para a Igualdade Racial*: experiências de promoção da igualdade racial-étnica no ambiente escolar. Edição 2007-2008. São Paulo: Ceert, 2010.

A atuação do Ceert na educação busca contribuir para a redução das taxas de evasão escolar de crianças e adolescentes negros, como também incentivar a adoção de políticas educacionais comprometidas com a valorização da diversidade humana e promoção da igualdade étnico-racial. Dentro das atividades desenvolvidas na área da educação, a ONG tem como prioridade os processos de formação de educadores para a rede pública de ensino, com base no desenvolvimento de conteúdos, metodologias e programas para formação dos agentes escolares dentro da temática étnico-racial no ambiente escolar.

Em 1997, o Ceert participou do seminário Superando o Racismo: Brasil, África do Sul e os Estados Unidos do século XXI, na Southern Education Foundation (SEF), uma instituição filantrópica que atua nos estados do Sul dos Estados Unidos, nos quais há maior concentração da população negra, visando ao combate à pobreza e à desigualdade, por meio da educação.

Em 1998, o Ceert desenvolveu o Projeto Interação Racial no Meio Escolar, em parceria com a gestão pública do município de São Paulo, sobre as relações raciais na escola. Participaram desse projeto todas as delegacias de ensino, os coordenadores pedagógicos e supervisores de ensino. A metodologia foi a de oficinas de formação na temática étnico-racial direcionadas para diretores, vice-diretores e coordenadores pedagógicos e, posteriormente, para professores, capacitando-os a trabalhar a questão racial em sala de aula. A iniciativa pretendia alcançar o projeto político-pedagógico das escolas e promover a integração de professores e equipe gestora.

Em 2002, o Ceert desenvolveu um novo projeto, intitulado Educar para a Igualdade Racial, realizado em parceria com a Secretaria da Educação de Campinas, para o tratamento da temática racial/étnica. O projeto auxiliou na formação de 50 educadores, diretores e coordenadores pedagógicos, atuantes na educação infantil, ensino fundamental e médio. Idealizado em 2001, por iniciativa dos profissionais do Ceert, em parceria com o Banco Real, atualmente Grupo Santander Brasil, ao longo de suas edições, o prêmio passou por modificações estruturais significativas, acompanhando as mudanças da sociedade, levando em conta, por exemplo, a alteração da LDB pela Lei 10.639/2003, que inclui a obrigatoriedade do ensino da história e cultura da África e dos afro-brasileiros no currículo escolar. A partir da sétima edição, o prêmio passou a incluir a perspectiva de gênero no título, ao ser denominado como Prêmio Educar para a Igualdade Racial e de Gênero. Trata-se de uma modificação que reflete a crescente preocupação dos estudos acadêmicos e de iniciativas que buscam enfrentar as opressões interseccionadas de gênero, raça e etnia, tão comuns e sobrepostas no cotidiano, e que pode ser ilustrada pelo fato de que mulheres negras e periféricas tendem a sofrer com mais preconceitos e discriminações em comparação com mulheres brancas e ricos, por exemplo.

Com esse trabalho, surge também o Prêmio Valorização Estudantil da Igualdade Racial, envolvendo aproximadamente mil alunos da rede municipal de ensino de Campinas. Ademais, a Secretaria de Educação homologou um grupo de trabalho para a implementação de políticas educacionais de promoção de igualdade racial, aprovando a função de "educador étnico", selecionado entre os participantes da oficina Memória e Identidade: Promoção da Igualdade na Diversidade, anteriormente oferecida pelo Ceert.

Em 2004, foram realizados os seminários regionais Educar para a Igualdade Racial: Promovendo e Monitorando a Igualdade Racial no Ambiente Escolar, com o apoio do Projeto Paz nas Escolas, da Secretaria de Direitos Humanos e da United Nations Children's Fund (Unicef). A meta era o monitoramento das 180 práticas pedagógicas inscritas e não premiadas na primeira edição do Prêmio Educar para a Igualdade Racial. Ao todo, participaram aproximadamente 1.050 profissionais da área da educação, em conjunto com representantes dos movimentos negro e indígena. Houve ainda a participação de 26 monitores, que debateram questões referentes às políticas públicas em suas regiões, assim como o programa de formação em relações raciais no ambiente escolar, Lei 10.639/2003, o currículo escolar, entre outros temas. Nesse mesmo ano, a Prefeitura de São Paulo contratou o Ceert para o desenvolvimento do projeto Construindo uma Prática de Promoção de Igualdade Racial a partir da Bibliografia Afro-Brasileira da SME/SP. Neste período, foram realizadas 98 oficinas, envolvendo 1.600 professores, cujo resultado foi o comprometimento desses agentes escolares na valorização da diversidade em sala de aula[208].

Em 2006, a Prefeitura de São Paulo desenvolveu o programa de educação Trilhas Negras e Indígenas da Secretaria Municipal de Educação de São Paulo, cujo objetivo era obter informações das escolas da rede — Centros de Educação Infantil (CEIs), Escolas Municipais de Ensino Fundamental (Emefs), Educação de Jovens e Adultos (EJA) e Centro de Educação e Cultura Indígena (Ceci) — sobre os fatores que impulsionam ou dificultam a

---

[208] Em 1996, foi aprovada a Lei Municipal 11.973, de 4 de janeiro, que dispõe sobre a introdução nos currículos das escolas municipais de primeiro e segundo graus dos "estudos contra a discriminação".

implementação das Diretrizes Curriculares Nacionais para a Educação das Relações Étnico-Raciais e para o Ensino de História e Cultura Afro-Brasileira e Africana. O programa pretendia, ainda, analisar os dados obtidos e organizar publicações, com o fito de estimular medidas para a melhoria na área educacional.

Entre 2005 e 2006, o Ceert com o Centro de Estudos Afro-Orientais (Ceao) e a ONG Ação Educativa realizaram parceria com o Movimento Interfóruns de Educação Infantil do Brasil (MIEIB) e o Núcleo de Relações Étnico-Raciais e de Gênero de Belo Horizonte, para desenvolverem consultas às escolas públicas das cidades de São Paulo, Salvador e Belo Horizonte, com o objetivo de levantar as possibilidades e os desafios para a implementação da Lei 10.639/2003[209]. Foram pesquisadas 15 escolas de educação infantil, Ensino Fundamental I e II da rede municipal de ensino.

A partir de 2007, o Ceert passou a realizar o Programa de Promoção da Igualdade Racial: Comunidade Virtual de Aprendizagem, em parceria com o Instituto Escola Brasil e o Banco Santander. O programa consiste em proporcionar a formação dos professores sobre os conteúdos da história e cultura africana e afro-brasileira, segundo a LDB alterada pela Lei 10.639/2003. Em 2008, essa parceria ampliou-se, com a participação do Ceert no Programa Escola Brasil. O objetivo deste programa é a formação continuada de professores e coordenadores pedagógicos das escolas parceiras, para tratar do tema diversidade.

Em consonância com as ações desenvolvidas no âmbito educacional em prol da igualdade racial, o Ceert criou o Acervo de Práticas Pedagógicas Educar para Igualdade Étnico-Racial, que, após quatro edições do Prêmio Educar para a Igualdade Racial, constitui-se em repertório significativo de práticas pedagógicas orientadas para a educação das relações étnico-raciais. Foram cadastradas mais de 2 mil práticas pedagógicas, elaboradas por educadores de todo país. As práticas pedagógicas são disponibilizadas por meio da internet e foram organizadas de forma que cada experiência ganhou um registro disposto em uma estrutura regular, permitindo cruzar informações sobre prática pedagógica, perfil do educador e localização geográfica da escola. Com o banco de dados, é possível saber rapidamente o número de

---

[209] Esse trabalho foi realizado com alunos do último ano da educação infantil, da quarta e da oitava série (quinto e nono ano), assim como com professores, coordenadores pedagógicos, diretores, funcionários, pais ou responsáveis. Os resultados do trabalho podem ser consultados no livro *Igualdade das relações étnico-raciais na escola: possibilidades e desafios para a implementação da Lei 10639/03* (São Paulo: Fundação Peirópolis, 2007).

educadoras e educadores inscritos, a modalidade escolar de maior e menor participação, quais as estratégias didáticas mais utilizadas etc.

Já a Rede Educar para Igualdade Étnico-Racial é um espaço virtual consagrado à disponibilização, aprofundamento e difusão da produção didática e acadêmica sobre educação para as relações étnico-raciais. Esse recurso foi elaborado em resposta à demanda de educadores de diferentes lugares do Brasil atuantes na temática da educação para as relações étnico-raciais e participantes de alguma das edições do Prêmio Educar para a Igualdade Étnico Racial, facilitando a aproximação e a troca de experiências entre os participantes, apesar da enorme distância geográfica que os separa. Os objetivos da rede consistem em propiciar intercâmbio de práticas, estabelecer canal de comunicação e informação entre os participantes, disponibilizar ferramentas para elaboração de material pedagógico, planos de aula e projetos pedagógicos, construir e fortalecer os laços já existentes. O Ceert também vem, ao longo dos seus 33 anos, organizando e produzindo materiais didáticos e paradidáticos com vistas à promoção da diversidade étnico-racial[210].

3.2 Prêmio Educar para a Igualdade Racial: o papel do Ceert na educação antirracista

Atualmente integrante do Programa de Educação do Ceert, o Prêmio Educar para a Igualdade Racial e de Gênero teve como objetivo inicial identificar, difundir, reconhecer e apoiar práticas pedagógicas e de gestão escolar vinculadas à temática étnico-racial. Trata-se de um espaço fundamental de compartilhamento de experiências entre os profissionais da educação, que têm a oportunidade de expor seus trabalhos, metodologias e resultados das práticas escolares desenvolvidas para um público amplo de educadores e especialistas da área.

O intuito era de garantir uma educação de qualidade acompanhada da valorização da diversidade étnico-racial brasileira, bem como de um efetivo combate ao racismo. A premiação foi reconhecida pelo Ministério da Educação e Cultura como uma importante ação realizada pela sociedade civil para promoção da igualdade étnico-racial na educação, bem como

---

[210] Dentre esses materiais, destacamos: *Núbia rumo ao Egito* (2009); *Cidadania em preto e branco* (2002); *Discriminação racial nas escolas: entre a lei e as práticas sociais* (2002); *Antirracismo: coletânea de leis brasileiras (federais, estaduais, municipais)* (1998); *Ação afirmativa e diversidade no trabalho: desafios e possibilidades* (2000); *Inclusão no trabalho: desafios e perspectivas* (2001); *Vista minha pele* (2003); *Trilhas negras e indígenas* (2008); *Revista Educação Infantil e Práticas Promotoras de Igualdade Racial* (2012). Disponível no site: www.ceert.org.br. Acesso em: 14 nov. 2023.

uma das principais ações — incluindo as realizadas pelo governo — de implementação da Lei 10.639/2003. Aliás, é preciso observar que a criação do prêmio antecede à Lei 10.639, mostrando que a preocupação com as demandas apresentadas pela lei já estava sendo observada pelo Ceert. Essa preocupação será mais bem compreendida, se considerarmos que o Ceert foi organizado por pessoas da militância negra, as quais, certamente, conheciam as demandas desses grupos étnico-racial no campo da educação.

Com a criação dos Parâmetros Curriculares Nacionais, a questão racial, ao ser incluída como tema a ser trabalhado na sala de aula, ganhou algum destaque no âmbito escolar. As orientações do tema transversal Pluralidade Cultural dos Parâmetros Curriculares Nacionais determinam a utilização de conteúdos que incluam as contribuições das diferentes culturas. Trata-se de conteúdos que visam possibilitar o enriquecimento da visão de mundo e do espírito crítico dos alunos. Os PCNs orientam as escolas a organizarem projetos didáticos nos quais a ausência, nos materiais escolares, da imagem de determinados grupos sociais como cidadãos seja problematizada, com o intuito de promover a não reprodução dos estereótipos e das discriminações na prática pedagógica. Porém, nos PCNs, a temática da pluralidade cultural é apenas sugerida, não é, portanto, posta como uma obrigatoriedade a ser atendida pelos projetos político-pedagógicos, tampouco encontramos nos PCNs sugestões para a implementação da temática da educação das relações raciais. Desse modo, iniciativas como o Prêmio Educar para a Igualdade Racial e de Gênero tornam-se relevantes para que práticas detalhadas sejam divulgadas entre escolas de diferentes regiões do país.

Em 21 anos e oito edições, houve a construção de um acervo com abrangência nacional com mais de 3 mil práticas escolares e de gestão escolar que visaram à promoção da equidade étnico-racial, com práticas pedagógicas que tematizam a África, os africanos e os afrodescendentes, mas também povos e nações indígenas, ciganos, japoneses, população quilombola e população migrante. Além disso, a cada edição, buscou-se aperfeiçoar aspectos inclusivos. Três exemplos que chamam atenção foram: a inclusão da gestão escolar nas categorias em 2006, a relevante adição da perspectiva de "gênero" no título do prêmio e a inserção da modalidade Educação Escolar Quilombola como categoria desde 2015. Em 2022, por sua vez, a marca do prêmio foi sistematizada por meio da expressão: "Prêmio Educar 2022 20 anos – Educar com Equidade Racial e de Gênero". É possível observar que a palavra "equidade" substituiu "igualdade", uma vez que o conceito do adjetivo "equitativo" é mais pertinente para a superação das desigualdades raciais no Brasil, por trazer à tona o senso de justiça, admitir ações diferenciadas para se alcançar igualdade de condições entre indivíduos e, desse modo, ponderar adequadamente as diferenças como um parâmetro para oferecer oportunidades. Além das práticas premiadas, há também a organização de *cases* que são monitorados pelo Ceert ao longo do ano letivo. Nesses casos, a ONG realiza diagnósticos e busca traçar passos para a institucionalização das práticas de equidade no ambiente escolar no qual elas foram iniciadas.

Sobre a concepção do prêmio, a coordenadora do Ceert, Shirley dos Santos[211], afirma que o prêmio nasce de um sonho antigo da Dr.ª Maria Aparecida Bento, que, embora tenha iniciado seu percurso profissional na área empresarial, entendia a educação como um fator fundamental na conquista de bens materiais e simbólicos para o povo negro. Além disso, Maria Aparecida vem atuando, ao longo dos anos, na educação das relações raciais, em ambientes corporativos, na área da saúde, nas escolas e também nos movimentos sociais.

Consideramos que, da experiência daqueles que sofrem o preconceito e a discriminação racial e que se apropriam dessa experiência marcante e dolorosa de forma distanciada e crítica, pode surgir a possibilidade de compreender a complexidade do racismo e de encontrar meios para transformar tais experiência em ações modificadoras da realidade racial vigente. A criação da premiação pode ser entendida como uma dessas ações modificadoras.

Segundo Shirley, o Prêmio Educar para Igualdade Racial partiu do desejo de sua idealizadora de mapear e impulsionar ações de educadores(as) que realizavam práticas pedagógicas para uma educação antirracista, buscando, assim, a superação do racismo, por meio da valorização da diversidade e da promoção da equidade étnico-racial.

O prêmio tem contribuído para o reconhecimento e o incentivo ao trabalho do professor em prol da igualdade racial, sua valorização enquanto agente transformador e influindo na motivação para dar continuidade ao seu trabalho. Vejamos as considerações da coordenadora do Ceert:

> O professor que se encontra dentro da estrutura escolar que conhecemos, tem que trabalhar diferentes temáticas dentro da sala de aula; porém, o professor que é sensível à questão racial é valente e precisa ser valorizado.[212]

---

[211] Em entrevista concedida à pesquisadora em 10 de novembro de 2012.

[212] Entrevista concedida por Shirley dos Santos à autora em 10 de novembro de 2012.

Ou seja, a prática de premiação tem como um dos objetivos a valorização do professor que desenvolve uma educação antirracista. A coordenadora esclarece a lógica de premiação:

> [...] se é para ser valorizado, que seja então premiado. Vai receber um dinheiro para incentivá-lo ainda mais a continuar o seu trabalho e ele vai ter seu trabalho publicado [...] se tornando uma referência para outros professores [...]. E esse professor que trabalha a temática racial que não é fácil, não é fácil para ele também, porque às vezes ele tem que se descobrir nesse caminho, ser negro. Enfim, uma série de situações que ele enfrenta internamente e externamente, mas ele supera e faz um bom trabalho, e traz outras pessoas junto com ele, impactando positivamente os alunos. Então, eles são muito agradecidos pelo Prêmio, eles entendem que isso não existe em outro lugar.[213]

Sensível à necessidade de fortalecer a identidade negra, o Ceert optou por desenvolver um prêmio que, ao mesmo tempo, afirma a identidade do(a) negro(a) e contribui para a construção de uma educação que valorize a diversidade e a promoção da equidade étnico-racial. Desse processo, surgiram eventos e produtos sistematizados pelo Ceert a seguir:

> Do acúmulo proveniente das sete edições do Projeto Educar para a Igualdade Racial, alguns produtos e eventos surgiram como resultados:
>
> - 9 publicações ilustradas (catálogos, livros, revistas), que atingiram aproximadamente 52.000 educadores/as de todo o país.
>
> - 20 seminários regionais, realizados com professores e gestores, envolvendo diretamente 7.500 educadores, bem como acadêmicos e integrantes de movimento sociais;
>
> - 12 vídeos de 15 minutos cada, com experiências de todas as regiões do país, no bloco Professor Nota 10, do projeto A cor da Cultura, do Canal Futura;
>
> - 2 séries do programa televisivo Salto para o Futuro, da TVE do Rio de Janeiro;
>
> - 40.000 reproduções de DVD ́s, referentes à educação, com os seguintes temas: Experiências de Aprendizagem; Gestão e Famílias; Organização dos Espaços e Materiais; O Professor em Ação;

---

[213] Entrevista concedida por Shirley dos Santos à autora em 10 de novembro de 2012.

- 4 programas televisivos no Canal Futura [...].[214]

Entre 2002 e 2016, o Ceert premiou 200 experiências de ensino e gestão escolar nas regiões Norte, Nordeste, Centro-Oeste, Sul e Sudeste do Brasil[215]. No acervo, as iniciativas são divididas em duas categorias: escola; e professor. Já as modalidades disponíveis são: Educação Infantil; Educação Infantil e Ensino Fundamental; Ensino Fundamental; Ensino Fundamental I; Ensino Fundamental II; Ensino Fundamental e Ensino Médio; e Ensino Médio. Neste livro, traremos à tona detalhes sobre a quarta edição da premiação, a qual foi objeto do estudo realizado entre 2009 e 2013.

3.2.1 Prêmio Educar para a Igualdade Racial: quarta edição

A quarta edição do Prêmio Educar para a Igualdade Racial: Experiências de Promoção da Igualdade Étnico-Racial em Ambiente Escolar, realizada em 2008, foi marcada por mudanças significativas, no que diz respeito à sua abrangência territorial e à sua estrutura, em razão de dois principais fatores: 1) a pesquisa realizada após a terceira edição; 2) a ação movida pelo Ceert junto do Ministério Público Federal para que os municípios da região metropolitana do estado de São Paulo implementassem as alterações da LDB, modificadas pela Lei 10.639/2003. O prêmio contou com o apoio da Unicef, do governo do estado de São Paulo, da Secretaria das Relações Institucionais, da Ford Foundation, do Conselho da Comunidade Negra, da Avina e do Serviço Social do Comércio (Sesc).

Na pesquisa realizada pelo Ceert, após a terceira edição do prêmio, constatou-se que as práticas pedagógicas sobreviviam, em sua grande maioria, graças à iniciativa individual do educador, e não devido a um projeto pedagógico da escola. Tentando envolver os gestores no enraizamento das práticas pedagógicas equitativas, na quarta edição, criou-se a categoria Escola, para premiar iniciativas que envolviam a escola como um todo, com vistas a fortalecer a institucionalização da prática pedagógica pela gestão escolar. O prêmio passa então a contemplar também ações de "Implementação das diretrizes curriculares nacionais para a educação das relações étnico-raciais e para o Ensino da História e Cultura Afro-brasileira e Africana"[216].

---

[214] CENTRO DE ESTUDOS DAS RELAÇÕES DE TRABALHO E DESIGUALDADES (CEERT). Sobre o Projeto Educar. *Ceert*, São Paulo, c2023. s/p.

[215] As iniciativas estão sistematizadas em: CEERT, c2023.

[216] CEERT, 2010, p. 29.

A quarta edição centrou suas atenções nas escolas de educação infantil e do Ensino Fundamental I, primeiro, em virtude do decréscimo da participação dos professores dessas etapas do ensino em versões anteriores do prêmio; segundo, porque considera o Ceert os primeiros anos de vida educacional como aqueles que assumem importância vital no desenvolvimento cognitivo, afetivo e psicomotor das crianças. Se considerarmos a discussão acerca dos enquadres que empreendemos em nosso capítulo 1, essa última mudança proposta para o prêmio ganha maior relevância. As etapas iniciais do ensino são essenciais para a constituição da subjetividade das crianças. Logo, incentivar a disseminação das práticas pedagógicas de enfrentamento do racismo nessas etapas do ensino faz-se imprescindível.

Na quarta edição, foram inscritos 182 projetos, distribuídos conforme a tabela a seguir:

Tabela 1 – Detalhamento das inscrições por categoria: quarta edição do Prêmio Educar para a Igualdade Racial 2007-2008

	Categoria Professor	Categoria Escola
Educação Infantil	30	19
Ensino Fundamental I	95	38
Total	**125**	**57**

Fonte: Ceert (2010)

Foram definidos os seguintes critérios para a premiação das práticas pedagógicas, na categoria Professor e/ou categoria Escola[217]: 1) Pertinência e coerência da temática tratada; 2) Adequação da linguagem ao nível escolar correspondente; 3) Relação coerente entre o tema e a(s) área(s) de conhecimentos; 4) Consistência pedagógica; 5) Envolvimento dos alunos e da comunidade; 6) Relação entre o universo escolar e social, observando a realidade dos alunos, dialogando com eles e estimulando a colaboração da comunidade; 7) Metodologia e materiais utilizados; 8) Caráter inovador e potencial de replicabilidade da atividade; 9) Preocupação em relacionar a experiência com a Lei 10.639/2003; 10) Envolvimento do corpo docente, discente e diretivo na implementação da experiência; 11) Grau de institucionalização da experiência será valorizado nos aspectos a) o contexto em que

---

[217] Segundo consta no edital de abertura do 4º Prêmio.

se desenvolveu o trabalho, b) tempo/período destinado ao desenvolvimento da experiência, c) abordagem da temática na perspectiva das relações raciais/étnicas, d) abordagem interdisciplinar do tema, e) recursos utilizados, f) favorecimento da participação dos alunos, g) produto final e h) avaliação. Dos projetos inscritos, foram premiados oito em cada categoria. A seguir apresentamos os projetos vencedores:

Quadro 1 – Práticas pedagógicas premiadas no 4º Prêmio Educar para Igualdade Racial: categoria Professor

Educação Infantil	Ensino Fundamental I
Escola "Orbe" Projeto: Desconstrução do racismo em sala de aula Professora: Ellen de Lima Souza Cidade: Marília	Escola: Escola Estadual (EE) "Prof.ª Carolina Mendes Thame" Projeto: Projeto África Professora: Sandra Valério Lúcio Cidade: Piracicaba
Escola: Escola Municipal "Mario Quintana" Projeto: Heranças: Valores Civilizatórios Afro-Brasileiros Professora: Raquel Rodrigues do Prado Cidade: Diadema	Escola: Emef "Cassiano Ricardo" Projeto: Os Príncipes do Destino Professora: Sidnéa Basile de Almeida Cidade: São Paulo
Escola: Cemei "Casa Amarela" Projeto: Uma Visita pra Lá de Especial Professora: Vivian Priscila dos Santos Cidade: São Carlos	Escola: Escola de Educação Infantil e Ensino Fundamental "Comunidade Interativa" Projeto: A Dança da Vida Professoras: Maria Cláudia Vedovello Morari e Sara Kniwers Cidade: Mogi Guaçu
Escola: Creche "Heitor Villa-Lobos" Projeto: Gênero e Raça: "Mala da Diversidade. A viagem em busca de nossas raízes" Professora: Sueli Buzano da Costa Cidade: Santo André	Escola: EE "Jardim Moraes Prado I" Projeto: Brasiláfrica Professora: Virgínia Cidade: São Paulo

Fonte: Ceert (2010)

Quadro 2 – Práticas pedagógicas premiadas no 4º Prêmio Educar para Igualdade Racial: categoria Escola

Educação Infantil	Ensino Fundamental
Escola: Emei "Janete Clair" Projeto: Projeto África Professoras: Luciana Kazuko, Kátia de S. Contini, Patrícia Ap. Ximenes, Neusa Ap. Lopes, Silvana da Silva, Edilene V. dos Santos, Lúcia da Cunha, Marineide M. Sobral e Cheila N. Góes Fernandes Cidade: São Paulo	Escola: Emef "Prof. Dr. Domingos Angerami" Projeto: 15égun Professor(as): Edson Spressola Júnior, Rosana de Lourdes A. M. da Silva e Simone Helena do S. Lucrécio Cidade: Ribeirão Preto
Escola: Emei "Prof.ª Laura da Conceição Pereira Quintaes" Projeto: Nossa África Professoras: Luciana L. Barbosa, Janaína M. Vicente da Silva, Maria J. de Araújo, Margarida de S. Barbosa, Márcia Ap. dos Santos, Simone C. da Silva, Margarete de S. Beira e Patrícia da S. Peixoto dos Santos Cidade: São Paulo	Escola: EE "Vicente Casale Padovani" Projeto: 1º Encontro Afro-Cultural de Integração Professoras: Elisete Alberico, Lucinéia T. Vitorino, Marli J. Calixto e Pérola M. dos S. Quintiliano Cidade: Araras
*Escola: Centro Educacional Unificado (CEU) Emei "Aricanduva" Projeto: A Minha e a sua Identidade! Nossa Diversidade Professoras: Amália T. de S. Vitalino, Amanda G. Pinto, Cleyde G. Bandettini, Cristiane R. da Silva, Fátima R. Graminha, Gisele M. Alvim, Gloribel de Andrade, Katherine W. Ferreira, Liliane J. Segura, Margarida de A. Monteiro, Nilcélia C. Antonio, Paula C. da S. Borges, Romilda F. A. dos Santos e Telma S. Proença Cidade: São Paulo	Escola: Emef "D.ª Luiza Seno de Oliveira" Projeto: Cultura Afro-Brasileira e Africana Professoras: Aline de F. Ciconelli, Ana P. Moreira, Ana P. Nogueira, Andressa R. Spegiorin, Augusta C. Nascimento, Daniela Machado, Eliane S. P. da Silva, Elissandra M. de Oliveira, Enolaidia de Oliveira, Fabiana M. A. Zangirolami, Fabiana M. Álvares, Iana T. Jacob, Josefina D. T. Lino Machado, Joana D. A. Teixeira, Lia Branco, Lucia Helena S. Gazzone, Lucilene Ap. Barbosa, Luciana C. de Arruda, Maria C. da S. B. Viana, Neide A. Olmos, Silmara L. Barbosa e Renilda Ap. dos Santos Cidade: Olímpia

Escola: Centro Municipal de Educação Infantil (Cemei) José "Marrara" Projeto: Mês da Consciência Negra no Cemei Professoras: Elaine Terezinha e Gabriela G. de Campos Tebet Cidade: São Carlos	*Escola: EE "Bibliotecária Maria Luisa Monteiro da Cunha" Projeto: Um Pouco de Nós, um Pouco da África Professoras: Ana C. T. Pussacos, Arlete Oliveira, Cássia M. Gaspar, Elizete M. de Mesquita, Isolde F. Farias, Marilene N. Aguiar, Patrícia S. Gonçalves, Rérida M. Mazola, Rozelane de Santana, Soraya A. P. do Valle e Tânia C. P. Bazzani Cidade: São Paulo

* Escolas premiadas com acompanhamento do Ceert durante 12 meses.

Fonte: Ceert (2010, p. 29)

Além da premiação em dinheiro, foram também oferecidos um kit de livros sobre o tema da diversidade humana e pluralidade cultural e cursos de formação e acompanhamento de até 12 meses para duas escolas situadas na cidade de São Paulo. O objetivo desse acompanhamento, segundo o Ceert, era colaborar com o aperfeiçoamento da institucionalização das práticas premiadas, por meio da divulgação de práticas educacionais exemplares de implementação das Diretrizes Curriculares para o Ensino de História e Cultura Afro-Brasileira e Africana. A premiação realizada pelo Ceert objetiva evidenciar, publicizar a prática. Um dos requisitos para a inscrição no 4º Prêmio, realizado em 2008, era de que a prática pedagógica tivesse sido realizada entre os anos de 2005 e 2007. Assim, é possível concluir que todas as práticas e escolas premiadas já executavam os projetos anteriormente à abertura de inscrição para o 4º Prêmio, de forma que os critérios para julgamento da prática não interferiram na sua execução.

3.2.2 Perfil dos participantes da quarta edição do Prêmio Educar para a Igualdade Racial

Os dados do gráfico a seguir, extraído da pesquisa do Ceert e adaptado para novo formato, indicam que a questão racial vem se tornando uma preocupação para todos os professores, negros e brancos, considerando o aumento significativo da participação de professores brancos nos projetos inscritos no prêmio:

Gráfico 1 – Professores inscritos nas primeiras quatro edições do Prêmio Educar para a Igualdade Racial, segundo cor/raça

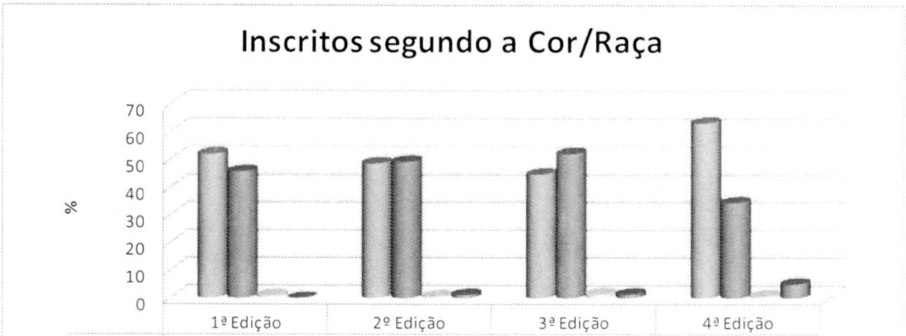

Inscritos segundo a Cor/Raça

	1ª Edição	2º Edição	3ª Edição	4ª Edição
Brancos	51.9	48.7	44.8	63.2
Negros	45.7	49.3	52.1	34.6
Indigena	1	0.7	1.5	0.8
Amarela	0	1.3	1.5	5.2

Fonte: Ceert (2010)

Merece destaque a participação quase equivalente dos agentes escolares negros e brancos envolvidos com o trabalho da questão racial. Ora, se o racismo é parte estruturante da nossa sociedade, é um problema a ser enfrentado por todos. A participação de agente escolares brancos e negros refuta a ideia presente no senso comum de que o racismo é um problema dos negros e que deve ser resolvido por este por este segmento da população. É verdade que o Prêmio Educar para a Igualdade Racial vem contribuindo significativamente, há mais de duas décadas, para favorecer a implementação de práticas educacionais equitativas. Contudo, vale dizer, mais uma vez, que a existência da referida Lei 10.639/2003 não é suficiente, pois carece de efetividade. É necessário avançar no plano material para implementá-la; caso contrário, a implantação pode ficar só no plano das ideias, no discurso politicamente correto, mas vazio.

Compreendemos o Ceert como uma instituição social, preocupada em construir uma sociedade mais igualitária, em que o racismo não sirva de baliza à aquisição de bens sociais (econômicos e simbólicos) e, ainda, entendemos o Prêmio Educar para a Igualdade Racial como uma importante ação civil no sentido de efetivar a implementação da Lei 10.639, vista como um direito da população negra brasileira. Assim, este trabalho toma por campo de estudo o 4º Prêmio Educar para a Igualdade Racial uma vez que as mudanças ocorridas nessa edição (o foco na educação infantil e a ampliação da categoria gestão escolar) estimulam a institucionalização de ações que contribuem com a implementação dessa lei.

A sociedade brasileira é marcada pelo ideal eurocêntrico, conforme o qual do negro é exigida cotidianamente a rejeição de suas características físicas e culturais, em prol do modelo vigente. Nesse sentido, podemos afirmar que as experiências de preconceito e de racismo, para muitos, são entraves que dificultam seu desenvolvimento pessoal e social. Estudamos as práticas do 4º Prêmio Educar para a Igualdade Racial com o objetivo de identificar elementos que possam contribuir para o enfrentamento do racismo e da discriminação e para a construção de uma educação equitativa.

NAS TRILHAS DA EDUCAÇÃO ANTIRRACISTA: POTÊNCIAS, RESISTÊNCIAS E DESAFIOS

4.1 Relato das práticas das professoras entrevistadas

A partir de agora, vamos apresentar um breve histórico de vida de nossas entrevistadas, as professoras ganhadoras do 4º Prêmio Educar para a Igualdade Racial, assim como qual foi o processo de construção das práticas premiadas. Pareceu-nos necessário apresentá-las, uma vez que a compreensão de seus depoimentos envolve associar o contexto em que lecionam e as suas experiências de vida diretamente relacionadas ao seu fazer pedagógico. Antecipamos que, pela ótica de nosso trabalho, as entrevistadas demonstraram compreensão da problemática racial e são profissionais que se mobilizaram para construir práticas de enfrentamento do racismo e da discriminação racial antes mesmo da existência do prêmio. Assim, estavam viabilizando experiências que valorizavam a origem e a cultura africana e afro-brasileira, estimulando uma mudança de percepção dos educandos sobre si mesmos e sobre a sua história.

4.1.1 Primeira entrevista: Prof.ª Virgínia

A primeira entrevista foi realizada com a professora a quem denominamos de Virgínia. No momento da realização da entrevista, essa professora nos informou que, dois anos antes, havia pedido demissão da rede estadual de ensino e, portanto, não mais lecionava na Escola Estadual Jardim Moraes Prado I, no Grajaú (São Paulo/SP), no Ensino Fundamental I, local em que realizou a prática pedagógica premiada. Por esse motivo, a entrevista não foi realizada na escola. Na ocasião da conversa, Virgínia tinha 31 anos, era natural de Itabuna/BA, onde ainda residia toda a sua família, e estava em São Paulo havia seis anos. A entrevistada identificou-se como preta[218], graduada em Pedagogia na Universidade Estadual da Bahia (Uneb), e estava concluindo o mestrado na Feusp. Trabalhava havia oito anos na área da educação.

Sobre a escolha pelo trabalho da docência, Virgínia relatou que, quando sua mãe a matriculou no magistério, ela perguntou à mãe: *"'Por que você me matriculou neste curso?' Ela disse que eu gostava muito de criança. 'Mas por que eu não poderia ser pediatra, por exemplo? Fazer Medicina? Ela falou: 'Filha...' Não precisava nem falar o resto"*, disse a entrevistada, *"Não era um lugar para a gente".*

O relato de Virgínia remete-nos ao enquadre no qual o negro, mesmo já tendo sido liberto, continuou destinado a posições sociais inferiores na sociedade. Nas famílias negras, essa demarcação está tão arraigada que, no círculo familiar, acaba-se transmitido aos filhos a ideia de que as profissões mais valorizadas socialmente, como médico, não são destinadas aos sujeitos negros. Esse mecanismo, adotado pelas gerações mais velhas, pode ser entendido como uma estratégia para evitar a frustração pela qual supõe que os mais jovens provavelmente passariam caso ousassem ultrapassar essas barreiras. Há ainda os impactos do patriarcalismo e do machismo: os lugares das mulheres ficaram por muito tempo demarcados na sociedade, vinculados às perspectivas de dona de casa e cuidadora dos filhos, o que reflete uma situação de opressão interseccionada, sobreposta entre gênero e raça, a qual infelizmente foi experimentada por Virgínia e por tantas jovens pretas no Brasil.

A entrevistada relembrou as dificuldades enfrentadas durante a sua graduação em Salvador, quando a mãe trabalhava como caixa de supermercado e a ajudava nos estudos. Considerava-se privilegiada por conseguir realizar a faculdade sem precisar trabalhar, em um meio no qual a maioria das pessoas não tinha condições de estudar. Virgínia foi a primeira pessoa na família a concluir o ensino superior. Veio morar em São Paulo para realizar o sonho de fazer um mestrado na Universidade de São Paulo.

Ao procurar emprego como professora na capital paulista, a entrevistada relembrou que as pessoas presumiam que ela estivesse à procura de uma

---

[218] De acordo com o IBGE, a população brasileira é classificada em branca, preta, parda, amarela e indígena. Vale ressaltar que, quanto às pessoas classificadas como pardas ou pretas, serão chamadas "negras", entendendo que essa denominação expressa a dimensão política social da constituição da identidade. Em nosso trabalho, entretanto, preservaremos os termos "não brancos" ou "pretos" nas citações dos estudiosos da temática racial que utilizarem esta denominação.

colocação como faxineira. A condição de negra e nordestina já demarcava um lugar prefixado no mercado de trabalho. Como ficou demonstrado nos capítulos anteriores, a sociedade brasileira organizou-se em uma estrutura racialista, hierarquizante, na qual cabe ao negro o papel de submissão. Assim, os empregos destinados aos negros são aqueles associados à servidão pessoal, ao trabalho braçal. Sobre a escola em que trabalhou, contou que as condições do edifício escolar eram precárias, com cobertura de lata. A escola estava localizada na periferia da cidade, e a maioria dos alunos era negra.

> *Quer dizer, era um bairro de comunidade. Um bairro que a gente não tinha saneamento básico. Não tinha luz elétrica na viela em que eu morava. Chegou depois. Então eu morava no mesmo lugar que essas crianças moravam. Eu vim para São Paulo e morei na mesma condição (que vivia em Salvador).*[219]

Virgínia falou da dor das feridas deixadas pelo racismo e, ao relatar a sua história, ilustrava as muitas histórias de mulheres negras e pobres que migraram para as metrópoles em busca de melhores condições de vida. Mas migrar para São Paulo, para os nordestinos e negros, nem sempre significa a ascensão social. Geralmente, quando chegam à capital paulista, são expostos a condições inóspitas, como morar em bairros periféricos e ocupar trabalhos de menor prestígio. Diferentemente da condição da maioria das mulheres negras e pobres referidas por Virgínia, ela se distinguiu por chegar aqui com um diploma de nível superior.

A professora contou que, em 2003, participou de um curso de formação, Educar para a Igualdade e a Diferença, promovido pela Secretaria de Educação do estado, que a incentivou a desenvolver práticas pedagógicas voltadas para a reflexão do tema das relações raciais. Após o curso, soube do Prêmio Educar para a Igualdade Racial por meio de um cartaz do Ceert enviado para as escolas, estimulando-a a aplicar o que aprendera em diversos cursos em sua prática pedagógica:

> *Gente, vamos fazer alguma coisa" "Vamos fazer alguma coisa" e eu já estava [...] fazendo o curso de História de especialização na PUC e estava vendo algumas coisas sobre História, porque como eu fiz Pedagogia, não tinha muito essa vinculação, mas lá a gente via muito sobre a escravidão, colônia e foi me dando uma vontade muito louca de estudar sobre esses assuntos. Então eu fui levar isso, também para a minha sala de aula.*

---

[219] Virgínia, 10 fev. 2012.

A história abre-se para muitos estudantes negros como uma primeira visão de descoberta de seu passado e das origens de suas oportunidades desiguais, tornando-se uma via de acesso à percepção de um outro olhar sobre a experiência social da comunidade afrodescendente. Virgínia afirmou que a sua trajetória de vida de menina negra, moradora de bairro da periferia, motivou-a no desenvolvimento da prática pedagógica com seus educandos negros e pobres. O contato com a reflexão teórica e crítica contribuiu para que Virgínia desse um passo além dos limites circunscritos pelo senso comum, possibilitando a construção de uma perspectiva pessoal e crítica sobre as circunstâncias em que se dava a constituição da subjetividade negra no Brasil.

Salientamos que Virgínia já havia iniciado essas práticas antes mesmo da inscrição no prêmio. Entretanto, a promulgação da lei encorajou-a a prosseguir no seu intento e reuniu em torno dela um certo respaldo institucional no que se refere à disponibilização de alguns recursos materiais para a realização de suas práticas pedagógicas. A equipe técnica da escola ajudou-a oferecendo infraestrutura para a montagem de uma peça e na exibição de filmes para as crianças. Porém, alguns agentes escolares mantiveram-se indiferentes e à margem de uma participação mais efetiva.

Ela intitulou seu projeto de Brasil África, que concorreu na categoria Prática Pedagógica, modalidade Ensino Fundamental I. Segundo Virgínia, essa prática buscou identificar novos significados para o papel da África, dos africanos e seus descendentes na formação do Brasil. A montagem do projeto levou em consideração dados e informações colhidos em pesquisa junto à família dos educandos, na qual se procurava conhecer melhor sua origem e seus repertórios culturais. Isso consistiu numa forma de participação dos educandos na formulação dos temas a serem abordados. Elaborado o projeto, o tema escolhido passou a ser contemplado por todas as disciplinas sob a responsabilidade da professora, com o objetivo de discutir a história da África e combater o racismo. Ela nos relatou algumas atividades realizadas:

> *Eu fiz pesquisa com as famílias para saber de onde elas eram, aí eu coloquei no projeto, entendeu? Eu tinha trabalhado gráfico com eles para saber de cada lugar. Por exemplo, do Nordeste tinha gente de seis estados. Então a gente foi trabalhar o Nordeste, a gente foi trabalhar a questão dos gráficos na Matemática a partir dessa perspectiva, de onde eles vieram e aí já ia para a Geografia, já trabalhava Português, a questão da linguagem.*

> *Aí o Cinema na Escola privilegiava, por exemplo, a apreciação de vários filmes infantis do mundo inteiro. Então não tinha Disney.*

> *Então peguei um filme da Ásia, um filme do Japão, um filme afri-*
> *cano, um filme europeu e eles iam fazendo a leitura desses filmes.*

O imaginário brasileiro refere-se à África como um único país, e não como um continente formado de vários países. Essa valorização da África, que contraria o estereótipo do negro brasileiro, mostra que o racismo fenotípico, embora faça alusão a marcas corporais, associa essas marcas à mácula da servidão[220]. O resgate de uma "nova" África, no entanto, remete à ideia de um fenótipo dissociado da servidão. Quando as marcas corporais não denotam o cativeiro passado, como é imaginado no caso dos habitantes da África, os negros e suas características físicas podem ser valorizados. Ora, o que a professora fez foi mostrar que os negros brasileiros são descendentes dos africanos. Além disso, a professora mostrou a possibilidade de recorrer ao cinema para capturar olhares variados e, assim, romper com o eurocentrismo — mostrando que essa perspectiva pode ser encontrada em filmes de países africanos, em filmes do Japão, da Índia e de outros países da Ásia.

Concomitantemente, a professora percebeu e valorizou os saberes trazidos pelas crianças e suas respectivas famílias, na sua grande maioria, migrantes negros e nordestinos. Com base nesse dado, ela propôs trabalhar a questão da escravização dos negros e negras que foram arrancados de vários lugares da África, pois considerou ser o estudo da origem de seus ancestrais essencial para a formação da identidade desses alunos. Conforme assinala Cheik Anta Diop[221], a história é o elemento mais importante do triângulo histórico, linguístico e psicológico, porque constitui-se no cimento que os une.

> *"Olha, isso é uma cultura africana, reinventada no Brasil" e a*
> *gente foi começando a falar sobre isso e eles foram vendo: "Olha,*
> *eu tenho cultura", "Eu sou alguém", "Eu tenho importância", "O*
> *que eu falo tem valor" e aí quando eles começaram a perceber*
> *isso, eles começaram a dialogar de igual para igual, comigo, com*
> *as outras professoras, então teve um ganho substancial acho que*
> *na formação da personalidade dessas crianças.*

A dificuldade de retomar a memória dos ancestrais é um efeito do *silenciamento* da história dos povos que migraram para outras terras, e dos diferentes *enquadres* jurídico-ideológicos que organizaram a sociedade brasileira, cuja influência persiste. Narrar histórias, evocar reminiscências é ato que, algumas vezes, implica a rememoração de traumas e experiências

---

[220] MUNANGA, 2004.

[221] MUNANGA, K. *Negritude*: usos e sentidos. São Paulo: Editora Autêntica, 2009a. p. 53-58.

dolorosas, mas também ato capaz de transcender o sofrimento causado por esse complexo histórico e afetivo, por essa zona de confinamento e de obnubilação.

Sobre a iniciativa em participar do prêmio, a professora Virgínia afirmou que foi sua a ideia. Ela convidou outras professoras para participar, mas não houve interesse. O fato pode indicar, uma outra vez, certo *silenciamento* dos docentes, diretores e coordenadores, decorrente do mal-estar de falar das questões raciais no Brasil. Brancos e negros recusam-se a falar dessa questão no Brasil. De um lado, o tema é motivo de constrangimento para muitos negros, porque a questão racial remete uma espécie de vergonha, ou significa a exposição a ataques racistas, mesmo que, de certa forma, contidos pelo mito da democracia racial. Por outro lado, muitos brancos consideram que a questão racial não se dá numa relação que implica negros e brancos. Pensam que a questão racial diz respeito somente aos negros, não se entendem envolvidos nessa relação.

Este imaginário pouco contribui para uma implementação eficiente de uma pedagogia antirracista, já que as práticas isoladas de alguns professores comprometidos não são suficientes para alterar o status vigente. Na pesquisa coordenada por Nilma Lino Gomes[222], comprovou-se que o enraizamento das práticas pedagógicas depende de algumas características gerais da própria escola, como a participação comprometida da equipe gestora e da equipe pedagógica. Sobre o impacto do prêmio:

> *Eu acho que melhor mesmo foi para as crianças, né? A gente aprendeu muito, mas acho que a escola não... Por isso que eu te falei que o Prêmio poderia ser para a escola. Para mobilizar uma comunidade inteira, todo mundo em prol de um projeto.*

Vale ressaltar que, na quarta edição do prêmio, da qual Virgínia participou, houve a inclusão da categoria Gestão Escolar, com objetivo de estimular o compromisso da equipe gestora (diretor e coordenador pedagógico) na implementação das Diretrizes Curriculares Nacionais para a Educação das Relações Étnico-Raciais e o Ensino de História e Cultura Afro-Brasileira e Africana. No caso de Virgínia, sem a discussão prévia do significado da questão do racismo para brancos e não brancos em sua escola, não houve mobilização do corpo gestor da escola e dos outros professores. A prática premiada foi isolada e dependeu dos esforços da professora laureada.

---

[222] GOMES. 2012.

> *O processo é uma coisa da minha formação. Eu me formei enquanto formava as crianças. Acho que foi um processo de formação, de sensibilização para o trabalho. Ali eu aprendi que era possível ser professora e não precisar deixar de ser quem eu era, respeitando as minhas origens.*

Ao realizar a prática pedagógica, Virgínia pôde refletir que era possível adotar uma orientação que questionasse, problematizasse e rejeitasse o modelo eurocêntrico, abrindo uma perspectiva para compreender as contribuições do negro na formação da sociedade brasileira. Nesse processo, conforme ela própria afirmou, houve uma ressignificação de sua identidade como professora e como negra. A entrevistada ressaltou a importância do processo de ensinar, aprender e refletir sobre as relações raciais na interação com as crianças. É importante notar ainda que a sua experiência modificou sua visão do papel social do professor, ao desconstruir o estereótipo conforme o qual ser professora seria tentar apagar sua origem cultural, no caso, a negritude, em favor da *branquitude*.

4.1.2 Segunda entrevista: Prof.ª Patrícia Maria

A segunda entrevistada, a quem chamamos de Patrícia Maria, tinha 37 anos, natural de São Paulo/SP. Ela se identificou como preta, graduada em Pedagogia, pela Universidade Santo Amaro (Unisa) e trabalhava havia 17 anos na educação básica. Lecionava na Emei Janete Clair, localizada próximo ao Jardim Ângela (São Paulo/SP). Morava sozinha, e seus pais residiam no interior de São Paulo. Sobre a escolha pelo magistério, a entrevistada afirmou que, para uma família como a dela, pobre, ser professora era o maior sonho que poderia realizar. A afirmação, que parecia aludir a um forte senso de realidade, ao mesmo tempo que valorizava, desvalorizava a profissão de ser professora. Seu estilo de narrativa era mais lacônico, atendo-se a relatar, sobretudo os fatos relacionados à sua participação no Prêmio Educar para a Igualdade Racial.

Neste caso, o grupo de participantes da prática pedagógica contou com sete professoras. Inicialmente, agendamos um encontro com as professoras ganhadoras do prêmio e solicitamos que elas indicassem uma profissional para a entrevista. A escolhida foi Patrícia Maria. Elas relembraram que a coordenadora pedagógica da época foi quem as incentivou a fazer a inscrição. Patrícia Maria e as demais colegas ficaram lisonjeadas em receber alguém interessada no trabalho delas, e consideraram inusitada a presença de uma pesquisadora da USP em uma escola de periferia para conhecer o trabalho de professores de educação infantil. Essa perplexidade talvez indique um certo distanciamento entre a escola pública e a universidade, persistente, mesmo na segunda década do século XXI. Chamou-nos atenção, nessa escola, a precariedade da sua estrutura física, o que aponta para possível descaso do Estado com as escolas públicas das regiões periféricas. Logo essa impressão foi confirmada pela conversa com as professoras, que afirmaram que havia grande rotatividade da equipe gestora e também dos professores, gerando uma tendência a só permanecerem na escola aqueles que residiam na região.

A prática pedagógica da qual nossa entrevistada participou, denominada Projeto África, foi inscrita na categoria Gestão Escolar, modalidade Ensino Fundamental, elaborada por um grupo de professoras. A entrevista foi realizada na própria escola. A intervenção proposta no Projeto África buscou valorizar a contribuição dos diversos povos na formação cultural brasileira. Uma das formas de se contornar a tensão implicada nas relações raciais conflitivas no Brasil é associá-las às diferenças relativas aos vários grupos que compõem a população, colocando em destaque a questão da diversidade étnica da população brasileira.

Ao contrário do que aconteceu com a elaboração da prática pedagógica da professora Virgínia, na escola de Patrícia Maria o processo contou com a participação ativa da coordenadora pedagógica e de um grupo de sete professoras, e foi se ampliando para as demais turmas da educação infantil. O projeto trabalhou com diversas linguagens, por meio de brincadeiras, pesquisas sobre a África, *contação* de histórias, lendas, culinária e exibição do longa-metragem *Kiriku e a Feiticeira*[223]. *Ela nos conta como soube do prêmio:*

> *A gente viu por panfleto, assim como chega do Prêmio Paulo Freire, como a gente vê do Victor Civita, então chegam os panfletos para a gente se inscrever. "Vamos nos inscrever!". Ela (coordenadora pedagógica) que teve um movimento, vamos inscrever... Mas, vamos fazer como? [...] Eu lembro que a coordenadora pedagógica incentivou muito a nossa participação no projeto.*[224]

> *Então, cada uma vai desenvolvendo as suas ideias e a gente sentava e conversava muito a respeito [...]. Foi um trabalho de um grupo que acabou trocando bastante ideia.*

---

[223] *Kiriku e a Feiticeira* é um filme que retrata uma lenda vinda da região da Guiné, África ocidental. No enredo, um menino minúsculo nasce predestinado a enfrentar Karabá, uma feiticeira que secou a fonte d'água da aldeia de Kiriku. A antagonista ficou conhecida por roubar e engolir todos os homens que ousaram enfrentá-la. O longa-metragem é conhecido no Brasil por valorizar a história e cultura africana.

[224] Patrícia Maria, 8 mar. 2012.

Como havia o envolvimento da coordenadora pedagógica, as professoras puderam colocar a discussão do projeto na pauta do horário destinado para o trabalho coletivo. Em uma dessas reuniões, surgiu a ideia da construção de bonecos negros. Essa prática alude ao fato de que, no Brasil, não se fabricavam bonecas e bonecos negros, com os quais meninos e meninas negros poderiam se identificar. Foi construído, então, um boneco que deveria representar um aluno novo da classe. De novo, apelou-se para o prestígio de que a África gozava no imaginário das crianças. Por essa razão, deu-se ao boneco um nome africano, escolhido pelas crianças de uma lista apresentada pelas professoras. O boneco foi levado pelas crianças para casa, com um caderno, a fim de que as famílias registrassem todas as vivências.

> *A Dona Ivanete, a mãe dela (da professora) fez os bonecos que ela estava fazendo um curso de corte e costura, fez os bonecos e a escola pagou com o dinheiro da APM, Associação dos Pais e Mestres. Que os pais colaboram, doam. E com esse dinheiro a gente pagou os bonecos.*

A ideia de fazer bonecas negras surgiu na observação das brincadeiras infantis. Nelas, a maioria das bonecas à disposição é loira. Nesse contexto, construir bonecas negras apresentava-se como uma boa estratégia pedagógica para trabalhar a desconstrução dos estereótipos, convertendo o boneco negro em amigo negro, vindo da África. Com essa estratégia lúdica, buscou-se criar uma atmosfera afetiva que seria facilitadora de uma maior aceitação e valorização da ancestralidade africana na construção da identidade dos educandos.

> *Todas as nossas bonecas são loiras, apesar de que a gente já tinha algumas bonecas negras na escola. Mas quando você traz [o boneco negro] junto com o projeto, "quebra" [o estereótipo] até para a família, que quando via aquele boneco negro, tinha gente que se assustava: "Ah, que isso?". "É o projeto, o boneco, o amigo africano que ele está levando para a casa". Aí, você percebia que a pessoa já pegava o boneco também, já abraçava, [...] meio que vai rompendo algumas coisas, através de um brinquedo, que muitas vezes o adulto não conhece, não tiveram. Então, você vai quebrando essas questões, a criança que brinca com o boneco negro também.*

A prática pedagógica realizada por meio de recursos lúdicos, ao apresentar bonecas negras e bonecos negros para serem levados à família das crianças, revelou-se um recurso didático interessante, provocando impacto e motivando uma discussão acerca da temática racial no lar dos educandos.

Estimulou, por exemplo, a discussão do sentido da industrialização em larga escala de bonecas loiras, que, sabemos, favorece uma ideologia de *branquea-mento*, uma vez que essas mesmas bonecas são vendidas para uma população majoritariamente mestiça.

Há um *silenciamento* sobre o assunto nas famílias negras[225], pois os educandos não mencionavam aos pais os preconceitos e discriminações raciais vividos na escola. Ao mesmo tempo, na família, também não se falava sobre o assunto. Por meio do silêncio, procurava-se evitar o sofrimento dos filhos, simulando a inexistência do problema. Nesse sentido, a ideia de que vivemos numa sociedade na qual as relações raciais são harmoniosas, sob o mito da democracia racial, é, em alguma medida, corroborada pela negação e pelo *silenciamento* dos conflitos raciais. A prática realizada contribuiu para a problematização desse mito. Além disso, entusiasmou não só a equipe da escola, como também a família dos alunos, que teve a oportunidade de se envolver e compartilhar a fantasia das crianças, valorizando a chegada de um "amigo" africano a casa.

> *Tiram fotos, mandam cartas. E tem mães que ficam ansiosas para saber que dia que as crianças vão levar e quando a gente expõe o trabalho elas ficam orgulhosas de ver que os filhos estão desenvolvendo aquele trabalho.*

Gomes ressalta o reconhecimento do outro como fator importante na valorização do sujeito[226]. Nessa prática pedagógica, vimos operar um movimento de mão dupla, pois, além de contribuir para valorizar as origens africanas, envolveu afetivamente as famílias, transcendendo o ambiente escolar. Ao considerarmos a importância do ideal de ego na construção da subjetividade, principalmente no que tange à identificação e ao pertencimento a um grupo, parece-nos que o fato de a instituição escolar responsável pela educação formal das crianças enviar para a casa dessas crianças um amigo africano e negro rompe, ainda que momentaneamente, e contribui para romper com o paradigma vigente, permitindo que as crianças e os seus familiares associem valores positivos à pessoa negra, valores que a "tradição" insiste em lhe negar. O depoimento a seguir, de Patrícia Maria, mostra de que modo é possível pensar a educação infantil não apenas como cuidados com as necessidades básicas, mas também dando atenção à formação integral do sujeito.

---

[225] CAVALLEIRO, 1998.
[226] GOMES, 2002.

> *Foi mais de valorização do trabalho. Que a gente fez um trabalho bem feito, que a educação infantil faz trabalhos muito bons. Era importante para mim. Quando eu vi lá exposto e que a gente realmente conseguiu fazer algo assim bem feito, eu me senti muito orgulhosa, como professora. Nossas dificuldades por ser uma escola pública, principalmente com relação ao número de crianças, a gente fez um trabalho que significou para nossas crianças, então é muito bom. Acho que é o melhor prêmio para um professor.*

O depoimento de Patrícia Maria remete-nos à psicanálise de origem freudiana, que ressalta o papel central da tradição na constituição da subjetividade das crianças, ou seja, na forma como os juízos de valores são transmitidos de geração para geração. Esse é também o sentido das constatações do estudo de Cavalleiro[227], que enfatizou a importância da família e da escola na internalização das regras sociais, e constatou o processo de inferiorização a que as crianças negras são submetidas nessa etapa da socialização. Assim, a prática proposta procura desconstruir alguns estereótipos, geralmente presentes no ambiente escolar. Nesse ambiente, a criança negra e pobre é a mais afetada pelos estereótipos e preconceitos do cotidiano escolar, construindo uma imagem distorcida de si mesma e de seu grupo[228]. As crianças aprendem, desde muito cedo, a associar as características fenotípicas das pessoas às desigualdades econômicas e sociais, sobretudo raciais. Infelizmente, a prática relatada por Patrícia Maria não foi institucionalizada, configurando-se como uma ação episódica.

4.1.3 Terceira entrevista: Prof.ª Lilian

A terceira entrevistada, a quem denominamos de Lilian, tinha 31 anos, natural de São Paulo/SP. A entrevistada identificou-se como branca, fez magistério em 2000 e, no período de 2002 a 2004, fez o curso de Pedagogia a distância, num convênio realizado entre a Faculdade de Educação e a Prefeitura de São Paulo. Ela trabalhava havia dez anos na educação e lecionava na Emei Professora Laura da Conceição Pereira Quintaes, localizada na região do Itaim Paulista, zona leste da capital paulista.

O processo de realização dessa entrevista deu-se de forma diferente. Primeiro, visitamos a escola, conversamos com a diretora e com a coordenadora pedagógica, ocasião em que foi agendada a entrevista. Essa escola

---

[227] CAVALLEIRO, 1998.

[228] FAZZI, 2006.

chamou-nos atenção por ser organizada, com estrutura física adequada à educação de crianças pequenas. A diretora relatou-nos que recusara o recebimento de móveis inadequados para as necessidades físicas das crianças. Além disso, exigiu da prefeitura o envio de móveis ergonomicamente adaptados e, também, de materiais lúdicos pedagógicos. Em uma de nossas primeiras conversas, a diretora afirmou que, por vezes, o fato de ela ser negra causava surpresa aos pais e às mães dos alunos, já que seria incomum que os negros ocupassem posições de direção. Alguns ficavam entusiasmados porque os alunos teriam alguém como referência a ilustrar a concreta possibilidade de que os negros poderiam ocupar outro lugar na estrutura social. A afirmação da diretora indica, novamente, que o negro, no imaginário social, é ainda associado aos empregos de menos prestígio. Se a mesma pessoa estivesse ocupando um emprego de faxineira, não causaria a mesma surpresa. O fato de a diretora dessa escola ser negra, como mencionamos por ocasião também das considerações sobre o histórico da Prof.ª Virgínia, permite estabelecer um referencial positivo sobre os negros para todas as crianças, negras ou não negras.

No Brasil, de modo geral, cargos gerenciais são predominantemente ocupados por brancos (68,6%), número desproporcional a pretos e pardos na mesma posição (29,9%), segundo a pesquisa "Desigualdades sociais por cor e raça no Brasil", desenvolvida em 2018 pelo IBGE[229]. O Censo escolar 2022 não traz dados sobre a raça e etnia dos diretores de escola no Brasil, apenas o recorte segundo sexo e dependência administrativa[230]. Na cidade de São Paulo, por sua vez, em 2018, 25,4% dos diretores declararam-se negros e indígenas em um universo de 1.242 gestores, mesmo em um cenário de vigor da lei 12.990/2014, que exige a reserva de 20% de vagas em concursos públicos para negros. Apesar disso, investigações científicas preocupadas com a questão racial na direção escolar buscam trazer perspectivas qualitativas acerca do tema[231]. Nesse contexto, destacamos a pesquisa desenvolvida por Douglas Aparecido de Campos e Maria Angélica Chagas Ferreira e publicada em 2018. Entende-se, assim, que há uma lacuna a ser preenchida com pesquisas qualiquantitativas acerca da raça e etnia de gestores escolares

---

[229] IBGE, 2019.

[230] INSTITUTO NACIONAL DE ESTUDOS E PESQUISAS EDUCACIONAIS ANÍSIO TEIXEIRA (INEP). *Censo escolar da educação básica 2022*: resumo técnico. Brasília, DF: Inep, 2023.

[231] CAMPOS, D. A.; FERREIRA, M. A. C. Percursos e trajetórias: a identidade do diretor de escola negro nas escolas municipais da cidade de São Paulo. *Ensaio*: Avaliação e Políticas Públicas em Educação, v. 30, n. 117, p. 1.069-1.088, out. 2022.

a fim de verificar os impactos desse dado na efetivação de uma educação antirracista no Brasil.

> O diretor de escola negro, inserido nesse sistema de ensino, via concurso público, com as políticas de cotas raciais ou não, tem a sua atuação marcada pela incredulidade, a invisibilidade e ter suas ações subjugada pelo preconceito. O negro na sua prática constrói sua identidade étnica e profissional revisitando sua história, mas principalmente busca estratégias para enfrentar o racismo e elabora expectativas de enfrentamento por meio dos documentos institucionais como o Projeto Político Pedagógico (PPP) e em ações que auxiliam a reflexão sobre os estudantes negros na escola. Apontamos essa hipótese como relevante, pois, conforme Souza (1983, p. 18), "ser negro [...] é sobretudo, a experiência de comprometer-se a resgatar sua história e recriar-se em suas potencialidades".

> A luta pela preservação da identidade racial é processada juntamente com a constituição da identidade profissional. O enfrentamento do racismo se faz por ações construídas coletivamente no espaço escolar por meio da gestão democrática. As práticas antirracistas emergem nesse contexto impulsionando práticas e planos pedagógicos em que os educadores compreendam a importância da luta contra o racismo.[232]

A recepção que tivemos na Emei Professora Laura da Conceição Pereira Quintaes foi calorosa. A diretora e a coordenadora mostraram entusiasmo com a pesquisa e comprometeram-se a conversar com os professores a fim de escolher uma representante do grupo para a entrevista. Essas gestoras reconheceram que a participação no prêmio foi muito importante para toda a comunidade escolar, pois todos se envolveram no debate sobre a temática racial, em um bairro em que a maioria da população era negra e pobre. Entretanto, ambas criticaram a ausência de uma política educacional efetiva, por parte do governo, no que diz respeito à formação continuada dos professores sobre a temática racial. Elas afirmaram não se sentirem seguras para ensinar história e cultura da África, uma vez que não tiveram formação sobre o tema, além de não contarem com material didático e apoio da Secretaria de Educação em relação à implementação da Lei 10.639/2003. Assim como foi destacado pela Prof.ª Virgínia, em depoimento anterior, nessa escola foi assinalada a necessidade da formação sistemática dos professores sobre os conteúdos para o atendimento da legislação mencionada.

---

[232] *Ibidem.*

O projeto Nossa África, apresentado por essa escola, foi ganhador na categoria Gestão Escolar, modalidade Educação Infantil. Foi realizado por oito professoras e contou com o apoio e o incentivo da diretora e da coordenadora pedagógica. Lilian foi a escolhida pelas colegas para ser nossa entrevistada. A prática pedagógica desenvolvida buscou conhecer o grande continente africano em sua diversidade, sua riqueza cultural, seus hábitos e crenças, estabelecendo relações com a nossa cultura e trazendo, assim, outra perspectiva sobre a África. As práticas pedagógicas realizadas por nossas entrevistadas enfatizavam a importância do conhecimento sobre a África, possibilitando a problematização dos estereótipos acerca do continente africano e ressaltando a contribuição desses povos na formação da sociedade brasileira. Como apontado pelo estudo de Ana Cristina Juvenal da Cruz[233], bem como observamos no arquivo das práticas premiadas do Ceert, há grande predominância do tema da história da África entre as práticas inscritas nas edições já realizadas do prêmio, o que, por sua vez, indica a importância de mudar o sentido histórico relacionado à África, comumente visto de forma estereotipada, em função da herança escravista.

As ações pedagógicas consistiram em aumentar o repertório relativo ao conhecimento dos países africanos, por meio da confecção de jogos, leituras de contos e lendas africanas, reescrita coletiva de texto, utilização de CDs com músicas africanas, apresentação de instrumentos musicais e de danças afro, desfile de trajes típicos, valorização da culinária africana e visita ao Museu Afro Brasil. Sobre a iniciativa em participar do prêmio, Lilian afirmou que foi a coordenadora da escola que soubera da premiação e inscrevera o grupo. As práticas pedagógicas já haviam sido desenvolvidas um ano antes, em 2007, e elas tiveram que sistematizar as atividades realizadas para se inscreverem.

Possivelmente, o fato de a diretora e da coordenadora pedagógica terem consciência do dilema vivido pelas crianças negras e, principalmente, pelo compromisso no combate à discriminação no contexto escolar colaboraram para a construção de práticas educacionais equitativas. A participação dos gestores escolares no desenvolvimento de práticas pedagógicas que implementam a lei é essencial para o enraizamento das atividades da escola[234]. Aqui, é ilustrativo o relato de nossa entrevistada:

---

[233] CRUZ, 2010.
[234] GOMES, 2012.

> *E também de a gente adotar isso como uma prática permanente na nossa escola. Eu acho que esse foi o impacto que teve da premiação do Ceert, foi o que mais fez a gente pensar, essas atitudes no dia a dia com as crianças.*[235]
>
> *A gente ficou muito feliz. Eu tenho até os quadrinhos ali do prêmio, ali na parede. A Direção gosta de colocar para os pais, quando eles vêm na secretaria, ou qualquer outra pessoa ver na secretaria olhar e saber que a gente valoriza o nosso trabalho também.*

Além de a escola desenvolver práticas de valorização da cultura dos afro-brasileiros, tematizou a imigração nordestina, possibilitando uma identificação da escola com a comunidade local, composta, em sua grande maioria, por nordestinos. Ademais, a participação no prêmio valorizou e reconheceu o trabalho dos professores, conforme o relato de nossa entrevistada:

> *Aprendi muito, foi como se tivesse aberto a minha visão. Quando a gente fez o projeto da África, ela abriu um pouquinho [minha visão] porque usamos um projeto para chegar às questões étnicas e de identidade das crianças. É dali que começa a sua interferência na construção de identidade da criança.*

A realização do projeto possibilitou um aprendizado para os professores e para os alunos, na medida em que promoveu uma desconstrução de inúmeros estereótipos que circulam a respeito da África, geralmente vista como continente exótico, um todo homogêneo, imagem que não corresponde à realidade. A experiência que conhecemos nessa unidade corrobora a ideia da força das práticas pedagógicas como elemento fundamental para o enfrentamento do racismo na escola.

4.1.4 Quarta entrevista: Prof.ª Maria

A Escola Estadual Bibliotecária Maria Luísa Monteiro da Cunha, localizada na zona oeste de São Paulo, foi premiada na categoria Gestão Escolar, modalidade Ensino Fundamental I. No ano de 2012, houve uma mudança nas funções de coordenador pedagógico e diretor, o que dificultou os nossos contatos iniciais com a entrevistada. Após várias tentativas de contato, a nova coordenadora respondeu às mensagens, agendando uma data para uma reunião com os professores participantes do prêmio que continuavam trabalhando na escola. Nesse encontro, a pesquisadora elucidou para os

---

[235] LILIAN, 23 mar. 2012.

docentes os objetivos da pesquisa e solicitou que as professoras indicassem uma delas para ser entrevistada. A escolhida foi Maria.

Maria identificou-se como branca, era casada e tinha uma filha adotiva negra. Ela era graduada em pedagogia pela Faculdade Campos Sales e trabalhava como professora havia 26 anos, muitos dos quais no local da prática premiada. Por gostar muito de crianças, ela pensava em ser pediatra, contudo:

> [...] eu vi que a medicina ia ficar longe até da minha realidade para a época por questões financeiras [...]. Eu acabei fazendo o magistério e descobri minha vocação. Descobri mesmo que eu gostava da profissão. Aí, terminando o magistério, já fui para a Pedagogia. [236]

Observamos que os cursos de maior prestígio social ficam muito distantes da camada pobre da população brasileira, tal como se deu com nossa entrevistada. Embora diversos estudos indiquem que, no Brasil, os negros muitas vezes, e não coincidentemente, também são pobres, sofrendo essa dupla discriminação de classe/raça, o que levou Henriques a afirmar que a pobreza no Brasil tem cor[237]. Maria mostrou-se uma pessoa expansiva, entusiasmada com a opção da docência, falando animadamente sobre as atividades em sala de aula e sobre os blogs organizados por ela, África na Escola e Igualdade Racial; e Sala de Aula. A professora relembrou as práticas pedagógicas que a sua escola já realizava havia alguns anos com a temática racial, utilizando estratégias como o estudo dos orixás e a confecção de bonecos negros, levados pelas crianças para casa, com um diário para relatar como fora o dia. Ela relatou que o trabalho premiado fora realizado com as turmas de primeiro e segundo ano e fora muito bem recebido:

> Na minha sala tem os bonecos e eles levam até hoje, eles estão na quarta série e eles brigam para levar o boneco, e ficam bravos se o outro esquece o boneco em casa. Tem um caderno de relato, então eles escrevem tudo o que aconteceu como se fosse um relatório, um diário de um dia com o boneco. Tem criança que coloca que tem gente que fala mal do boneco, isso no começo, mas agora a gente percebeu que já mudou muito. As famílias já sabem e recebem os bonecos.

Sobre a participação no prêmio, Maria disse que as professoras não o conheciam. Uma delas, porém, estava fazendo um curso no Centro de Estudos Africanos da Universidade de São Paulo, tomando conhecimento sobre a existência da premiação.

---

[236] Maria, 16 dez. 2012.

[237] HELOANI, J. R.; L. S. Psicodinâmica do trabalho: o método clínico de intervenção e investigação. *Revista Produção*, São Paulo, v. 14, n. 3, p. 79, set./dez. 2004.

> Foi a Lélia que, nas andanças dela chegou: "Gente, tem uma entidade que está premiando, vocês têm tantas coisas bonitas para apresentar..." Era o último dia de inscrição, ela enfiou na caixa tudo o que a gente tinha de bom e foi lá correndo fazer inscrição de última hora do projeto.

O projeto Um Pouco de Nós, um Pouco da África ganhou na categoria Gestão Escolar, na modalidade Ensino Fundamental I. Contando com apoio e incentivo da diretora e da coordenadora pedagógica, o projeto teve por objetivo valorizar os elementos africanos e afrodescendentes de nossa cultura. Foram utilizadas estratégias pedagógicas como a apresentação do filme *Kiriku e a Feiticeira*, transformação do filme em livro ilustrado, localização do continente no mapa-múndi, pesquisa sobre os países dos escravizados que vieram para o Brasil, leitura de textos sobre a história do Brasil e sobre os movimentos de libertação dos escravos, leitura e reescrita de contos africanos, visita ao Museu Afro Brasil, exposição em mural de trabalhos dos alunos e apresentações de teatro, danças e jograis.

A visita a museus é bastante relevante, pois é uma maneira pela qual os sujeitos podem compreender como a história brasileira é marcada pelo escravismo, mas também pela resistência dos negros, com base nas lutas cotidianas ou nos movimentos sociais organizados[238]. Esse modo de entender a nossa história pode imprimir novo significado à identidade étnica. Na visita ao Museu Afro Brasil, ao mesmo tempo que é possível estar em contato com os elementos de um passado de barbárie — por exemplo, há no museu uma réplica de um navio negreiro —, pode-se explorar as possibilidades de rupturas com os enquadres vigentes ao melhor conhecer as contribuições de indivíduos negros como Pixinguinha, Zumbi, Cartola, Castro Alves, entre outros, para a cultura brasileira, em diversas esferas.

A leitura e a reescrita de contos africanos foram realizadas durante um bimestre:

> Percebemos que a riqueza e o arrebatamento provocado pelas lendas, contos, mitos, fábulas, poesias formavam o caminho para a implementação de um projeto de afirmação da cultura negra em toda a escola. Por isso, decidimos que esse seria o tema do projeto. [...] Dentro da proposta de uso do corpo como expressão de identidade negra, os alunos de todas as classes passaram a usar na escola cabelos trançados e enfeitados à moda africana, durante o desenvolvimento do projeto.

---

[238] COSTA, 2012.

O projeto foi finalizado com uma festa, na qual danças, desfile de penteados, exposição de trabalhos e de composições musicais foram apresentados à comunidade. O projeto desenvolvido alcançou também a comunidade externa, em função do empenho dos professores e da participação efetiva dos gestores na implementação do projeto — como nos diz Maria:

> *[...] a direção estava sempre pronta a ajudar em tudo que a gente precisava. Livro que era interessante, comprava-se para gente estudar, material que fosse necessário, buscava-se esse material para gente fazer. Então, isso foi muito importante, a participação da Neusa que era coordenadora também nessa prática premiada, ela se empenhou bastante, ela e a diretora.*

Maria ressalta que, após a premiação, foi fundamental o respaldo dado pelo Ceert, durante um ano, na forma de acompanhamento, orientações e palestras, para a implementação da Lei 10.639/2003 naquela escola; lá, as práticas associadas ao projeto premiado foram institucionalizadas. Por meio desse acompanhamento, o Ceert pretendia evitar que o projeto premiado se restringisse a uma prática episódica. O Ceert reconhece, por exemplo, que o material disponível para o estudo da história e culturas africanas não é sempre de fácil acesso. E sabe, também, que o racismo é uma questão delicada, cujas especificidades não são de conhecimento de grande parte da população brasileira. É verdade que essas especificidades têm sido objeto de pesquisa nas universidades, mas a divulgação dos resultados dessas pesquisas, em alguma medida, ainda é restrita ao universo acadêmico. Gomes, por exemplo, identifica, no desconhecimento crônico e generalizado da história e da cultura africana no Brasil, uma das principais dificuldades para a implantação da referida Lei 10.639[239]. Assim, para lidar com a questão do racismo, muitas vezes, o apoio da universidade e de instituições dedicadas ao combate do racismo pode ser proveitoso para a escola.

> *A gente usou o dinheiro para os materiais, e o que foi mais importante foi a questão da assessoria, que isso acho que foi a contribuição maior [...]. Então, além do dinheiro a gente ganhou um kit muito bonito, maravilhoso, com uns livros que até ajudaram a nortear a gente, teve pessoal que foi fazer palestras, que indicou para a gente sites, teve umas coisas bem legais que eles deram de assistência naquele primeiro ano para a escola que foi até uma alavanca para estar melhorando a questão do conhecimento com relação à lei para trabalhar isso na escola.*

---

[239] GOMES, 2012.

Duas escolas receberam acompanhamento do Ceert, que consistiu em encontros com os educadores dessas escolas com o objetivo de problematizar, discutir e compartilhar materiais e informações acerca da temática do racismo no contexto escolar. Em relação ao acompanhamento realizado em uma dessas escolas, Carlos Malaquias, coordenador da quarta edição do Prêmio Educar para a Igualdade Racial, disse que a atuação da equipe gestora da EE Bibliotecária Maria Luísa Monteiro da Cunha fora fundamental para a criação de um ambiente de trabalho favorável à temática racial, embora a escola não fosse tão rígida com o registro das práticas realizadas.

> *O que a gente percebeu com todas as diferenças entre as gestões é que a gestão é fundamental para institucionalização da prática. Essa participação, essa presença e obviamente também que a experiência da direção à frente das duas escolas. A direção da Maria Luiza, Professora Lurdes, a diretora da escola eram fantásticas, gente em final de carreira motivada. O que a gente normalmente encontra são aquelas pessoas que já estão rezando para se aposentar e elas rezando para permanecerem. Em particular, a escola Bibliotecária, por essa facilidade em acolher as pessoas, foi uma experiência muito especial.[240]*

Ao visitarmos a Escola Bibliotecária Maria Luísa e ao conversarmos com os seus professores, que também ressaltaram o envolvimento e comprometimento da diretora e da coordenadora pedagógica no trabalho desenvolvido, nossas impressões foram ao encontro da avaliação do coordenador da quarta edição do prêmio. Na outra escola acompanhada pelo Ceert, os registros das atividades eram sistemáticos, contudo, havia dificuldades no relacionamento entre a direção e os professores. Embora quiséssemos entrevistar os professores envolvidos na premiação, não pudemos fazê-lo. O grupo dispersara —, professores e equipe gestora haviam sido transferidos ou estavam em licenças médicas —, o que, por si só, indica problemas. É fato, no entanto, que não nos foi noticiado, em nenhuma ocasião, existir uma ligação, direta ou indireta, entre essas licenças e transferências e as práticas pedagógicas desses educadores. Por meio da pesquisa, foi possível constatar que, nas duas escolas premiadas em que os gestores apresentaram um compromisso efetivo com o enfrentamento do racismo, as práticas pedagógicas mostram-se mais enraizadas.

---

[240] Carlos Malaquias, 28 fev. 2013.

4.2 O racismo pela ótica das entrevistadas

Os relatos acerca da experiência com o racismo indicaram uma percepção crítica sobre o problema. Uma das entrevistadas, Patrícia Maria, alude à pretendida polidez de algumas pessoas ao verbalizarem que ela é negra. Para isso, utilizam eufemismos, chamam-na, por exemplo, de *morena*, ilustrando o mal-estar diante da questão racial:

> *Essa vergonha das pessoas de falar: "Mas você é negra? Você é morena, não, você é morena..." Hoje eu não sinto tanto, mas antigamente quando você falava assim: "Ah, eu sou negra, sim". A pessoa falava: "Não. Você é morena". Como negando para você se sentir bem, mas você não está se sentindo mal com aquilo. Coisas leves assim, mas forte não.*

Para alguns, atestando a flexibilidade das fronteiras raciais brasileiras, Patrícia Maria poderia ser classificada como branca, por ter o tom de pele claro e cabelos lisos, dois marcadores importantes para a classificação racial no Brasil[241]. O relato de Patrícia Maria remete-nos ao conceito de racismo cordial que se estabeleceu no Brasil em decorrência do mito da democracia racial e da ideologia do *branqueamento*[242], caracterizado por uma polidez superficial que reveste as atitudes e os comportamentos discriminatórios. Na pretensa democracia racial brasileira, dizer "você é negra" torna-se um tabu, para brancos e negros. Em função disso, criaram-se eufemismos, como "moreno", evitando-se o desconforto diante do emprego da palavra tabu — negra ou negro —, cujo poder de causar embaraços é, por si só, atestado cabal de um racismo renitente e hipocritamente envergonhado de si mesmo. "Moreno" é um termo adotado na década de 1930, com base na obra de Gilberto Freyre, e utilizado por vários ideólogos brasileiros, como Darcy Ribeiro[243]. O relato de Patrícia Maria também indica o conflito interno que dificulta o reconhecimento do racismo subjacente à relação com o outro. Ela tenta, por exemplo, suavizar o racismo, descrevendo-o como "não forte". Essa sua tentativa de suavizar o racismo sugere uma estratégia de defesa. Ademais, ela parece procurar se distanciar da discriminação, contando uma situação de racismo vivida por outras pessoas. São "eles", a família de amigos, que ela alega sofrer discriminação. Nisso, teríamos, então, mais uma estratégia de defesa do racismo. Segundo Patrícia:

---

[241] *Idem*, 2002.

[242] LIMA, M. E. O.; VALA, J. As novas formas de expressão do preconceito e do racismo. *Estudos de Psicologia*, Natal, v. 9, n. 3, p. 401-411, 2004.

[243] MUNANGA, 2004.

> *A gente tem uma família de amigos que eles sempre alegam que sofrem discriminação sim e eu percebo assim no trato de outras pessoas com elas que existe, sim. Existe uma separação. "Ah, não vou convidar tal pessoa". "Não vou convidar para a festa porque..." Não fala abertamente, mas você percebe [...]. As pessoas negras passam por vários processos assim. Até de não ser convidado para uma festa, porque... Já presenciei sim.*

Sabemos da dificuldade do negro em se constituir em sujeito, diante dos obstáculos impostos pelos *enquadres* que viemos descrevendo neste trabalho: reificação do negro, inferiorização, internalização da ideologia do *branqueamento* e desvalorização da identidade do negro, que trazem à tona, entre outros itens, conflitos psíquicos decorrentes do processo de assumir a identidade negra no Brasil. Essa dificuldade marca a vida dos negros, que reagem de diferentes maneiras, recorrendo a mecanismos variados para lidar com o sofrimento psíquico[244]. Sem dúvida, são singulares as estratégias psíquicas das quais se valem os indivíduos para lidar com o racismo. Patrícia Maria tenta suavizar o conflito racial. Virgínia, por sua vez, reage de forma mais incisiva, prontamente reconhecendo as vantagens materiais e simbólicas de ser branco em nossa sociedade, conforme segue em seu relato:

> *E existem outras situações, por exemplo, eu fiz um curso na Prefeitura de São Paulo de mídias e aí eu tenho uma relação muito boa com essa coisa de tecnologia, porque eu gosto. E aí no fim do curso [...] era para ter entregue um trabalho só de vídeo, mas eu fiz três trabalhos. Tinha uma outra mulher, que era branca, e estava com problemas para fazer as atividades e ela não tinha nenhum trato com as tecnologias. A moça que estava ministrando o curso, em certo momento, falou assim: "Eu estou precisando de uma pessoa para trabalhar aqui comigo" e virou-se para ela que não tinha nenhuma experiência com tecnologia e ofereceu a vaga.*

Este relato nos remete a estudos da década de 1970 que constataram as desvantagens enfrentadas pelos negros na inserção e na mobilidade no mercado de trabalho, guiado por uma lógica racial que favorece os indivíduos brancos[245]. Ainda, essas escolhas, pelo fato de o racismo não ser explicitado, criam no sujeito discriminado o efeito traumático de um enigma psíquico[246], como se percebe no relato de Virgínia.

---

[244] COSTA, 2012.

[245] Ver mais em: HASENBALG, 1979; PEREIRA, A. M. *Por que estudar a história da África?* Rio de Janeiro: Ceap, 2006.

[246] GONÇALVES, F. J. M. A invisibilidade pública. *In:* COSTA, F. B. *Homens invisíveis:* relatos de uma humilhação social. São Paulo: Globo, 2004. Prefácio.

Conforme observamos nos relatos de Patrícia Maria e Virgínia, a assunção plena da negritude é um processo penoso, tanto para si quanto perante os outros. Assumir-se como negro, embora se constitua em experiência libertadora, também pode ser uma experiência dolorosa, suscitando diferentes reações e estratégias por parte dos indivíduos negros[247], como vimos ilustrativamente nos relatos coletados. O *enquadre* pode ter uma função de inferiorização, mas também, ao não ser enfrentado, cria uma zona de conforto. Ao escalonar as atitudes racistas em "leves" e "fortes", Patrícia Maria reage de forma a amenizar a dor provocada pelos conflitos raciais. Já a reação de Virgínia é de dupla confirmação do conflito racial, reconhecendo-se e pondo-se a ser reconhecida como negra, percebendo os efeitos dos estereótipos historicamente associados à raça.

Apesar de a presença das teorias raciais nos *enquadres* reservar um lugar de superioridade para o branco, as nossas entrevistadas que se identificaram como brancas também vivenciaram experiências que permitiram a ruptura com os seus papéis historicamente construídos. Fazem referência às lembranças da infância que as marcaram e as sensibilizaram sobre o racismo, manifestando identificação e empatia pelo outro discriminado. É caso de Lilian, que viveu uma história de racismo aberto e violento na África do Sul, sob o jugo do Apartheid, ocasião em que seus pais e avós moraram no país. Ao mencionar as lembranças da infância, a sua expressão facial e o tom de voz deixavam entrever que aquelas experiências a marcaram de forma indelével. Quando criança, escutava do pai que ele costumava bater nos negros até fazê-los sangrar; e da mãe, que a avó não deixava negros entrarem em sua casa porque tinha nojo.

> *Os meus pais moraram na África do Sul e os portugueses são racistas. Minha mãe contava como era a vida lá, que tinha a rua dos brancos e a rua dos negros, que os negros não podiam pegar o mesmo ônibus que os brancos. Tinha uma moça que limpava a casa dela [da mãe] quando a minha avó não estava. A minha avó ajudava o meu avô no comércio que eles tinham e ela não deixava essa moça entrar dentro de casa para fazer algumas coisas. Minha mãe deixava a moça entrar para ajudar a limpar a casa sem a minha avó perceber e a moça levava o filho dela nas costas, amarrado com um pano, porque ela não tinha com quem deixar. No comércio do meu avô, tinha as coisas para os negros e tinha as coisas para os brancos, as coisas para os negros*

---

[247] FANON, 1980.

> *eram as sujas, as ruins. Se o meu avô olhasse para a cara de um*
> *negro e não gostasse dele, ele batia. O meu pai também [batia],*
> *ele trabalhava lá no comércio e era esse tipo de tratamento que*
> *eles tinham com os negros. Fui criada em uma família católica e*
> *a gente tinha todos aqueles princípios de Deus e, quando eu ouvia*
> *essas coisas, eu ficava muito entristecida. O meu pai falava rindo*
> *que ele batia até arrancar sangue, até desfigurar e aquilo assim*
> *me deixava estarrecida, com aquela atitude.*

Esse relato de violência extrema não era incomum em famílias religiosas. Lembremo-nos da conhecida interpretação racista do Velho Testamento sobre a maldição de Noé, que justifica a escravização dos africanos, os quais seriam os descendentes de Cam[248]. Ademais, a Igreja Católica, sabemos, legitimou o escravismo. No relato de Lilian, podemos também encontrar elementos que associem a manifestação do preconceito e da discriminação em sua família ao racismo simbólico[249], isto é, a percepção dos brancos sobre os negros como ameaça simbólica à cultura dominante, e como violadores dos valores que mantêm o *status quo* das relações inter-raciais. Em nossa pesquisa, foi possível identificar que há indivíduos brancos que conseguem romper com essa estrutura, ou seja, manifestar-se de forma crítica e alterar o *enquadre* que os coloca numa posição social de privilégios. É o que podemos observar no relato de uma de nossas entrevistadas, Maria:

> *Para o branco, sempre se dá mais vantagem, sempre tem uma*
> *desculpa a mais e o negro já não tem tanta desculpa assim, é mais*
> *incisivo [...]. Mas sim, a gente percebe às vezes alguns comentários*
> *de algumas posturas que está incutido uma visão bem racista*
> *por trás.*

O relato mostra que alguns indivíduos do grupo que se beneficiam da *branquitude* têm clareza das vantagens e dos privilégios associados à sua cor de pele. Nossa entrevistada Maria relembra os conflitos presentes na infância, nos momentos de socialização, durante as brincadeiras: um período de "inocência", mas também de atitudes espontâneas, às vezes cruéis. Consideremos o seguinte relato de Maria:

> *A gente percebia assim o afastamento das pessoas, mas não era*
> *uma atitude consciente. Você via assim: "Ah! Você vai brincar*
> *com eles? Então, não vou brincar com você." Só iam brincar com*
> *a família do zelador quando o prédio estava vazio, sabe aquela*

---

[248] HOFBAUER, 2006; MUNANGA, 2004.

[249] LIMA, 2004.

coisa de temporada? Não tem ninguém no prédio, então eles servem de amigos. Quando começa a chegar todo mundo e eles não servem mais como amigos, não só pela condição negra, mas pela condição social, de ser o zelador. Isso é racismo, isso ele está fazendo por racismo, a gente sabia que isso estava errado, mas não tinha essa consciência do porquê estava errado.

Mesmo em meio a brincadeiras, a perspectiva das interseccionalidades é demarcada ao relacionar opressões sobrepostas de raça, classe e, em muitos casos, de gênero. Associar a imagem de um negro a profissões que não exigem ensino superior e, ao mesmo tempo, incluir brancos em cargos considerados de alto escalão pela sociedade é uma atitude que reforça estereótipos ligados à pobreza para a pessoa preta e parda. A marcação de lugares subalternos pode levar ao sofrimento psíquico e à negação da própria cor da pele. Outro caso comum é a associação de mulheres pretas e pardas com o cargo de empregada doméstica, atitude geralmente acompanhada da desvalorização desse cargo. Nesse âmbito, em um contexto social mais amplo, Patricia Hill-Collins traz contribuições sobre o tema ao propor que as interseccionalidades sempre sejam analisadas por uma perspectiva relacional:

> Raça, classe, gênero, sexualidade, idade, habilidade, nação, etnia e categorias de análise semelhantes são mais bem compreendidas em termos relacionais, em vez de isoladamente umas das outras; Essas categorias mutuamente construídas fundamentam e moldam sistemas de poder que se cruzam; as relações de poder do racismo e do sexismo, por exemplo, estão inter-relacionadas; os sistemas de interseção de poder catalisam formações sociais de desigualdades sociais complexas que são organizadas por meio de realidades materiais desiguais e experiências sociais distintas para as pessoas que vivem nelas.[250]

Maria, como educadora, desenvolveu um blog temático, Curiosidades da África, com o objetivo de compartilhar as experiências pedagógicas acerca das relações raciais. No blog, há um espaço para que as pessoas manifestem suas opiniões, as quais, antes de serem publicadas, como de costume, são ou não aprovadas pelo responsável pelo blog, no caso, Maria. Ela nos falou sobre um desses comentários com certa indignação:

> *Eu tenho que aprovar [o comentário] para ser publicado porque tem gente anônima que escreve cada barbaridade que você não*

---

[250] COLLINS, Patricia Hill. Intersectionality's definitional dilemmas. *Annual Review of Sociology*, Palo Alto, v. 41, p. 1-20, Apr. 2015. p. 15, tradução nossa.

> *acredita. Não são muitos, mas tem gente... O último eu fiquei chocada, tem um tema do blog que se chama* Curiosidades da África *e estava lá o comentário: "Ah! Você acha que a África é que é curiosa? É porque você não conhece a Europa, não conhece a Ásia..." e começou a falar um monte de curiosidades da Europa e da Ásia. Geralmente é anônimo, só que essa deixou o endereço do blog e eu entrei. Quando eu entrei no blog da pessoa eu fiquei chocada. Uma menina que aparentava uns 10 anos, negra. Eu estava esperando qualquer coisa, mas quando me deparei com isso vi que é uma coisa que não está sendo resolvida na escola, é uma coisa que não é resolvida na família.*

No relato, podemos identificar vários elementos imbricados na problemática do racismo, até mesmo o mais liminar conhecimento da geografia escolar à sobrevalorização da Europa em oposição à ideia estereotipada da África. Além disso, o fato de a criança que fez o comentário no blog ser negra corrobora os resultados das pesquisas sobre o racismo na infância, que indicam que as crianças, desde muito pequenas, internalizam o ideal de branquitude, em consequência não se reconhecendo como negras[251]. Nossas entrevistadas também fizeram menção ao chamado "racismo às avessas", ideia que responsabiliza os negros, justamente as maiores vítimas do preconceito racial, pelo fomento do racismo. Essa ideia aparece no relato a seguir, de Virgínia:

> *Muitas pessoas até dizem que há racismo no Brasil, mas que esse racismo é responsabilidade dele [o negro]. Está circunscrita ao grupo que recebe o racismo, que seria a população negra. Assim, "Olha, o racismo até existe, mas o negro e a negra seriam os principais transmissores desse racismo na sociedade" [...]. É como se racismo tivesse aí, mas que as pessoas negassem o tempo inteiro, escondessem e o grupo negro, fosse aquele que por, às vezes, reivindicar ou colocar o dedo na ferida, fosse o responsável por ele. Então, é meio esquizofrênico.*

De fato, como afirma nossa entrevistada, o comportamento em relação ao racismo é contraditório. Ao mesmo tempo que se nega a sua existência, ele se expressa nas práticas cotidianas como instrumento de demarcação de lugares de poder. Por exemplo, o cabelo do negro em nossa sociedade manifesta o conflito racial atingindo negros e brancos em nosso país, tendo em vista a construção histórica do racismo no Brasil[252]. Em relação aos negros,

---

[251] Ver mais em: CAVALLEIRO, 1998; FAZZI, 2006; SILVA, 2009.

[252] GOMES, 2002.

foi destinado o lugar daquele que sofre a dominação política, econômica e cultural; e ao branco, o lugar dominante. Neste sentido, ser um negro com identidade afirmativa — isto é, que reivindica direitos de uso de seu corpo, cultura e afins — é expor o que a sociedade se esforça para negar: o racismo. Não à toa, a internalização do ideal de branquitude provocou conflitos psíquicos, em especial em indivíduos negros[253]. Maria destacou, ainda, o racismo "camuflado", cujo ocultamento foi alicerçado na ideologia da democracia racial, no Brasil:

> Eu acho, acho que o Brasil é bem racista, é meio camuflado com essa história "somos todos irmãos", mas eu acho que é bem camuflado, no fundo, as pessoas são racistas. A gente vê, mesmo no âmbito escolar a gente vê colegas, algumas posturas, alguns comentários, o próprio comércio, a vida do dia a dia mostra bem isso, que a gente gosta de camuflar esse racismo, mas ele existe sim, eu acho. Eu acho não, eu tenho certeza.

Para pensar as características do racismo brasileiro, algumas entrevistadas lançaram mão da comparação entre Brasil e Estados Unidos. Afirmaram considerar que um dos problemas no enfrentamento do racismo brasileiro é que ele se manifesta de forma velada, dificultando a reação.

> Ele não é uma coisa revelada, como é nos Estados Unidos. Existe toda aquela separação que a pessoa é negra ou é branca. [No Brasil] Não tem isso, que eu percebo, mas é uma coisa muito velada, muito silenciosa [...]. E não é questão de família, é em questão de aparência, da cor da pele. Se a criança é negra e ela tem a cor da pele bem preta, bem escura, ela já é considerada diferente de uma criança que você vê os traços negros, sabe que a família dela é negra e ela tem a pele um pouco mais clara. Então, a criança, ela se acha branca [...]. Ou acha que falar que a criança é negra é considerado um xingamento. "Ah, eu não sou negro, eu sou moreno".[254]

> Eu acho que o Brasil tem alguns entraves de povo, de nação, por conta desse conflito, somos uma nação negra praticamente, mas não assumimos que somos uma nação negra. Então, nós temos ainda conflitos internos que a gente sofre porque não está bem resolvido isso [...]. Não conheço o problema nos Estados Unidos, mas eu sei que lá as coisas são muito claras, eles assumem o racismo, o negro assume o seu papel de decidir lutar, de fazer valer a sua palavra,

---

[253] Ver mais em: FANON, 1980; NOGUEIRA, 1955; SOUZA, 2008b.

[254] Lilian, 23 mar. 2012.

> *quer dizer, existe uma coisa que é aberta e eles tentam resolver. Não sei se é isso porque a gente vê de fora, só que a gente não vê isso no Brasil, no Brasil as coisas são camufladas. "Aqui tudo é oba, oba, todo mundo é irmão", não é bem assim [...]. Então, ficam as coisas camufladas, o oprimido continua sendo oprimido e as coisas... "Ah! Não, aqui não existe isso". Existe, sim.[255]*

Patrícia Maria revela outro aspecto singular do racismo brasileiro:

> *Por exemplo, eu acho os americanos têm um racismo declarado. Mas o presidente deles é negro, a cantora deles mais famosa é negra, os caras de cinema são negros, os maiores esportistas deles são negros. Então, eles são declaradamente racistas, mas a oportunidade existe. No Brasil, a nossa cantora mais famosa não é negra, o nosso cantor mais famoso não é um negro, os nossos jogadores de futebol, sim. Então: Até que ponto o racismo velado te dá chances? Os americanos são declaradamente, eles têm um preconceito deles, mas o cara chegou, as cantoras chegam, a música deles é negra. Então, no Brasil, não. A gente teoricamente aceita melhor as coisas, mas a gente não tem essas oportunidades. Então o velado é pior, porque vai te deixar quieto [...]. É um pensamento conflituoso... Por exemplo, eu não acho que o brasileiro é um povo briguento, não briga por questões importantes.[256]*

Patrícia Maria destaca o racismo declarado dos Estados Unidos, oposição ao brasileiro, velado. Consideramos fundamental ser o racismo declarado, para seu enfrentamento, embora insuficiente para assegurar a igualdade de distribuição de oportunidades sociais, mesmo nos Estados Unidos. De qualquer modo, pensamos que o racismo é um problema que afeta os países de maneira singular. Assim, divergimos da ideia de que há um racismo "melhor" ou mais brando.

Lilian assinala o fato de o racismo orientar as relações sociais, influenciando a constituição das subjetividades dos brasileiros. Aos indivíduos de ascendência africana, caberia um lugar social marcado pela desvalorização, associado ao legado do escravismo, conforme visto nos *enquadres* que abordamos em nosso primeiro capítulo. Desconsiderar nossas atitudes permeadas por preconceitos leva à reprodução do racismo. Conforme Lilian:

> *A gente tem uma diretora negra na escola. Muitas vezes, os pais vêm procurar a diretora e não olha para ela, não a enxerga como diretora, porque já criou na nossa mente aquela ideia de que as*

---

[255] Maria, 16 out. 2012.

[256] Patrícia Maria, 8 mar. 2012.

> *pessoas que têm cargos melhores, as pessoas que são melhores posicionadas são brancas. É uma coisa assim que foi construída na nossa cultura. E que está na gente, na nossa visão, na televisão. Então eu vejo isso no Brasil, esse racismo que é silencioso. Está por baixo das nossas atitudes. Muitas vezes, a gente tem essa atitude, porque a gente não reflete sobre ela e a gente acaba reproduzindo, porque é uma coisa até cultural.*

Em suas considerações, Lilian refere-se também à ideia do preconceito como algo profundo, submerso na esfera inconsciente dos sujeitos, o que bem expressa a força da ideologia na constituição das subjetividades, amalgamando-se na visão de mundo dos sujeitos.

Ao compararem o modo como o racismo se manifesta no Brasil e nos Estados Unidos, nossas entrevistadas apontam para especificidades importantes presentes nesses dois países. Os precursores estudos de Nogueira[257] contribuem para melhor entendermos esses relatos. Neles, é possível identificar características atribuídas por Nogueira à sociedade brasileira, isto é, a existência de um racismo fenotípico, no qual as características físicas são os principais marcadores raciais. No Brasil, o racismo é complexo e sofisticado, manifestando-se de diversas formas, muitas vezes sutis. Esse é um dos motivos que contribuem para a reafirmação do mito da democracia racial. Ao não ser reconhecido abertamente, o racismo dilui-se na sociedade, dando a falsa impressão de vivermos uma "harmonia racial".

Em outras palavras, o racismo brasileiro pode ser verificado em atitudes cordiais, nas entrelinhas do discurso ou até em atitudes mais diretas, na interação face a face, como apresentado nos relatos de nossas entrevistadas. Obviamente, a criação de mecanismos legais, leis e instrumentos que criminalizam as injúrias raciais — a Constituição federal de 1988 estabeleceu como crime inafiançável a discriminação baseada na raça —, impõe um comportamento mais voltado ao politicamente correto. Mais recentemente, foi sancionada a Lei 14.152/2023, que equiparou a injúria racial ao crime de racismo e tornou-a delito inafiançável e imprescritível. Contudo, ações como essas não inibem integralmente a manifestação do racismo, já que ele toma formas cada vez mais sofisticadas.

As experiências com o racismo, vividas por brancos ou negros, deixam marcas profundas no psiquismo dos indivíduos. Entretanto, as experiências com o racismo de nossas entrevistadas indicam que, apesar da influência dos *enquadres*, que inferiorizaram os afrodescendentes, existe a possibilidade de ruptura.

---

[257] NOGUEIRA, 1955.

4.3 Manifestações racistas na escola e práticas de enfrentamento

A escola é um importante espaço de socialização das crianças e de formação da identidade[258]. Desse modo, a escola tem um papel fundamental na desconstrução dos estereótipos e do preconceito. Todavia, esses fenômenos persistem no ambiente escolar.

Os espaços escolares revelam o drama racial vivido pelas crianças negras brasileiras[259], fato corroborado pelos relatos de nossas entrevistadas. Porém, elas aproveitaram essas experiências para tematizar em sala de aula os conflitos advindos do racismo. O relato a seguir indica a vigência do preconceito racial no ambiente escolar:

> Muitas vezes, eu já presenciei no espaço da escola, crianças negras serem ofendidas na sua condição de criança negra, então é uma situação muito dolorosa [...]. É muito doloroso porque você tem um vínculo, às vezes, com a pessoa que está sendo preconceituosa e aí você tem que ter um trato para falar, mas você tem que pensar que ali é uma criança negra que está sendo formada por alguém que é preconceituoso.[260]

É significativo observar a dificuldade em intervir, se há vínculos entre o professor e o agente da discriminação. Virgínia, no entanto, deixa claro considerar que a manifestação do professor é essencial diante de uma situação de discriminação racial, ou seja, o silêncio implica prejuízo para a formação das crianças. O preconceito racial no ambiente escolar produz relações conflituosas e tensas — alcança questões não resolvidas nas crianças e nos professores —, como se pode perceber com o relato de Virgínia. Outras vezes, o silêncio acontece em virtude das relações marcadas por hierarquias e/ou proximidade entre os pares. Contudo, o relato da professora Virgínia mostra que um professor atento à questão racial consegue perceber essa dificuldade e procura construir estratégias para enfrentar a complexidade da questão, com vistas a assegurar o direito da criança negra à educação antirracista. A situação descrita a seguir, por Virgínia, ilustra como as relações entre alunos e professores também podem ser marcadas pelo acirramento do conflito racial:

> Uma professora usou a palavra "neguinha" de forma pejorativa com uma aluna e a mãe comprou um celular, gravou e essa pro-

---

[258] CAVALLEIRO, 1998; FAZZI, 2006.

[259] CAVALLEIRO, 1998; FAZZI, 2006; SILVA, 2009.

[260] Virgínia, 10 fev. 2012.

fessora foi indiciada num processo administrativo, porque ela tratava as crianças com bastante grosseria e aí chegou a utilizar essa coisa... "Ah, sua neguinha. O que você acha que você é? Não fala assim comigo..."

A entrevistada ressalta de que modo a hierarquia de poder presente na relação professor-aluno pode ser usada para impor uma visão de hierarquia racial[261]. Se, por um lado, temos uma situação de reafirmação do racismo, por outro, também observamos uma tomada de consciência de direitos dos sujeitos envolvidos na discriminação racial, fruto de um processo longo de mudanças, alicerçadas na construção de instrumentos legais, por sua vez, resultante das reivindicações dos movimentos sociais negros[262]. Se alguns professores apresentam dificuldades em lidar com a questão racial, nossa entrevistada Virgínia diz que sua presença, como professora negra, já produzia um efeito positivo na constituição da subjetividade das crianças:

Algumas crianças negras de outras salas vêm me contar atitudes racistas de outras pessoas. Eles não têm nenhum vínculo comigo. Eles me veem na escola e com o passar do tempo eles... Eu não sei... eu acho que é o jeito de mover, é o jeito de falar, a forma de lidar.

Uma das formas de enfrentar o racismo no ambiente escolar pode ser justamente a presença de professores negros, possibilitando o processo de identificação discutido em nosso capítulo inicial —, permitindo ao sujeito o estabelecimento de laços afetivos com um grupo, ou o reconhecimento em si de traços que percebe no outro ou, ainda, o reconhecimento no outros de traços que deseja para si[263]. A presença de professores negros no ambiente escolar pode proporcionar aos alunos negros o contato repetido com um modelo de identidade racial negra positiva, levando-os a repensar os estereótipos. Esse processo não é facultado diante da presença de professoras brancas, embora também elas possam empreender o questionamento do racismo, por meio de práticas pedagógicas criativas. Quanto à ideologia da *branquitude*, consideremos este relato de Virgínia:

Ano passado eu tive um aluno de uma outra professora que veio falar para mim que queria ser branco, com cinco anos de idade,

---

[261] GOMES. N. L. Alguns termos e conceitos presentes no debate sobre relações raciais no Brasil: uma breve discussão. *In*: BRASIL. *Educação anti-racista*: caminhos abertos pela Lei 10.639/03. Brasília: Secad/MEC, 2005a. p. 39-62; MUNANGA, 2005; SILVA, 2009.

[262] FERNANDES, 1965; SANTOS. G. A. *A invenção do "ser negro"*: um percurso das ideias que naturalizaram a inferioridade dos negros. Rio de Janeiro; São Paulo: Educ; Fapesp; Pallas, 2002.

[263] COSTA. 2012.

> *ele já tinha noção do capital social, do que isso representava. Ele falava assim: "Meu pai não é negro, não. Minha mãe é negra. Meu pai, não". O pai dele é negro, só que é mais claro que a mãe. Então, ele já usava isso como referencial... E o menino é muito escuro. Nesse dia, eu chorei muito na escola. "Meu Deus do Céu, o que a gente está fazendo com essas crianças?".*

Observamos na fala do aluno a negação de sua negritude, o que nos parece ser o resultado da associação entre aquele que é inferior e determinadas características físicas. No caso em questão, a associação teria influenciado fortemente a constituição do psiquismo da criança, acarretando graves conflitos psíquicos ao sujeito negro que, inconscientemente, maltrata seu corpo, para se castigar ou para ser aceito socialmente[264]. Para os indivíduos negros, a sua corporeidade negra, evidenciada nos seus traços fenotípicos, não lhes deixa esquecer as marcas de sua ancestralidade africana, historicamente relacionada ao passado escravista[265]. A internalização de ideias depreciativas ligadas ao fato de ser negro pode favorecer a manifestação de estratégias psíquicas defensivas, como a tentativa de aproximação do modelo de ser branco. Os conflitos psíquicos gerados por esse processo de internalização trazem sofrimento, dificultando o reconhecimento de si mesmo como negro. Ao fim, sua subjetividade é marcada pela desvalorização. Não raro, as crianças, desde tenra idade, orientam-se pelo ideal de *branquitude*, sedimentado pelos *enquadres* disseminados pela sociedade brasileira e reproduzidos no ambiente escolar. A *branquitude* é uma apropriação simbólica que, por um lado, fortalece o autoconceito do grupo branco e, por outro, causa prejuízos à subjetividade das pessoas não brancas[266]. Vejamos o relato a seguir:

> *Estava com as minhas crianças na fila para pegar o almoço e eu falei para ela [uma moça da limpeza que era negra]: "Olha, está vendo esse menino? Eu acho ele tão lindo, acho lindo quando o cabelo começa a crescer e fica aquelas bolinhas, aquelas ondinhas em cima da cabeça". [Ela disse]"Credo! Como é que você pode falar que isso é bonito?". Eu falei: "Me desculpe, se você não acha, eu acho. Eu acho que ele é bonito".[267]*

---

[264] FANON, 1980; SOUZA, 2008b.

[265] REIS FILHO, 2005; SILVA, 2009; GOMES, 2002.

[266] BENTO, M. A. S. *Pactos narcísicos no racismo*: branquitude e poder nas organizações empresariais e no poder público. Tese (Doutorado em Psicologia Escolar e do Desenvolvimento Humano) – Universidade de São Paulo, São Paulo, 2002.

[267] Lilian, 23 mar. 2012.

A situação descrita confirma que a ideia construída socialmente do cabelo crespo também interpretado como um marcador de inferioridade nas relações sociais[268]. Nesse caso, a moça da limpeza expressava o ideal de beleza validado socialmente negando a sua própria identidade. A criança negra não poderia ser considerada bonita pela moça da limpeza, pois evocaria nesta, possivelmente — ainda que inconscientemente, sua própria condição de negra. Nisso, observa-se a dificuldade de se reconhecer negro no outro que também é negro[269]. No próximo relato, fica expressa a complexidade do racismo: *"A gente tem secador de cabelo, chapinha e eles brincam muito com a chapinha. Então, estão sempre fazendo chapinha. Alisam o cabelo das bonecas. Os meninos alisam o cabelo do outro"*[270].

Patrícia Maria é um caso emblemático no percurso da pesquisa. Apesar de ter sido protagonista na mobilização das professoras da escola onde atuava contra o lápis "cor de pele" da marca Faber-Castell e que, portanto, demonstrava uma consciência crítica acerca do racismo, ela não percebeu a contradição presente em atividades lúdicas desenvolvidas por seus alunos. Nessa perspectiva, o alisamento do cabelo é uma negação da negritude e indica a complexidade do problema racial. De qualquer modo, geralmente, as manifestações de racismo mais percebidas são mesmo as explícitas:

> Mas a gente sempre teve casos [de racismo], principalmente aquelas palavras pejorativas, chamar de macaco, aquelas coisas [...] às vezes, o que era comum de se presenciar é esse tipo de comentário da condição do aluno que não aprende, que é o aluno que sempre dá mais trabalho, essas reclamações que os professores fazem. Quando você vai olhar, são sempre os alunos com as condições mais precárias, sempre pejorativo, quer dizer, tudo de ruim, era sempre o favelado, o pobrezinho, o negro.[271]

O depoimento de Maria vai ao encontro dos resultados dos estudos de Fazzi[272], que identificou o uso de termos pejorativos associados ao negro no ambiente escolar. A associação entre desempenho escolar, classe e cor da pele também não é novidade. Lembremo-nos do estudo de Dávila[273], que menciona a utilização de testes para a classificação dos alunos, encaminhando

---

[268] GOMES, 2002.

[269] FANON, 1980; SOUZA, 2008b.

[270] Patrícia Maria, 8 mar. 2012.

[271] Maria, 16 out. 2012.

[272] FAZZI, 2006.

[273] DÁVILA, 2006.

os alunos pobres e, consequentemente, negros, para o ensino vocacional. A associação entre desempenho escolar, classe e cor da pele parece, então, persistir nos dias de hoje. Trata-se ainda da reprodução de opressões interseccionadas dentro do ambiente escolar, que contraria a visão de bell hooks da educação como prática de liberdade:

> [...] a problematização dos conceitos de gênero e raça, construídos ao longo da nossa história, assim como suas relações com o surgimento das desigualdades são pontos cruciais para que políticas educacionais intra e extraescolares sejam problematizadas. Desse modo, seriam, também, implementadas nas instituições escolares, pois as escolas, em especial na figura do/a professor/a, precisam compreender que "ensinar de um jeito que respeite e proteja as almas de nossos alunos é essencial para criar as condições necessárias para que o aprendizado possa começar do modo mais profundo e íntimo" (Hooks, 2017, p. 25).[274]

O relato de Maria faz referência, ainda, a uma outra associação automática, entre ser negro e ser pobre e favelado. Tal nexo revela e oculta o preconceito racial — ao fazer recair o preconceito contra o pobre , referendando as teorias que dizem que o preconceito no Brasil é de classe, e não de raça. Outras pesquisas contrariam essas teses mostrando que, mesmo na situação de pobreza, ser branco é uma vantagem[275]. Assim, se para o negro reconhecer-se como tal pode levar ao sofrimento psíquico e às desvantagens sociais e simbólicas, para o branco, a *branquitude* representa vantagens psíquicas, sociais e simbólicas. Na pesquisa realizada por Schucman[276], alguns de seus entrevistados relataram situações nas quais foram privilegiados por serem brancos, reconhecendo que pertencerem a um determinado grupo racial foi um fator importante para as suas conquistas profissionais.

Não obstante os relatos registrarem expressões do racismo, veem-se nos depoimentos de nossas entrevistadas diversas experiências com a discriminação, sobre as quais houve uma apropriação crítica, materializada em ações de enfrentamento do racismo. No caso de Virgínia, o enfrentamento foi possível ao associar sua experiência de vida com a história de seus alunos:

---

[274] FARIA, C. R. Gênero, raça e a interseccionalidade nas práticas escolares. *Rev. Ed. Popular*, Uberlândia, v. 21, n. 3, p. 179-193, dez. 2022.

[275] HASENBALG, 1979; SILVA; HASENBALG, 2000.

[276] SCHUCMAN, Lia Vainer. *Entre o "encardido", o "branco" e o "branquíssimo"*: raça, hierarquia e poder na construção da branquitude paulistana. 2012. Tese (Doutorado em Psicologia Social) – Universidade de São Paulo, São Paulo, 2012.

> *[...] essa foi a minha motivação, de perceber que aquelas crianças eram todas vinculadas a outros lugares que não aquele, mas que estavam ali e que elas não precisavam ser dali [periferia] a vida inteira. Mas era uma coisa que eu estava falando para mim mesma, entendeu? Que apesar de me colocarem naquele lugar de empregada doméstica, eu sabia que eu poderia ser muito mais do que empregada doméstica. E de que eu poderia sim estar na USP, por exemplo. Eu tinha que trabalhar isso em mim... Eu estava trabalhando isso em mim e estava trabalhando nas crianças, estava empoderando as crianças.*

Ao pensar suas práticas junto a seus alunos, Virgínia acaba por reconhecer-se na história de seus alunos. Ao mesmo tempo, muda o seu olhar sobre os alunos ao dissociá-lo da desvalorização ligada à sua condição social. O ato de reconhecer-se no outro que sofre com o racismo se apresentou de modo recorrente nos relatos das entrevistadas, fazendo-nos considerá-lo elemento fundamental na construção de práticas de enfrentamento do racismo. O reconhecer-se no outro é também estabelecer elos afetivos com aquele que sofre. Essa atitude primeira, a de identificação com a dor do outro, pode promover a ressignificação da experiência dolorosa provocada pelo racismo, permitindo assim a saída da condição de vítima.

> *E todas essas conexões comigo mesma, me fizeram ver que o que era mais valioso dentro dessa instituição, eram as relações afetivas, que só a partir delas, amadurecidas, fortalecidas e bem vividas é que a gente podia passar para o conteúdo do livro. Então, esse era o foco do trabalho [...]. Eu tinha aquele debate na sala de aula, do cotidiano e de eles perguntarem assim: "Professora, mas os donos de escravos eram brancos, como é que eles sentiram sendo donos de gente?" e a gente batia papo sobre isso.*[277]

Virgínia defende que construir estratégias outras, que não as tradicionais (como o uso de material didático), pode ser um caminho favorável para a discussão do racismo com crianças. No depoimento a seguir, a entrevistada Lilian vale-se dos seguintes recursos:

> *Eu sempre gosto de trabalhar isso com eles [...]. E a menina falava para mim que não era negra. A mãe dela era negra, o pai dela era negro, só que a pele dela era clara e ela dizia que não era negra, de jeito nenhum. Só que, conforme a gente foi trabalhando, foi vendo as revistas, a gente fazia bonequinhas negras e fui mostrando... A gente trabalhou a música da Sandra de Sá e conforme o tempo*

---

[277] Virgínia, 10 fev. 2012.

foi passando, ela chegou para a mãe dela e falou: "Mãe, sabia que eu sou negra e eu sou linda". E a mãe dela veio aqui na escola e me falou. Ela até quis gravar o depoimento. Ela ficou muito feliz quando ouviu a filha dela falar isso [...] nós estávamos construindo uma figura humana, então pedi para uma criança deitar no chão, na cartolina e eu fiz o contorno do corpinho dela [...] colocaram os olhos, cabelo, tudo. Aí, na hora de pintar a pele. Eu fiz a tinta marrom, para eles pintarem e foi proposital. Aí eles falaram: "Mas professora o que é isso? Que cor feia é essa que a senhora fez?" "Você vai pintar com essa cor?" "Essa cor é muito feia". Eu falei: "Mas é a cor de todos vocês, olha aqui". "Não professora! Para ficar bonito, a senhora tem que escolher a cor de pele", [eu disse] Então, vai lá no armário e pega a cor de pele, porque eu não sei o que é cor de pele. Então, eles foram no armário e pegaram um rosinha claro, salmão e me trouxeram: "A senhora tem que pintar com esse", aí eu falei: Tá, vocês falaram que isso é cor de pele. Isso, para mim, é rosa. Põe na sua pele para ver se é a cor da sua pele. Aí eles colocaram e viram que não era, então eu falei: Põe na minha, é porque eu também... eu queimadinha de sol também... aí eu falei: Acha alguém na sala que tem essa cor", aí eles não acharam... Eu falei: Isso não é cor de pele, isso é salmão, rosa claro. Cor de pele é essa aqui que a gente está fazendo aqui. Olha a cor de vocês [...].

A professora Lilian, de maneira muito perspicaz, conseguiu problematizar o racismo com base em uma situação aparentemente corriqueira: pintar uma figura humana. Sua estratégia foi provocar as crianças de tal modo que colocassem em questão o conhecimento que tinham sobre "a cor da pele" da figura humana. Um fato que poderia passar despercebido foi tomado como uma situação potencial para trabalhar a ideia de que há um padrão humano, isto é, um modelo de humano que apresenta uma única cor de pele, não por acaso, uma única cor que não é "rosa" e não é "marrom". Essas experiências realizadas por nossas entrevistadas apontam estratégias utilizadas para reagir à ideologia dominante do branqueamento. A situação do "lápis cor de pele" é emblemática e aparece também no relato da entrevista Patrícia Maria:

Sempre me perguntava: "Mas por que cor de pele?". Eu sempre questionei isso com eles. "Gente, existem várias cores de pele". E um dia, conversando na sala de professores, eu falei para as minhas colegas se elas já tinham visto que vinha escrito cor de pele [...]. Eu achava que era uma coisa coloquial, de cultura, de falar que tal cor é assim. Aí eu peguei uma caixa de lápis de cor da Faber-Castell e olhei: "Gente, a Faber-Castell escreve isso, como é que pode?" Falei: "Gente, mas isso é tão errado, vamos mandar uma

> *carta". Aí, sentamos e elaboramos a carta [...] um grupo grande [professores] escreveu o nome porque também não concordava e aí mandamos. Achei até que a Faber não iria responder, mas um dia eu estava sentada na sala dos professores e vieram com uma caixinha dos Correios: "Olha, chegou para vocês". Quando eu abri era a resposta da Faber-Castell, mandaram uma carta assinada e tudo, disseram que fizeram uma pesquisa de marketing e que realmente havia essa falha que eles iriam rever o nome para o rosa claro. A partir daquele ano, a Faber-Castell não utilizaria mais esse termo para aquela cor.*

O reconhecimento de práticas que propagam o racismo e a possibilidade de agir e argumentar contra elas são fundamentais para promover mudanças sociais, como percebemos no relato de Patrícia Maria ao identificar que o material escolar (o lápis "cor de pele") propagava a ideologia racista. Ao confirmar a origem da questão que a incomodava, *"Sempre me perguntava: Mas por que cor de pele? Eu sempre questionei isso com eles".* Ela tornou-se propulsora de uma ação de enfrentamento do racismo, cujos efeitos se fizeram sentir para além do âmbito escolar, repercutindo na sociedade como um todo.

Outra estratégia adotada por uma das entrevistadas, Maria, foi a desconstrução da imagem da África veiculada pela mídia:

> *Vamos procurar tudo o que é de melhor que a gente vai achar na África, porque o que há de pior está na mídia. O que foi ruim, a escravidão está em qualquer livro escolar, não preciso falar isso, já está incutido, todo mundo já sabe. Eu quero falar da África e o que ela tem de beleza [...]. Então, quando a gente começou a ter essa consciência, vamos desconstruir, o que todo mundo já sabe não interessa e o que ninguém sabe e nem a gente sabe [interessa], e aí foi um pouquinho de um, um pouquinho de outro, [daí] a gente foi construindo essa África bela paras crianças, mostrando as coisas grandiosas. [para que as crianças pudessem dizer] "eu quero ser africano", "eu tenho orgulho de falar que meu povo veio de e lá". Vou ter orgulho de falar de um povo que foi sempre oprimido, apanhou? Quem quer? Ninguém quer ser, não é verdade? E foi assim que a escola conseguiu vir trazendo esse assunto dentro da escola mesmo.*

Essa foi uma estratégia que mobilizaram várias pessoas na escola de atuação de Maria, potencializando a construção de outra ideia de África, de africanos e de afro-brasileiros. O enfrentamento do racismo também pode ser abordado por meio da desconstrução dos estereótipos, a apresentação do conhecimento sobre a África, berço da humanidade[278]. O conhecimento sobre o continente africano, além de desvelar os preconceitos, possibilita uma valorização da história do povo negro na formação da identidade dos brasileiros. Essa estratégia educativa indica que uma leitura não enviesada pode contribuir para que as crianças negras desenvolvam uma autoimagem positiva de si, com base no conhecimento de outra história sobre sua descendência.

O *silenciamento* dos professores diante das manifestações do preconceito e da discriminação racial no ambiente escolar reforça o racismo vigente, estimula o aumento dos conflitos intraclasses e a evasão dos educandos[279]. Na contramão do *silenciamento*, nossas entrevistadas elaboraram práticas de enfrentamento do preconceito e da discriminação racial, não obstante a complexidade do fenômeno.

Os relatos apresentados nessa categoria apontam elementos importantes para entender o funcionamento do racismo no ambiente escolar. Eles oferecem contribuições para a atualização dos estudos clássicos sobre a temática racial na escola. Além disso, indicam os desdobramentos resultantes dos diversos *enquadres* estudados, dos quais emergem ideologias como a do *branqueamento*, cujos efeitos pudemos observar nos depoimentos das entrevistadas. Nesses depoimentos, encontramos também estratégias pedagógicas criativas de combate ao racismo no ambiente da escola, sobretudo quando essas práticas têm lugar nas etapas iniciais da educação, confirmando as constatações da pesquisa de Souza e Croso[280].

4.4 Percepção sobre a Lei 10.639/2003

Nesta pesquisa, procurou-se também entender a importância, para as entrevistas, da alteração da Lei 9.394/1996 pela Lei 10.639/2003, que instituiu a obrigatoriedade do ensino da História da África e Cultura Afro-Brasileira no currículo escolar brasileiro. Interessava-nos saber quão abrangente era o conhecimento das entrevistas sobre a lei e em que medida esta havia influenciado suas práticas pedagógicas premiadas. Todas as entrevistadas tinham conhecimento da lei. E algumas delas já desenvolviam ações de enfrentamento do racismo mesmo antes da sua promulgação.

---

[278] MOORE, 2010.

[279] CAVALLEIRO, 1998; SILVA, 2009; ROSEMBERG, 1987, 1990.

[280] SOUZA, A. L. S.; CROSO, C. *Igualdade das relações étnico-raciais na escola*: possibilidades e desafios para a implementação da Lei 10.639/2003. São Paulo; Peirópolis: Ação Educativa; Ceafro; Ceert, 2007.

A Lei 10.639, resultado da reivindicação dos movimentos sociais negros, é um significativo instrumento no combate à discriminação racial. Por meio do ensino da História da África e Cultura Afro-Brasileira, é possível promover a desconstrução dos estereótipos acerca do continente africano e a valorização de sua contribuição na formação da sociedade brasileira. Consideremos as considerações da professora Virgínia:

> *A Lei, na verdade, ela é um reflexo de uma luta muito anterior. [...] E aí a gente consegue em 2003 emplacar uma legislação específica para a educação. A Lei obriga a repensar o seu papel enquanto educadora, o seu papel enquanto cidadão, eu não sei se eu gosto dessa palavra, enquanto ser humano. Porque quando ela fala assim: "Você, obrigatoriamente, tem que aprender a cultura afro-brasileira e africana", abre o seu olhar [...] Você começa a ler e descobrir coisas que ninguém nunca te disse, outra perspectiva de sociedade, de mundo, de relação humana e é isso. Isso entra em conflito com tudo aquilo que você aprendeu numa sociedade, que assimilou uma cultura que não era dela, uma cultura europeia, aí eu acho que pira a cabeça.*

Entretanto, a efetividade da lei não é tarefa exclusiva da escola, uma vez que o enfrentamento do racismo requer o envolvimento de toda a nossa sociedade. Supõe-se que, todavia, a sua existência pode favorecer o encorajamento dos indivíduos no enfrentamento do racismo.

Ao valorizar o conhecimento da cultura dos povos africanos, reiteradamente silenciada na história, contempla-se a possibilidade da construção de uma educação antirracista[281]. Nesse sentido, é não fazer com a história da África o que se fez com a história do Haiti. Os relatos a seguir destacam a importância da lei na problematização do lugar que se tentou atribuir ao negro na história:

> *[...] a Lei tem que ser cumprida. Então, eu como sou cidadã brasileira posso matricular minha filha em uma escola e olha vocês não estão cumprindo a Lei, eu vou acionar o Ministério Público. Quer dizer, a gente poder fazer isso hoje, é um ganho concreto. Mas, como eu disse, não é completa, como nada já vem pronto. [...] A gente precisa continuar, somando esforços para que isso não morra, não seja uma letra morta. Por exemplo, outro reflexo é essa coisa do Censo 2010, você tem aí um número maior de pessoas se declarando pardas, pretas, indígenas, e menos pessoas se declarando brancas... De algum modo, a Lei colaborou nessa discussão.*

---

[281] CAVALLEIRO, 1998.

> *Porque, na verdade, eu acho que o obstáculo maior é a ignorância de não conhecer nada do que diz respeito à população africana no mundo e à população afro-brasileira. Em 2003, as pessoas continuavam achando que a África era um país, a África é um continente. Tem gente que ainda hoje, se você for perguntar, acha que por exemplo, na África só tem tribo [...]. Então, eu acho que o racismo e a ignorância são os principais impeditivos.*

Esses depoimentos de Virgínia reforça a ideia de que o silêncio na história sobre o papel da cultura africana e afro-brasileira na construção da sociedade brasileira foi importante na manutenção da ideologia elaborada desde os tempos da colônia. Nesse horizonte, a Lei 10.639 é pioneira, auxiliando na promoção do rompimento da dinâmica instituída pelos *enquadres* anteriores à Constituição federal de 1988. Aqui, vale analisar também o depoimento de Lilian:

> *Eu acho que foi muito importante mesmo, porque você ia para a escola... Você estuda o quê? Estuda história da Grécia, história da Europa, vê um pouco dos Estados Unidos, como se a gente só viesse dali, só tivesse gente de lá, como se só eles fossem importantes. E o que a gente acaba pensando da África? A gente cria na nossa mente o que a televisão joga para nós, que são aquelas pessoas magras, miseráveis, morrendo, pobres ou então aquela selva cheia de animal. Isso que fica na sua cabeça, que você vai incorporando na sua vida. Eu acho que, quando ela (a lei 10.639/03) trouxe essa questão de se estudar a história da África, de se levantar essas questões na sala de aula, fez com que o Brasil buscasse enxergar que não foi só feito de europeus, que ele tem a parte indígena, que ele tem a parte africana, que foi igualmente importante para a construção do nosso país; e se a gente não priorizar isso, na nossa educação, a gente não vai conseguir mudar esse racismo, a gente não vai conseguir mudar essa desvalorização que as pessoas sentem, que eu sinto nas crianças, que elas não se enxergam, não conseguem se ver e, quando elas se veem, não gostam de se ver como elas são, como elas realmente são, nas suas misturas.*

Lilian menciona também a contribuição dos indígenas na formação do povo brasileiro, que foi corroborada com a Lei 11.645/2008, alteração da LDB que incluiu no currículo oficial da rede de ensino a obrigatoriedade da temática de História e Cultura Afro-Brasileira e Indígena. Tal preocupação é fundamental para o processo educacional formal, que tem potencial de ensejar reflexões em educadores e educandos sobre as disparidades sociais e abrir caminhos para mobilizações e mudanças sociais.

No Brasil, lidamos ainda com a ideia recorrente de que a história da África só interessaria às escolas que tenham alunos negros, como as públicas. O conhecimento da história da África e o combate ao racismo, portanto, não diria respeito a todos os cidadãos brasileiros. Esse conjunto de ideia prejudica sobremaneira a ampla implementação da lei nas escolas. É o que observamos nos depoimentos a seguir:

> Chegamos há dez anos [da criação da lei] e ainda é bem precário. Você sabe que não é todo mundo que trabalha isso. A escola da minha filha é uma escola particular, mas nem se menciona isso, embora a apostila que eu tenho acompanhado traz bastante assunto [...] já começou a inserir no próprio contexto das apostilas em sociologia, em história, em geografia trazendo temas do continente africano para trazer debates. Mas a gente vê que morre ali na apostila.[282]

> Eu acho que a Lei foi colocada, mas eu não vejo um movimento, um trabalho mesmo em cima dela, porque é difícil você lidar com as questões, eu percebo que existem ainda algumas resistências. As pessoas, elas gostam muito de fazer as coisas que lhe dão segurança. As coisas sempre iguais. É difícil a pessoa mudar, querer pesquisar, ir atrás.[283]

> A gente geralmente usa essa expressão: "Lei no Brasil não funciona" [...]. Por outro lado, será que a Lei não vai ajudar a mudar a concepção das pessoas? Mas a legislação, no Brasil, de um modo geral, não sei se vou me expressar corretamente — não é bem trabalhada.[284]

Apesar de compartilharmos do desejo das entrevistadas de que os efeitos positivos da lei se concretizem rapidamente, não podemos ignorar que mudanças em um imaginário social, construído ao longo de séculos de dominação, demanda tempo e medidas em diversas instâncias. A promulgação de uma lei, por si, não é suficiente para transformar um cenário social. Por isso, outras ações e investimentos estão em curso, e constam do Plano de Diretrizes para as Relações Raciais.

No que tange à efetividade da lei, Nilma Lino Gomes, ao investigar práticas pedagógicas relacionadas às questões étnico-raciais, considera que a durabilidade de uma prática está vinculada aos seguintes aspectos inerentes:

---

[282] Maria, 16 out. 2012.

[283] Lilian, 23 mar. 2012.

[284] Patrícia Maria, 8 mar. 2012.

gestão escolar, equipe docente e formação continuada de professores na temática étnico-racial[285]. Em relação à gestão escolar e ao envolvimento da equipe docente, nossa pesquisa constatou que, em duas das escolas nas quais houve práticas premiadas, essas práticas não foram institucionalizadas. Nas duas outras escolas, justamente nas quais se verificou um forte engajamento da direção e coordenação, as práticas premiadas foram institucionalizadas e constam do projeto pedagógico da escola. Vale dizer que, em uma das escolas premiadas, em duas edições do prêmio, não foi possível a realização da pesquisa, pois as práticas haviam sido abandonadas em razão da saída da diretora e da coordenadora que patrocinaram a iniciativa. Constatamos também a heterogeneidade em relação à adoção das práticas.

Em que pesem as dificuldades para efetivação da lei no âmbito escolar, os relatos de nossas entrevistadas reafirmam a importância da escola na desconstrução da ideologia do *branqueamento*, por exemplo, por meio do conhecimento da história da África e da cultura afro-brasileira.

> Eu acho que a escola tem esse papel, usando essa Lei, estudando esse outro lado da História do Brasil. É uma forma de a gente se valorizar, mostrar para a criança olha: "A África não é só pobreza" "O negro não é ruim" Para a criança resgatar que ela tem valor, que ela é bonita. É que a nossa história é bonita. E que tem muita coisa boa que as pessoas não procuram saber, que fica muito camuflado.[286]

> A Lei obriga a repensar o seu papel enquanto educadora, o seu papel enquanto cidadã, eu não sei se eu gosto dessa palavra, enquanto ser humano. Porque quando ela fala assim: "Você, obrigatoriamente, tem que aprender a cultura afro-brasileira e africana", abre o seu olhar.[287]

> Vai fazer com que as pessoas entendam, compreendam seu passado, suas origens. A questão do racismo em si é complicada, uma coisa que não é uma lei que vai fazer mudar, isso vai depender do trabalho que uma sociedade faça e é árduo. Acho que o primeiro passo foi dado e será uma coisa de longo prazo.[288]

> Quando veio a Lei, quando veio essas questões, fez a gente refletir, será que a gente está fazendo as coisas certas? Vamos nos perguntar, nossas atitudes do dia a dia, elas estão perpetuando essa

---

[285] GOMES, 2012.

[286] Lilian, 23 mar. 2012.

[287] Virgínia, 10 fev. 2012.

[288] Maria, 16 out. 2012.

> separação ou elas estão fazendo com que as crianças se enxerguem, se reconheçam, se familiarizem, se gostem.[289]

O relato de Maria transcrito a seguir remete-nos a um registro mais profundo acerca da carga ideológica que subjaz no processo em curso da efetivação da lei:

> É necessário que essa lei exista para que se comece a pensar de uma forma diferente, a refletir, a desconstruir essa questão que a gente vive da ideologia branca, da ideologia europeia e outra, somos afrodescendentes, eu não tenho descendência direta, mas eu sou afrodescendente porque essa cultura faz parte da minha vida, esse povo faz parte do nosso convívio, então somos afrodescendentes e as pessoas não pensam assim. Como é que eu sou uma coisa e desvalorizo essa coisa?
>
> De uma certa forma, o que a gente está discutindo na escola vai além da nacionalidade. Uma escola que mostra que é escravo, que apanhou, que foi acorrentado, que levou mais de trezentos anos de escravidão e aí chega uma princesa bonita com uma caneta dourada e assina uma lei, quer dizer, você está trabalhando alguma coisa? Não, você está reforçando o que é a opressão "'Coitadinho', você está livre porque o branco quis que você ficasse livre porque se ele não quisesse você ainda era escravo", essas mensagens que vão passando entre linhas são perigosas, por isso que o trabalho com a África, ele tem que ser mais debatido no âmbito educacional entre os educadores, o que trabalhar, como trabalhar e não chegar e simplesmente "vai trabalhar a África", mas o que trabalhar? Eu acho que isso ainda está muito vago para todo mundo.

Maria referiu-se à história ensinada na escola, aos livros didáticos, à formação dos professores e, em alguma medida, também à historiografia vigente. Neles, o papel do negro na formação do povo brasileiro é desconsiderado, como também é omitido o seu protagonismo na luta pelo fim do sistema escravista. Por essa perspectiva, não houve uma conquista, mas sim uma concessão. Na história da formação de nossa sociedade, construiu-se, no imaginário social, a ideia de que vivemos numa sociedade harmônica, escamoteando os conflitos raciais sob o mito da democracia racial, camuflando a existência de uma cultura eurocêntrica, cujo padrão de humanidade é o branco europeu[290]. A ignorância, o desconhecimento da história da África

---

[289] Lilian, 23 mar. 2012.
[290] GUIMARÃES, 2003; MUNANGA, 2004, 2005, 2009b.

e dos afro-brasileiros impedem o enfrentamento do racismo, estimulando o silêncio e retroalimentando o preconceito e a discriminação racial.

No que concerne às ações que assegurem a efetividade da lei, Maria propõe que:

> *Se coloca uma lei, diz que tem que trabalhar, mas não fala o que e como. Eu acho que primeiro tem que regulamentar desde já nas faculdades, os próximos profissionais terem alguma disciplina dentro da faculdade que vá abordar o tema didaticamente, o que você vai fazer com esse tema, como você vai trabalhar. Não basta saber que tem que falar de África, mas o que você vai falar, como você vai falar, esse é o primeiro ponto. Agora, existem pessoas já formadas e que tem que trabalhar, vai ter que fazer alguma recicla-gem, vai ter algumas situações de reflexões na escola, alguns cursos.*
>
> *Nesses dez anos o que ele [Estado] teria que ter feito? Ele teria que ter feito essas reciclagens, teria que ter feito alguma ação que mos-trasse para o professor o que ele tem que fazer e não foi feito nada. Quem fez alguma coisa é porque correu atrás e se virou sozinho.*

Concordamos com a ênfase na formação dos professores explicitada no conjunto de medidas propostas por Maria. Contudo, os relatos de gestores escolares coletados por Nilma Lino Gomes sobre a questão da formação de professores mostram-na como dificuldade não resolvida:

> Os (as) professores(as), em sua maioria, que estão em atividade não tiveram em sua formação acadêmica os conteúdos de História e Cultura Afro-Brasileira (SP) [...]. Falta de um apoio mais efetivo por parte do MEC/SECADI/SEPPIR, Fundação Palmares, MINC[291], Secretaria de Direitos Humanos da Pre-sidência da República e demais órgãos, que, normalmente, não definem ações pactuadas com as secretarias de educação para capacitar profissionais, produzir materiais pedagógicos, etc. Deixando essa responsabilidade às universidades públicas, que no caso do Amapá são totalmente ineficazes para nos dar este tipo de apoio.[292]

Não obstante as dificuldades, é importante registrar que a promulgação da Lei 10.639/2003 pode representar a construção de um *metaenquadre*, que consiste em modelos, regras e normas sociais, jurídicas, políticas, culturais, religiosas que, além de fundamentar os *enquadres* das organizações, são essen-

---

[291] Ministério da Cultura.

[292] GOMES, 2012, p. 65-66.

ciais para a elaboração dos *enquadres* das famílias, dos casais e do próprio sujeito. Com a promulgação da lei, é possível admitir uma espécie de ruptura na ideologia vigente. Ao se reconhecer a contribuição dos povos africanos na cultura brasileira, uma reivindicação histórica que também denuncia o racismo presente nas relações sociais e raciais na sociedade, rompe-se com o paradigma hegemônico. É nesse sentido que a referida lei visa garantir o respeito à diversidade dos saberes e conhecimentos dos diferentes povos, como é o caso dos africanos, na formação da nossa sociedade. Mais do que isto, ela pode representar o passo inicial para a desconstrução de uma ideologia laboriosamente engendrada por quase quatro séculos.

Um dos maiores entraves atuais para o enfrentamento do racismo no Brasil é a persistência do mito da democracia racial, construído historicamente a partir do período republicano, e visto positivamente a partir da década de 1930, acabando por prefixar o lugar do negro na sociedade republicana. No entanto, esse mesmo mito da democracia racial não afastava — ao contrário, se não fomentava, ao menos escamoteava — a ideia de uma hierarquia entre as raças humanas e a inferioridade natural das raças negras. Nesse contexto, a efetivação da Lei 10.639 torna-se fundamental para a desconstrução desse mito segundo a perspectiva educacional.

5

CONSIDERAÇÕES SOBRE A PESQUISA DESENVOLVIDA ENTRE 2009 E 2013

Iniciamos esta pesquisa em 2009 buscando investigar as possibilidades de enfrentamento do racismo no contexto escolar. Assim, concebendo os professores como agentes fundamentais no processo de enfrentamento do racismo, mas também quais indivíduos formados em uma sociedade marcada por uma discriminação oculta, singularmente escamoteada pelo mito da democracia racial, delimitamos nossa investigação em torno de um grupo determinado: as professoras premiadas na quarta edição do Prêmio Educar para a Igualdade Racial, oferecido pelo Ceert, na cidade de São Paulo. Na verdade, nosso objetivo foi compreender de que modo as práticas pedagógicas por ela promovidas e premiadas pelo Ceert poderiam contribuir para a problematização e o enfrentamento da questão racial na escola. Algumas questões causavam inquietação: o que essas professoras têm feito diante das manifestações racistas em sala de aula? O que podemos aprender com essas experiências?

Há mais de três décadas, o Ceert contribui na promoção de ações para a igualdade étnico-racial nas áreas do trabalho, saúde e, especialmente, educação. Antes mesmo da criação da Lei 10.639/2003, o Ceert já realizava cursos de formação de professores e participava da produção de materiais didático e paradidático sobre a temática étnico-racial, pressionando as esferas governamentais para a criação de políticas educacionais em prol da equidade racial.

A instituição tem apresentado relevante trabalho voltado à educação infantil. A quarta edição do Prêmio Educar para a Igualdade Racial privilegiou os ensinos infantil e Fundamental I. O Ceert considera esses níveis de ensino fases cruciais na formação da subjetividade das crianças, requerendo um especial investimento na formação de professores e gestores quanto às relações raciais. Ademais, o Ceert já realizou vários seminários, em nível nacional, com debates sobre a importância da discussão das questões das relações raciais neste segmento educacional.

Assim, consideramos que as práticas pedagógicas premiadas pelo Ceert poderiam indicar algumas das possibilidades de enfrentamento do racismo na escola, como também alguns dos elementos constituintes das questões envolvidas nesse enfrentamento.

Para melhor compreender as especificidades do fenômeno do racismo nas escolas, procuramos entender as contradições em que estão imersos os indivíduos formados numa sociedade marcada por uma determinada ambiguidade, a que resulta da coexistência entre o mito da democracia racial e a necessidade de uma legislação que combata o racismo por meio de uma intervenção curricular. Para tanto, valemo-nos das contribuições de diversos autores, das áreas da história, da sociologia, da educação e, em especial, da psicanálise.

Para analisarmos os dados obtidos nos relatos das professoras entrevistadas sobre as práticas pedagógicas, lançamos mão do conceito de *enquadre* proposto por Bleger. O conceito de *enquadre* diz respeito a uma espécie de organizador psíquico essencial na formação da subjetividade dos indivíduos. Nesse horizonte teórico, foi importante também o estudo do conceito de *metaenquadre*, ou seja, *enquadres* legais mais amplos que contribuem para a organização do psiquismo. Trabalhamos com quatro *enquadres*: o escravismo, a Abolição, a República e a Constituição federal de 1988. Entendemos que os três primeiros períodos históricos foram caracterizados pela prevalência de uma ideologia racista, que estabeleceu uma hierarquia racial, da qual os africanos e seus descendentes ocupavam a base. Essa ideologia, vale notar, não se limitou ao plano objetivo, mas repercutiu na constituição das subjetividades dos envolvidos. No entanto, o processo de estabelecimento dessa hierarquia racial não se deu sem resistências. O negro, como sujeito histórico, por meio de suas lutas cotidianas ou organizadas em movimentos sociais, conseguiu promover rupturas de *enquadre*, passando de objeto a sujeito de sua história.

Na educação, as pesquisas sobre as relações raciais remetem-nos ao *silenciamento* dos professores diante das manifestações da discriminação racial vivenciadas no âmbito da escola. Esse *silenciamento* resulta da retroalimentação do preconceito e da discriminação racial, como também produz conflitos psíquicos no processo de constituição da subjetividade de educandos e educadores, que repercutem ao longo da vida deles. É importante observar que tal comportamento contribui para reforçar a ideologia vigente, perpetuando e naturalizando um lugar delimitado pelo *enquadre* para negros e brancos na hierarquia racial. Em nossa pesquisa, analisamos depoimentos que bem ilustram esse processo de *silenciamento*. Lembremos, por exemplo, o relato da professora Virgínia, ao se referir ao não envolvimento de suas colegas professoras na realização das práticas pedagógicas. O ato de silenciar-se diante do racismo é uma decorrência direta da ideologia do mito da democracia racial, que propala a falácia de que, no Brasil, brancos e negros vivem harmonicamente. Ao nos silenciarmos perante as manifestações do preconceito, nega-se a sua existência, reforçando, portanto, a ideologia da cordialidade brasileira. Como os profissionais da educação são também fruto de uma sociedade estruturada por um viés racista não explicitado, têm dificuldade em tomar posições claras de combate às manifestações de discriminação em seu cotidiano profissional.

Em nossa análise, utilizamos ainda, como apoio teórico, o conceito de *branquitude*, a apropriação simbólica que, por um lado, fortalece a autoestima do grupo branco e, por outro, causa prejuízos à subjetividade das pessoas não brancas. Essa apropriação simbólica legitima a supremacia econômica, política e social do grupo denominado branco. Ao longo da nossa investigação, os efeitos da ideologia da *branquitude* puderam ser observados nos dados auferidos por nossa pesquisa de campo, corroborando, uma vez mais, as considerações que encontramos na bibliografia consultada.

A ideologia do branqueamento também se apresenta nas relações entre os educandos. Mas as nossas entrevistadas, por meio de suas práticas pedagógicas, estimularam as crianças a se confrontarem com sua corporeidade. Esse estímulo pode levar o aluno a se reconhecer em sua materialidade. As crianças com as quais as professoras desenvolveram as práticas premiadas estavam no estágio da educação infantil ou do Ensino Fundamental I. Os primeiros anos da vida escolar desempenham um papel fundamental no desenvolvimento cognitivo e afetivo das crianças. Logo, é importante que, na escola, as práticas educativas que enfrentam o racismo, os estereótipos e os preconceitos ocorram quanto antes, de forma que as crianças constituam ideais positivos acerca da negritude.

As pesquisas com crianças mostraram como o processo de socialização é importante na vida escolar. Esse processo é permeado por relações conflituosas, nas quais as crianças manifestam os seus estereótipos mais cruéis, associando a criança negra a coisa, a animal, a inferior; e a criança branca a beleza e superioridade. Nessa fase da formação, as crianças internalizam uma visão inadequada do outro, por meio de brincadeiras, provérbios, ditos populares, piadas, elogios e sátiras. O professor atento pode intervir utilizando as manifestações do racismo como oportunidade para a desconstrução dos estereótipos e preconceitos. Nossas entrevistadas mostraram ter um entendimento crítico sobre o racismo presente nas relações entre as crianças e, intencionalmente, elaboraram práticas educativas na contramão do silenciamento, contribuindo com a mudança de enquadre que trata o negro como inferior.

É fato, os desafios são grandes. A desconstrução da ideologia racista é uma tarefa que atravessará muitas gerações. Por isso, não há que adiá-la, mas sim que explorar as oportunidades que nos permitem o combate do racismo, como as ações educativas. Desse modo, a nosso ver, as práticas de nossas entrevistadas podem ser tomadas por iniciativas exemplares na busca da superação do racismo, na medida em que possibilitaram a sua problematização para todos os envolvidos no processo educativo. De fato, apostamos no efeito transformador da educação. Consideramos que a consciência é construída historicamente, ou seja, que a visão de si e de mundo que cada homem tem é elaborada mediante circunstâncias concretas de sua vida cotidiana[293]. Logo, a realização de uma prática pedagógica com vistas a compreender a importância da cultura africana e afro-brasileira possibilitará que todos os envolvidos no processo educativo, inclusive os próprios docentes, repensem suas visões de mundo.

Assim, entendemos a promulgação da Lei 10.639/2003, que modificou a LDB 9.394/1996, como a ruptura do processo de hierarquização racial, constituindo-se em uma ação que reconhece a existência do racismo e inaugura a possibilidade de superação das ideologias racistas. Obviamente, a existência da lei, por si mesma, não assegura mudanças efetivas na extinção do preconceito e discriminação racial. Para tanto, dada a complexidade do fenômeno, faz-se necessário o compromisso de toda a sociedade. No Brasil, o racismo é expresso, por exemplo, por meio de atitudes aparentemente cordiais, nas entrelinhas do discurso, como vimos descrito nos relatos de nossas entrevistadas. A criação de leis e instrumentos que criminalizam as injúrias raciais impõe um comportamento politicamente correto, o que, no entanto, não inibe integralmente a manifestação do preconceito, já que ele toma formas cada vez mais sofisticadas. Nesse sentido, o reconhecimento

---

[293] MARX; ENGELS, 2006.

da Constituição federal de 1988 como um *enquadre* justifica-se pelo fato de ela reconhecer, expressamente, a existência do racismo e de rechaçá-lo, qualificando-o como crime inafiançável.

Particularmente no contexto escolar, identificamos a demanda pela formação consistente dos atores escolares a respeito dos conteúdos que valorizam a cultura africana e afro-brasileira, a importância do envolvimento da gestão escolar, a necessidade de mudança nos materiais didáticos e a focalização no tema pelas instâncias dos sistemas educacionais, especificamente no que tange a uma cobrança forte no cumprimento dos conteúdos curriculares previstos na legislação pertinente. Consideramos que a intervenção no currículo escolar proposta pela legislação inaugura um relevante *metaenquadre* que, em longo prazo, objetiva problematizar as ideologias racialistas secularmente erigidas.

Nossa pesquisa também pôs em evidência a iniciativa dessas professoras. Elas romperam o silêncio predominante na nossa sociedade e no âmbito escolar sobre a questão racial. Das quatro entrevistadas, duas autodeclaram-se brancas, assinalando o fato de que o enfrentamento do racismo não é uma tarefa apenas da parcela oprimida ou discriminada da sociedade.

Identificamos ainda, em nosso trabalho, o efeito positivo causado pela presença de professores negros na escola, que, a nosso ver, estimula nos alunos um processo positivo de identificação com a pessoa negra, no caso, o(a) professor(a). Esse processo de identificação é entendido como aquele que permite ao sujeito o estabelecimento de laços afetivos com um grupo, ou de reconhecer em si traços que percebe no outro, ou reconhecer no outro traços que deseja para si[294]. Logo, a presença de professores negros na escola pode favorecer a identificação dos alunos negros com um modelo positivo, afastando os estereótipos.

Vale destacar que nossas entrevistadas compartilhavam uma mesma condição social, a pobreza, assim como um mesmo critério pragmático na opção pela carreira do magistério. Virgínia e Maria desejavam cursar Medicina. Porém, a formação em Medicina fazia-se irrealizável. Para Maria, porque experimentou os efeitos da discriminação em relação à classe; para Virgínia, porque viveu os efeitos da discriminação racial e de classe.

Para a elaboração das práticas pedagógicas antirracistas premiadas, segundo as professoras entrevistadas, foi fundamental o fato de perceberem

---

[294] COSTA, 2012.

a existência do racismo e de o considerarem um grave problema social e moral. As experiências com o preconceito e a discriminação racial, vividas por brancos ou por negros, são intensas e marcam profundamente o psiquismo de todos os indivíduos. Os relatos de nossas entrevistadas sobre suas experiências com o racismo revelaram que, apesar da influência dos enquadres, é possível rompê-lo.

Todavia, cabe assinalar que, mesmo entre pessoas com consciência crítica acerca do racismo, o fenômeno envolve questões subjetivas que dificultam o seu enfrentamento. Sua complexidade pode ser percebida em algumas situações descritas nos relatos de uma de nossas entrevistadas, Patrícia Maria. Se, por um lado, no episódio do lápis "cor de pele", ela conseguiu mobilizar a equipe de professoras numa ação junto à empresa Faber-Castell; por outro lado, não notava as manifestações de repúdio à negritude subjacente em algumas atividades realizadas por seus alunos, no episódio em que alguns alunos alisavam os cabelos crespos de bonecos. A brincadeira, que reforça o ideal de branqueamento introjetado pelas crianças, não foi percebida pela professora como negativa, mesmo ao ser ressignificada pela pesquisadora.

Mas, para além do reconhecimento do racismo, é possível que nossas entrevistadas tenham se apropriado criticamente do fenômeno, ou seja, as experiências com o racismo pelas quais passaram, possivelmente, ensejaram uma ressignificação do racismo, inspirando-as nas formulações das práticas pedagógicas premiadas. Salientamos que as professoras premiadas já desenvolviam práticas de enfrentamento ao racismo antes de saberem da existência do Prêmio Educar para a Igualdade Racial. Um dos objetivos do prêmio é a valorização das práticas já existentes de educação antirracista. Nossas entrevistadas enfatizaram que a participação no prêmio visava justamente o reconhecimento do trabalho que desenvolviam em sala de aula.

Três das entrevistadas, Lilian, Patrícia Maria e Maria, mencionaram que foram incentivadas a se inscrever no prêmio pela diretora e pela coordenadora pedagógica de suas escolas. O fato evidencia a importância do envolvimento da equipe gestora na cruzada contra a discriminação racial. Nas escolas em que Maria e Lilian desenvolveram suas práticas premiadas, foi possível observar um enraizamento de práticas pedagógicas antirracistas, provavelmente em função do comprometimento das gestoras com o combate ao racismo. Quando de nossa pesquisa de campo, a diretora e a coordenadora pedagógica que acompanharam as práticas premiadas na Escola Bibliotecária Maria Luíza haviam se aposentado há mais de um ano.

Contudo, elas mantinham contatos com a nova coordenadora pedagógica, procurando contribuir para a preservação do trabalho. Certamente, esse foi um dos motivos para a premiação da escola na categoria Gestão Escolar. O que vimos na Escola Bibliotecária Maria Luíza vai ao encontro dos resultados obtidos na pesquisa coordenada por Gomes[295], segundo a qual o compromisso dos gestores escolares no desenvolvimento de práticas pedagógicas que implementam a lei é essencial para a institucionalização de práticas de enfrentamento do racismo nas escolas.

Quanto ao conteúdo das práticas premiadas, a prática empreendida por Virgínia, Brasiláfrica, que concorreu na categoria Professor, assim como as três outras práticas vencedoras, as quais concorreram na categoria Gestão Escolar, Projeto África, Projeto Nossa África, Um Pouco de Nós, um Pouco da África, enfatizaram a necessidade da desconstrução dos estereótipos acerca da África, apresentando uma visão do continente africano alicerçada na valorização de sua cultura e de suas contribuições à formação da nossa sociedade. Ao centralizarem suas práticas na valorização do conhecimento do continente africano, nossas entrevistadas possibilitaram aos educandos, e a todos os envolvidos no processo educativo, a formação de um novo olhar para a África, despido de preconceitos, influenciando positivamente a formação da subjetividade dos educandos. Dito de outro modo, no imaginário social, o africano, ou seu descendente, é visto como coisa, ser inferior, cidadão de segunda classe. E a África é entendida, por uma perspectiva estereotipada, como um continente exótico e selvagem. A desconstrução dos estereótipos desfaz esse ideário. É a força do metaenquadre operando na valorização da África — berço da humanidade.

Além das estratégias da valorização do estudo do continente africano em sala de aula, outras atividades foram desenvolvidas para o enfrentamento do racismo e do preconceito. Uma delas, a prática realizada por Patrícia, foi a confecção de um boneco africano; as crianças levavam-no a casa no fim de semana. O recurso lúdico, além de adequado ao ensino infantil, estimulou a discussão sobre a questão racial nas famílias — tema, geralmente, também silenciado nos lares da sociedade brasileira.

A pesquisa de Eliane Cavalheiro indicou que, na escola e na família, o tema racial é silenciado[296]. No caso do estudo de Cavalleiro, esse silenciamento reforçou o preconceito de seus sujeitos entrevistados. Assim, ao

---

[295] GOMES, 2012.
[296] CAVALLEIRO, 1998.

envolver as famílias nessas atividades pedagógicas, as nossas entrevistadas estavam também desenvolvendo uma significativa parceria no combate ao racismo. Em seus depoimentos, elas destacaram justamente o envolvimento das famílias nessas atividades, o que indica a possibilidade de romper o tabu acerca das relações raciais. As ações educativas, então, também fazem falar os pais negros, oprimidos por séculos de discriminação e por uma estrutura de dominação cujo critério distintivo de valor é a cor da pele.

A escola, nesse sentido, pode fazer suturas na ferida aberta pelo racismo, enfrentando-o, por meio do questionamento de um currículo eurocêntrico, abrindo espaço para a valorização da cultura de África e afro-brasileira e implementando uma formação consistente para seus atores escolares.

Sabemos que o combate ao racismo não é tarefa fácil, sobretudo porque envolve elementos complexos, como a sua própria negação, por meio da afirmação de que vivemos numa sociedade harmoniosa, incitando nos indivíduos uma certa esquizofrenia. Afinal, como combater ou enfrentar um mal que não existe? Contudo, a existência da lei vem pôr fim a essa esquizofrenia e colocar "o dedo na ferida" — há um grave problema, e a escola tem um papel central no seu enfrentamento. Nesse horizonte, políticas públicas complementares à Lei 10.639/2003 seriam favoráveis, como a existência de momentos em que os professores pudessem conversar entre eles, com a mediação de um profissional atento às questões raciais, para que pudessem trocar experiências e conhecimentos sobre o tema.

A mudança de enquadre do negro inferior para o negro como sujeito histórico requer que, além da criação de leis, ações em várias esferas, como a formação continuada dos professores já em exercício, cursos de formação de professores, ações de acompanhamento pelas instâncias educacionais e pelos gestores no interior das escolas. Mudança de enquadre exige, portanto, trabalho psíquico e ações concretas de toda a sociedade. A pesquisa mostrou a centralidade da questão racial na construção da subjetividade dos brasileiros e a relevância do papel da escola nesse processo.

Finalmente, vale ressaltar que há diversas pesquisas sobre a temática racial no contexto da educação. Mas há ainda poucos estudos que contemplam as relações entre o racismo na escola e a constituição da subjetividade dos sujeitos. Entender o fenômeno do racismo no contexto escolar também pelo viés psicológico é, portanto, importante para sua superação.

6

PERSPECTIVAS PARA UMA EDUCAÇÃO ANTIRRACISTA, DECOLONIAL E INTERSECCIONAL NOS ANOS 2020: ENTRE DIÁLOGOS, REFLEXÕES E RESSIGNIFICAÇÕES

A sala de aula, com todas as suas limitações, continua a ser uma localização da possibilidade. Naquele campo de possibilidade, temos a oportunidade de trabalhar para a liberdade, a exigir de nós mesmos e nossos companheiros, uma abertura de mente e coração que nos permite enfrentar a realidade, mesmo quando consagramos coletivamente maneiras de ir além dos limites, para transgressão. Esta é a educação como a prática da liberdade.

(bell hooks)

Dois mil e vinte e três. Passaram-se 20 anos desde a promulgação da alteração da LDB pela Lei 10.639/2003. Apesar do tempo transcorrido, a legislação ainda está distante de sua plena efetivação. Diante disso, é fundamental questionar: quais são os caminhos e perspectivas para a construção de uma agenda para a educação antirracista nos anos 2020?

Os desafios são diversos, e entre eles estão:

- Formação dialógica e letramento racial para professores e gestores escolares sobre o tema ainda com lacunas;
- Envolvimento efetivo dos demais agentes escolares nesses processos formativos;

- Escolas ainda como espaços de reprodução do racismo;
- Sobrecarga dos trabalhadores da educação com outros temas igualmente relevantes no ambiente escolar;
- Superação da pedagogia de projetos e ampliação de espaços para a educação antirracista;
- Autoidentificação racial;
- Quantidade insuficiente de diálogos sobre a temática;
- Disponibilidade e divulgação de materiais didáticos e paradidáticos dedicados ao tema;
- Persistência do mito da democracia racial e do silenciamento do racismo; eurocentrismo persistente na pedagogia e nas ciências em geral;
- Necessidade de desconstrução dos estereótipos ligados a branquitude e negritude no Brasil;
- Crescimento de discursos violentos e fascistas na sociedade;
- Percepção insuficiente sobre as relações entre racismo e sofrimento psíquico e falta de políticas públicas de apoio psicológico direcionado a educandos e educadores pretos;
- Opressões interseccionadas de gênero, raça, classe, nacionalidade, idade e de outras categorias;
- Necessidade de protagonismo estudantil na educação antirracista e de diálogos de saberes com movimentos sociais e grupos étnico-raciais de cada território de atuação das escolas.

Diante desses e de outros obstáculos, a professora Cristiane Santana reflete sobre a educação antirracista, decolonial e com reconhecimento interseccional no início do século XXI:

> A primeira década do século XXI foi marcada pela promulgação das Leis 10.639/03 e 11.645/08, fruto da luta histórica dos movimentos sociais negro e indígena, essas leis implicaram significativos avanços nas lutas por uma educação antirracista, impulsionando projetos, construção de políticas públicas, questionamentos e um referencial teórico e conceitual no sentido de operar transformações nos sistemas de ensino. Esse conjunto de ações coloca a educação em um lugar no qual já não é possível negar o seu papel no combate ao racismo e no fortalecimento das identidades das populações negra e indígenas. Contudo, se avançamos na esfera do reconhecimento,

> *ainda temos muitos passos para a efetiva implementação das referidas leis e um passo importante será converter ações e políticas públicas muitas vezes atreladas a um determinado governo, em políticas de Estado, as quais superem a transitoriedade de diferentes gestões, isso implica uma séria revisão curricular, a qual traduza-se, por exemplo, na formulação de materiais, na formação inicial e continuada de educadores e em um diálogo cada vez mais constante com universidades e os Núcleos de Estudos Afro-brasileiros e Indígenas, além disso, é de suma importância incentivar cada vez mais o protagonismo de estudantes, cujas vivências, histórias e conhecimentos são potencialmente transformadores.*[297]

Este capítulo busca sintetizar aspectos significativos da minha caminhada pós-defesa do doutorado, com a incorporação de reflexões e vivências que tive. Nesses passos, deparei-me com formas variadas de silenciamento sobre o racismo no ambiente escolar. Uma das que mais me chamaram atenção esteve relacionada ao silenciamento, que também se manifesta no campo das investigações acadêmicas. Na Universidade de São Paulo, por exemplo, na qual me formei doutora e, atualmente, curso o pós-doutorado em Educação, ao se analisar o contexto da Feusp, observa-se também uma necessidade maior de abordar o assunto, uma vez que, entre 2.244 dissertações e teses vinculadas à unidade, apenas 71 abordam as Leis 10.639/2003 e 11.645/2008[298]. Quando a pesquisa relaciona a formação de professores e o racismo, apenas nove resultados são disponibilizados na plataforma Teses.USP.

Em um primeiro momento, serão expostas informações gerais sobre interseccionalidades e decolonialidades, direções essenciais para a concretização da educação antirracista. Em seguida, serão enumeradas dicas iniciais para que educadores iniciem e/ou fortaleçam processos de educação antirracista, com vistas a efetivar a Lei 10.639.

6.1 Direções essenciais

6.1.1 Reconhecimento das interseccionalidades

Interseccionalidade. Conforme visto em capítulos anteriores, a expressão trata sobre a sobreposição de opressões que um indivíduo pode sofrer na sociedade, seja pela raça, seja pela classe, por gênero, sexualidade, ori-

---

[297] Entrevista concedida à autora no dia 22 de agosto de 2022.

[298] Levantamento realizado entre julho e agosto de 2021 por meio de busca avançada na plataforma Teses.USP.

gem, idade, entre outros fatores[299]. Por exemplo, uma mulher trans, preta, periférica e refugiada passa por mais opressões do que um homem branco, rico, heterossexual e que mora na mesma cidade em que nasceu. O conceito contribui para a compreensão de que, por vezes, não se lida com grupos distintos de pessoas oprimidas, mas sim com sobreposições[300].

A interseccionalidade é definida por Kimberlé Crenshaw como

> [...] uma conceituação do problema que busca capturar as consequências estruturais e dinâmicas da interação entre dois ou mais eixos da subordinação. Ela trata especificamente da forma pela qual o racismo, o patriarcalismo, a opressão de classe e outros sistemas discriminatórios criam desigualdades básicas que estruturam as posições relativas de mulheres, raças, etnias, classes e outras. Além disso, a interseccionalidade trata da forma como ações e políticas específicas geram opressões que fluem ao longo de tais eixos, constituindo aspectos dinâmicos ou ativos do desempoderamento.[301]

Trata-se de uma múltipla discriminação, "uma vez que os estereótipos gerados pelo racismo e pelo sexismo a colocam no mais baixo nível de opressão"[302]. Além disso,

> Assim como é verdadeiro o fato de que todas as mulheres que estão, de algum modo, sujeitas ao peso da discriminação de gênero, também é verdade que outros fatores relacionados às suas identidades sociais, tais como classe, casta, raça, cor, etnia, religião, origem nacional e orientação sexual, são diferenças 'que fazem diferença' na forma como vários grupos de mulheres vivenciam a discriminação. Tais elementos diferenciais podem criar problemas e vulnerabilidades exclusivos de subgrupos específicos de mulheres, o que afeta desproporcionalmente apenas algumas mulheres.[303]

Nesse contexto, as visões universalizantes da mulher dificultam a percepção da necessidade de pluralização e consequente percepção das

---

[299] Ver mais em: COLLINS, 2015; CRENSHAW, K. Documento para o encontro de especialistas em aspectos da discriminação racial relativos ao gênero. *Revista Estudos Feministas*, Florianópolis, v. 10, n. 1, p. 171-188, jan. 2002; DAVIS, Angela. *Mulheres, raça e classe*. São Paulo: Boitempo, 2016; McCLINTOCK, Anne. *Couro imperial*: raça, gênero e sexualidade no embate colonial. Campinas: Editora da Unicamp, 2010.

[300] CRENSHAW, 2002.

[301] *Ibidem*, p. 177.

[302] GONZALEZ, Lélia. A mulher negra na sociedade brasileira. *In*: LUZ, Madel T. (org.). *O lugar da mulher*: estudos sobre a condição feminina na sociedade atual. Rio de Janeiro: Edições Graal, 1982. p. 97.

[303] CRENSHAW, 2002, p. 173.

diferentes faixas etárias, classes, etnias e considerações de interseccionalidades[304]. O território também pode ser analisado nesse contexto, já que influencia construções sociais e também demarca diferenças, em especial entre centros e periferias. Apesar de os direitos contra as discriminações interseccionais existirem, por vezes, eles não são garantidos[305]. Nesse âmbito, Crenshaw utiliza a metáfora das avenidas para abordar eixos de subordinação, com a raça, a etnia, o gênero e a classe como vias principais, responsáveis por estruturar terrenos sociais, políticos e econômicos. Apesar de distintos, os eixos de poder são mutuamente excludentes e, por isso, sobrepõem-se, ou, de acordo com a metáfora, cruzam-se[306]. Por vezes, as periferias urbanas podem reunir múltiplas opressões por conta da conjugação de fatores como pobreza, racismo, patriarcalismo, homofobia, transfobia, xenofobia, entre outras, o que também se reflete nos ambientes escolares desses territórios.

É importante destacar ainda que, nas perspectivas interseccionais, não se admite uma hierarquização entre os eixos de subordinação principal, conforme mencionado por Angela Davis:

> As organizações de esquerda têm argumentado dentro de uma visão marxista e ortodoxa que a classe é a coisa mais importante. Claro que classe é importante. É preciso compreender que classe informa a raça. Mas raça, também, informa a classe. E gênero informa a classe. Raça é a maneira como a classe é vivida. Da mesma forma que gênero é a maneira como a raça é vivida. A gente precisa refletir bastante para perceber as intersecções entre raça, classe e gênero, de forma a perceber que entre essas categorias existem relações que são mútuas e outras que são cruzadas. Ninguém pode assumir a primazia de uma categoria sobre as outras.[307]

Em contraposição às ideias de Davis, visões críticas das interseccionalidades consideram que as perspectivas de raça e gênero são ressaltadas em detrimento da determinação de classe. Uma das críticas às discussões sobre o conceito de interseccionalidade é feita por Helena Hirata, com base em leituras de Danièle Kergoat, ao afirmar que a classe social fica em um plano menos

---

[304] LAGO, Cláudia; NONATO, Cláudia; MARTINS, Ferdinando. A alteridade na educomunicação: estudos de gênero, interseccionalidade e performance. *Comunicação e Educação*, São Paulo, n. 2, jul./dez. 2019.

[305] CRENSHAW, 2002.

[306] *Ibidem.*

[307] DAVIS, Angela. *As mulheres negras na construção de uma nova utopia*. Conferência realizada na Jornada Cultural Lélia Gonzales, 1., 13 de dezembro de 1997, São Luiz.

visível[308]. Ao observar que a noção de classe possui poucas conceituações nas teorias interseccionais, Bárbara Araújo Machado defende que autoras como bell hooks, Davis e Crenshaw dialogam com uma visão relativa à luta de classes, não do ponto de vista quantitativo e liberal, que segmenta classes conforme padrões de consumo. Trata-se de uma delimitação importante para que se defenda o "sentido crítico original de contestação e transformação social"[309]. Machado observa que Crenshaw, por exemplo, aborda as opressões de classe e chega a se referir a mulheres pobres, desempregadas ou subempregadas, porém chama atenção para o fato de que a pobreza é uma perspectiva quantitativa e menos crítica de classe, em outras palavras, uma noção mais próxima da sociedade de consumo. Para reforçar a necessidade de uma visão crítica sobre classe, Machado menciona que

> [...] hooks assinala, assim, que "a ordem burguesa, o capitalismo e o falocentrismo estão prontos para integrar quantas feministas forem necessárias" (FOUQUE apud HOOKS, 1984: 7, tradução minha). Nesse sentido, pode-se considerar que a análise interseccional que considera racismo e sexismo, mas que não desenvolve uma crítica do capitalismo, não representa uma ameaça real aos sistemas integrados que produzem desigualdade, já que as demandas individuais podem ser tragadas por ele sem custos significativos, mas as lutas coletivas exigem sua desestruturação.[310]

Se as teorias interseccionais deixam a categoria Classe Social[311] em um plano menos visível, faz-se necessário retomar raízes das teorias decoloniais. Nesse contexto, Eduardo Restrepo[312] aponta que o giro decolonial e, de forma

---

[308] HIRATA, Helena. Gênero, classe e raça: interseccionalidade e consubstancialidade das relações sociais. *Tempo Social*, v. 26, n. 1, p. 61-73, 30 jul. 2014.

[309] MACHADO, Bárbara Araújo. Interseccionalidade, consubstancialidade e marxismo: debates teóricos e políticos. *In*: COLÓQUIO INTERNACIONAL MARX E O MARXISMO, 2017. p. 3.

[310] *Ibidem*, p. 16.

[311] Neste diálogo teórico, recorremos ao conceito de Edward P. Thompson, autor que traz contribuições ao campo dos estudos culturais, os quais estão nas raízes das decolonialidades. Para Thompson, a classe social é: "Por classe, entendo um fenômeno histórico, que unifica uma série de acontecimentos díspares e aparentemente desconectados, tanto na matéria-prima da experiência como na consciência. Ressalto que é um fenômeno histórico. Não vejo a classe como uma 'estrutura', nem mesmo como uma 'categoria', mas como algo que ocorre efetivamente (e cuja ocorrência pode ser demonstrada) nas relações humanas" (THOMPSON, 2011, p. 9). Thompson afirma que "Para dizê-lo com todas as letras: as classes não existem como entidades separadas que olham ao redor, acham um inimigo de classe e partem para a batalha. Ao contrário, para mim, as pessoas se veem numa sociedade estruturada de certo modo (por meio de relações de produção fundamentalmente), suportam a exploração (ou buscam manter poder sobre os explorados), identificam os nós dos interesses antagônicos de tal processo de luta, descobrem a si mesmas como classe, vindo, pois, a fazer a descoberta da sua consciência de classe" (THOMPSON, 2001, p. 278). Ver mais em: THOMPSON, Edward P. *A formação da classe operária inglesa*. 6. ed. São Paulo: Paz e Terra, 2011. v. 1.

[312] RESTREPO, Eduardo. Sobre os estudos culturais na América Latina. *Educação*, Porto Alegre, v. 38, n. 1, p. 21-31, jan./abr. 2015.

mais específica, os estudos inter(culturais) de corte decolonial, nos quais os escritos de Catherine Walsh, autora que aborda as pedagogias decoloniais, estão inseridos[313], por exemplo, têm origens, entre outras teorias, nos estudos culturais latino-americanos feitos por teóricos como Jesús Martín-Barbero e Néstor García-Canclini. Por sua vez, esses autores dialogam com os estudos culturais, que investigam fenômenos como poder, raça, gênero, etnia, comunicação, educação, entre outros itens.

A consciência de classe é uma característica construída e descoberta[314]. Dessa maneira, compreende-se no presente projeto que a formação de professores em uma chave interseccional e decolonial pode contribuir para que educadores e educandos desenvolvam a consciência de classe, ao mesmo tempo que observam as intersecções entre classe, raça e gênero nos respectivos territórios em que residem e em cotidianos, em especial no meio escolar, e as formas para combater as opressões existentes. Ademais, com o reconhecimento das interseccionalidades, a educação tem potencial para se tornar mais empática, equitativa e reflexiva com relação às origens e às consequências das múltiplas opressões sobrepostas. Para remeter-se às questões históricas, torna-se relevante recorrer ao conhecimento sobre as colonialidades e as formas processuais de descolonizá-las.

6.1.2 Decolonialidades e a desconstrução das colonialidades

No âmbito latino-americano, a compreensão das interseccionalidades pode ser ampliada segundo a perspectiva da estrutura quadrangular das colonialidades (do poder, saber, ser e de gênero), as quais também marcam presença no ambiente escolar. A perspectiva de decolonialidade inicia-se no âmbito do grupo de pesquisa Modernidade/Colonialidade (M/C), "forma de catástrofe metafísica que naturaliza a guerra que está na raiz das formas moderno/coloniais de raça, gênero e diferença sexual"[315], que propôs um giro decolonial como uma forma de resistência teórico-prática, política e epistemológica à M/C, e contou com dezenas de pesquisadores que trouxeram à tona ideias as quais possibilitaram uma renovação nas ciências sociais da América Latina[316].

---

[313] WALSH, Catherine. *Interculturalidad crítica y pedagogía de-colonial*: apuestas (des)de el in-surgir, re-existir y re-vivir. [*S. l.: s. n.*], 2010.

[314] THOMPSON, 2011.

[315] MALDONADO-TORRES, Nelson. Analítica da colonialidade e da decolonialidade: algumas dimensões básicas. *In*: BERNARDINO-COSTA, Joaze; MALDONADO-TORRES, Nelson; GROSFOGUEL, Ramon (org.). *Decolonialidade e pensamento afrodiaspórico*. São Paulo: Autêntica, 2018.

[316] BALLESTRIN, Luciana. América Latina e o giro decolonial. *Revista Brasileira de Ciência Política*, n. 11, p. 89-117, 10 jul. 2013.

Nesse âmbito, faz-se necessário olhar para as especificidades do debate latino-americano sobre modernidade e colonialidade em contraposição às teorias pós-coloniais anglo-saxãs. Nelson Maldonado-Torres traz à tona a perspectiva dos condenados trabalhada por Franz Fanon, para falar sobre os impactos da colonialidade:

> Os condenados são os sujeitos que são localizados fora do espaço e tempo humanos, o que significa, por exemplo, que eles são descobertos junto com suas terras em vez de terem o potencial para descobrirem algo ou de representarem um empecilho para a conquista de seu território. Os condenados não podem assumir a posição de produtores do conhecimento, e a eles é dito que não possuem objetividade. Do mesmo modo, os condenados são representados em formas que os fazem se rejeitar e, enquanto mantidos abaixo das dinâmicas usuais de acumulação e exploração, podem apenas aspirar ascender na estrutura de poder pelos modos de assimilação que nunca são inteiramente exitosos. A colonialidade do poder, ser e saber objetiva manter os condenados em seus lugares, fixos, como se eles estivessem no inferno. Esse é o inferno em relação ao qual o céu e a salvação do civilizado são concebidos e sobre os quais ele está acoplado.[317]

Os efeitos imediatos da modernidade/colonialidade englobam a "naturalização do extermínio, expropriação, dominação, exploração, morte prematura e condições que são piores que a morte, tais como a tortura e o estupro"[318].

O fenômeno do racismo é explicado e analisado pela ótica da indissociabilidade do capitalismo e dos processos históricos da modernidade, por exemplo. Ao longo dos séculos, na América Latina, o racismo é operacionalizado como projeto, ao estruturar o capitalismo, mas também como processo, o qual se manifesta quando o racismo é reproduzido de forma inconsciente e naturalizada. Ao analisar as intersecções entre modernidade e colonialidade[319], Aníbal Quijano sistematizou o conceito de colonialidade

---

[317] MALDONADO-TORRES, 2018.

[318] *Ibidem.*

[319] De acordo com Santiago Castro-Gómez, existem diferenças entre os conceitos de colonialismo e colonialidade: "São dois conceitos distintos porque colonialismo faz referência à presença militar, política e administrativa de uma potência em um território estrangeiro, conforme a concepção clássica do colonialismo. Isto é, a ocupação de um território estrangeiro e imposição das estruturas de poder e dominação política e econômica. Colonialidade faz referência às gerências do colonialismo mesmo depois que ele desaparece. O racismo é uma herança colonial, bem como certos modos de paternalismo e o machismo. Há uma série de heranças que persistem mesmo após o colonialismo" (CASTRO-GÓMEZ, 2014 *apud* MACHADO; COSTA, 2014, s/p). Ver mais em: MACHADO, Ricardo; COSTA, Andriolli. Pensar a América Latina para além do latino-americanismo. *IHU Online*, São Leopoldo, 17 nov. 2014.

do poder, por sua vez baseada na perspectiva de raça. Já que a dominação é o requisito da exploração e a categoria raça comporta-se como o instrumento mais eficaz no processo de dominação[320], constata-se que as assimetrias étnico-raciais, presentes até os dias de hoje nas sociedades latino-americanas, são elementos estruturantes para a sobrevivência do modo capitalista de produção. Em outras palavras, a consolidação do eurocentrismo como modelo ideológico hegemônico teve base no fato de que a "a raça converteu-se no primeiro critério fundamental para a distribuição da população mundial nos níveis, lugares e papéis na estrutura de poder da nova sociedade"[321].

Enquanto a colonialidade do poder, construção teórica sistematizada por Aníbal Quijano[322], está relacionada à origem e à persistência do racismo, a colonialidade do saber[323] denuncia posturas epistemicidas[324], uma vez que utiliza o eurocentrismo para hierarquizar e ocultar conhecimentos ancestrais, em especial de origem africana, afro-brasileira e indígena. Dessa maneira, compreende-se que as Leis 10.639/2003 e 11.645/2008 são avanços legislativos para descolonizar saberes no âmbito escolar, todavia é necessário que docentes reconheçam os traços coloniais em suas práticas pedagógicas e em seu modo de pensar e, com base nisso, construam estratégias que visem à decolonialidade dos saberes.

Da mesma maneira, a colonialidade do ser também se faz presente nos ambientes de educação formal, pois o conceito aborda como as experiências inerentes à colonização impactam a linguagem por meio da reprodução de discursos coloniais. Desse modo, o uso de vocábulos racistas e machistas e a intolerância religiosa são exemplos de manifestação da colonialidade do ser, assim como as buscas por ressignificar as linguagens têm a ver com um processo de descolonização nesse âmbito.

---

[320] QUIJANO, 2005.

[321] *Ibidem*, p. 108.

[322] *Ibidem*.

[323] MALDONADO-TORRES, Nelson. Sobre la colonialidad del ser: contribuciones al desarrollo de un concepto. *In*: CASTRO-GÓMEZ, Santiago; GROSFOGUEL, Ramon (ed.). *El giro decolonial*: reflexiones para una diversidad epistémica más allá del capitalismo global. Bogotá: Siglo del Hombre Editores; Universidad Central; Instituto de Estudios Sociales Contemporáneos; Pontificia Universidad Javeriana; Instituto Pensar, 2007.

[324] De acordo com Sueli Carneiro, "Nessa dinâmica, o aparelho educacional tem se constituído, de forma quase absoluta, para os racialmente inferiorizados, como fonte de múltiplos processos de aniquilamento da capacidade cognitiva e da confiança intelectual. É fenômeno que ocorre pelo rebaixamento da auto-estima que o racismo e a discriminação provocam no cotidiano escolar; pela negação aos negros da condição de sujeitos de conhecimento, por meio da desvalorização, negação ou ocultamento das contribuições do Continente Africano e da diáspora africana ao patrimônio cultural da humanidade; pela imposição do embranquecimento cultural e pela produção do fracasso e evasão escolar. A esses processos denominamos epistemicídio (Carneiro, 2005)". Ver mais em: CARNEIRO, Sueli. Epistemicídio. *Portal Geledés*, São Paulo, 4 set. 2014. s/p.

Com o objetivo de visibilizar a existência de um sistema moderno-colonial de gênero, María Lugones constrói o conceito de colonialidade de gênero, o qual dialoga de forma direta com as interseccionalidades[325]. A reflexão de Lugones inicia-se com o seguinte questionamento: por que homens que são subalternizados são também indiferentes às violências que sofrem as mulheres de cor nessa mesma condição? Desse modo, Lugones denomina "a análise da opressão de gênero, racializada e capitalista" de "colonialidade do gênero", e considera a possibilidade de superar a colonialidade do gênero de 'feminismo descolonial'"[326]. Para Lugones, a colonialidade de gênero atinge, em especial, as mulheres de cor (não brancas que sofrem a opressão da colonialidade do poder e, por consequência, da colonialidade de gênero), o que contribui para a formação de um sistema moderno-colonial de gênero[327]. A multiplicidade de opressões está presente em interseccionalidades entre raça, classe, gênero e sexualidade, na visão da autora.

Dessa maneira, observa-se que a preocupação, por parte de diferentes autoras, a respeito das multiplicidades de opressões sociais reforça a crescente necessidade de que esses temas sejam abordados de forma crítica nas escolas a fim de desconstruir e descolonizar visões vinculadas ao racismo, ao patriarcalismo e ao eurocentrismo.

A decolonialidade, por sua vez, consiste em uma postura epistêmica contrária ao eurocentrismo nas ciências, cujos pilares envolvem a construção de um conhecimento segundo uma perspectiva do Sul, ou mais especificamente da América Latina, com base nas experiências dos povos oprimidos e silenciados do continente[328]. Por meio da decolonialidade, também se assume a existência de conhecimentos, saberes e intelectualidades fora do contexto acadêmico. Integra ainda a perspectiva da decolonialidade a prioridade para conhecimentos produzidos no Sul global e o reconhecimento de que conhecimentos produzidos na Europa e nos Estados Unidos, embora sejam válidos do ponto de vista científico, não devem ser adotados sem uma visão crítica, tampouco sem considerar especificidades histórico-sociais inerentes à América Latina[329]. Trata-se de um movimento que busca afastar-se da modernidade/colonialidade e de suas nefastas

---

[325] LUGONES, María. Colonialidad y género. *In*: ESPINOSA MIÑOSO, Yuderkys; GÓMEZ CORREAL, Diana; OCHOA MUÑOZ, Karina (ed.). *Tejiendo de outro modo*: feminismo, epistemologia y apuestas descoloniales en Abya Yala. Popayán: Editorial Universidad del Cauca, 2014a; LUGONES, María. Rumo a um feminismo descolonial. *Estudos Feministas*, Florianópolis, v. 22, n. 3, p. 935-952, set./dez. 2014b.

[326] *Idem*, 2014a, p. 941.

[327] *Idem*, 2014b.

[328] Ver mais em: QUIJANO, 2005.

[329] LANDER. Edgardo (org.). *A colonialidade do saber*: eurocentrismo e ciências sociais. Perspectivas latino-americanas. Ciudad Autónoma de Buenos Aires: Clacso, set. 2005. (Colección Sur Sur).

consequências; desse modo, o processo permite que o condenado consiga emergir como criador e como um agente de mudança social. Para Maldonado-Torres,

> Como projeto inacabado, o giro decolonial requer uma genealogia que mostre seus vários momentos através da história juntamente com uma fenomenologia, ambas como parte de sua analítica. Outra parte dessa analítica consiste na identificação do giro decolonial no âmbito do saber, poder e ser. As teses restantes capturam diferentes expressões da atitude decolonial e do giro decolonial em cada um desses níveis. Com amor e raiva, o condenado emerge como um pensador, um criador/artista, um ativista. Eu não pretendo reduzir o saber ao pensamento, o ser à arte e o poder ao ativismo, mas eu penso que a predominância usual destas principais áreas na luta contra a colonização pode ser explicada parcialmente pelas relações próximas delas com cada uma das dimensões básicas da colonialidade: saber, poder e ser. A decolonialidade, portanto, tem a ver com a emergência do condenado como pensador, criador e ativista e com a formação de comunidades que se juntem à luta pela descolonização como um projeto inacabado.[330]

O enfrentamento à estrutura quadrangular da decolonialidade está sintetizado no esquema a seguir, elaborado por Maldonado-Torres:

Figura 2 – Analítica da decolonialidade

Fonte: Maldonado-Torres (2018)

---
[330] MALDONADO-TORRES, 2018.

Iniciar um processo de educação antirracista baseado nos eixos educacionais decoloniais de pensar, questionar, teorizar, comunicar e/ou escrever significa questionar estruturas inerentes à colonialidade do poder, que transformou a raça em um requisito essencial de dominação no período colonial. Por sua vez, o cumprimento das Leis 10.639/2003 e 11.645/2008 contribui diretamente para quebrar um ciclo marcado por epistemicídios e por outras expressões da colonialidade do saber e do ser. Quando as perspectivas interseccionais são consideradas, debatidas e incorporadas às práticas pedagógicas, há ainda o processo de decolonialidade de gênero e de desnaturalização de opressões de naturezas diversas.

6.2 Características essenciais de uma educação antirracista, decolonial e interseccional

- Inclusão de espaços para o debate explícito sobre o racismo, o preconceito, a discriminação e as opressões interseccionadas;
- Espaços no planejamento escolar para que a educação antirracista, decolonial e interseccional não esteja reduzida a datas comemorativas e à pedagogia de projetos;
- Espaços privilegiados em bibliotecas, feiras de livro e ambientes públicos da escola para a presença de materiais didáticos e paradidáticos antirracistas, decoloniais e interseccionais;
- Rompimento com a cultura do silêncio em relação ao racismo, ao mito da democracia racial, aos mecanismos da branquitude, ao eurocentrismo e a outras opressões interseccionadas por meio de diálogos e de atividades pedagógicas;
- Centralidade dos processos educacionais nos educandos;
- Mecanismos para proporcionar o protagonismo estudantil na luta antirracista e contra outras opressões interseccionadas por meio do espaço para grêmios e outras organizações estudantis;
- Formação continuada de docentes crítico-reflexivos;
- Formação continuada de educadores em geral e da comunidade escolar em geral para uma educação antirracista, decolonial e interseccional;
- Apoio psicológico permanente para educadores, educandos e para a comunidade escolar, com foco na atenção ao sofrimento psíquico

ocasionado pelo racismo, pelo machismo e por outras opressões interseccionadas;

- Busca pela desconstrução do mito da democracia racial por meio de diferentes estratégias pedagógicas;
- Educação como bandeira de luta;
- Gestão democrática do espaço escolar;
- Participação de diferentes agentes dos territórios, tais como os movimentos sociais;
- Diálogo;
- Lógica solidariedade/colaboração;
- Respeito ao direito à diferença;
- Busca pela decolonialidade do saber, do ser, do poder e de gênero no ambiente escolar e, de forma mais ampla, na sociedade.

6.3 Trajetos iniciais: dicas para educadores

A seguir, listas em formato de tópicos foram disponibilizadas com dicas para educadores, gestores escolares, gestores públicos que atuam fora de uma unidade escolar e universidades. As dicas dadas não se esgotam neste texto, tampouco neste livro, mas podem funcionar como o início e/ ou fortalecimento de um trabalho antirracista, decolonial e interseccional.

6.3.1 Docentes

- Faz-se necessário assumir explicitamente que existe racismo no Brasil, enquanto ideologia sofisticada e que se engendra de várias maneiras, e exercitar essa leitura crítica a fim de reconhecer e identificar mecanismos sofisticados de manifestação e reprodução do racismo no país;
- No planejamento das aulas, busque romper com o silenciamento do racismo e das opressões interseccionadas a fim de trazer reflexões constantes sobre o tema. O silenciamento e a crença no mito da democracia racial atrapalham diretamente o enfrentamento das discriminações raciais e contribuem para encobrir os problemas. Inicie o tratamento dessas temáticas já na educação infantil;

- Não fique assustado, se você não teve história da África em seu currículo universitário, pois isto não o impede de realizar ações antirracistas na educação; Indignação contra o racismo e as opressões interseccionadas é a palavra-chave, pois indignar-se contribui para uma mobilização interna e também para a externalização de nossas ações. Sem indignação, as situações não mudam. Faz-se necessário indignar-se com cada reprodução dos preconceitos e discriminações e não naturalizar essas ações. Diante disso, compreende-se que não é necessário que o indivíduo seja pesquisador para contribuir para uma educação antirracista;
- Nos conteúdos trabalhados, sempre vá além da temática da escravidão e busque pesquisar e visibilizar assuntos referentes à pluralidade e à diversidade da história e cultura africana e afro-brasileira;
- Seja vigilante com os epistemicídios. Há a necessidade constante de dar espaço a conhecimentos a diversidade de conhecimentos silenciados, ignorados, excluídos e omitidos a fim de buscar um caráter emancipatório e, ao mesmo tempo, rejeitar modelos monoculturais e universalizantes na educação;
- Envolva todos os educandos nas atividades propostas, dê espaço de fala para que educandos negros falem sobre suas vivências, caso se sintam à vontade, e que os demais educandos possam dialogar sobre o assunto;
- Cuide da distribuição de afetos, carinhos e atenção aos educandos e sempre faça autocríticas quanto às suas atitudes nesse tema. O uso de palavras como "príncipe" e "princesa" direcionadas para crianças brancas faz parte de uma manifestação racial muito arraigada no psiquismo e nas perspectivas de branquitude e negritude, e aparece objetivada nessa má distribuição dos afetos;
- Participe do maior número possível de formações sobre educação antirracista, dialogue, traga questionamentos e, sempre que possível, promova debates sobre os temas abordados;
- Utilize a gamificação a favor da educação antirracista. Use e crie jogos que possibilitem visibilizar a história e cultura africana e afro-brasileira, bem como as estratégias decoloniais e de enfrentamento às opressões interseccionadas. Caso utilize processos de criação, busque envolver os educandos, tornando-os cada vez mais protagonistas dessas reflexões e ações;

- Recorra às pedagogias de Paulo Freire para que os processos educacionais que você desenvolver coletivamente sejam ainda mais efetivos. Nesse contexto, destaca-se a valorização das vivências e o rompimento com a cultura do silêncio presente em *Pedagogia do oprimido*[331], *a pedagogia das perguntas (Por uma pedagogia da pergunta*[332]*) e os pressupostos da Pedagogia da autonomia*[333];
- Em diálogo com a gestão escolar, busque elaborar e atuar em projetos transdisciplinares[334] de educação antirracista e decolonial;
- Selecione materiais didáticos e paradidáticos que contribuam para efetivar uma educação antirracista, decolonial e com reconhecimento de interseccionalidades com impactos dentro e fora dos muros escolares. Nesse contexto, confira a dica da professora Cristiane Santana:

> *Não chegaria a afirmar que a totalidade de produções didáticas estejam comprometidas com uma Educação Antirracista, contudo, é possível observar os efeitos que as Leis 10.639/03 e 11.645/08 produziram sobre o mercado editorial como um todo e, sobretudo, nas obras voltadas para fins didáticos. Na minha área, por exemplo, que é Língua Portuguesa, tenho observado, ainda que a passos lentos, uma presença cada vez maior de autoras e autores negros, seja na abordagem de textos literários em que conseguimos encontrar textos de Carolina Maria de Jesus, Conceição Evaristo, Daniel Munduruku, entre outros, como em discussões sobre diversidade étnico-racial ou a presença de manifestações culturais como os saraus periféricos. Certamente, essas presenças são fruto de um esforço de produção de materiais que possam responder às demandas colocadas pelas leis, algo similar ao que ocorreu quando editoras procuraram adequar materiais ao eixo de Pluralidade Cultural, como resposta aos Temas Transversais pautados nos Parâmetros Curriculares Nacionais na década de 1990. Por fim, é preciso*

---

[331] FREIRE, 2014.

[332] FAUNDEZ, Antonio; FREIRE, Paulo. *Por uma pedagogia da pergunta*. Rio de Janeiro: Paz e Terra, 1985. (Coleção Educação e Comunicação).

[333] FREIRE, Paulo. *Pedagogia da autonomia*: saberes necessários à prática educativa. 25. ed. Rio de Janeiro: Paz e Terra, 2002.

[334] "Transversalizar o conteúdo das disciplinas tradicionais do currículo, não significa constituir ou criar novas disciplinas. É transversal porque os temas a serem trabalhados são entendidos como questões do cotidiano do aluno, que perpassam todas as disciplinas tradicionalmente oficiais da grade curricular. Assim, transversalidade diz respeito ao tratamento integrado nas diferentes áreas, na qual as questões sociais se integram na própria concepção teórica das áreas e de seus componentes curriculares" (FERREIRA, 2019, p. 6). Ver mais em: FERREIRA, Gabriella Rossetti (org.). *A transversalidade da prática do professor pedagogo*. Ponta Grossa: Atena, 2019.

destacar que um aumento de produções que contemplem a presença das populações negras e indígenas deve ser observado com cautela e criticidade, visto que muitas obras, apesar de indicarem essa presença, ainda o fazem com um viés preconceituoso e estereotipado.

Eu não faria a recomendação de um material em específico, em lugar disso, penso que professoras e professores que buscam a construção de práticas educacionais antirracistas precisam observar em todo e qualquer material como se dá a representação das populações negras e indígenas. Isso significar analisar em que contextos sociais, históricos e políticos estão presentes; quais são os papeis sociais que desempenham; como as ilustrações os representam; quais as possibilidades de que os estudantes se reconheçam nesses materiais; que narrativas são veiculadas sobre esses grupos; enfim, é importante considerar que muito além da presença de negros e indígenas, os materiais devem estar pautados pelo protagonismo desses grupos como sujeitos de sua própria história. Assim, por exemplo, um material que consiga abarcar narrativas contra hegemônicas contribuirá muito mais do que um que reitere narrativas de sujeição, ou seja, não basta localizar a população negra no contexto da escravidão, mas revelar as histórias de resistência que foram reiteradamente apagadas no contexto escolar.

A professora Cristiane Santana sintetiza os debates propostos anteriormente e traz outras dicas para os professores a respeito da temática:

O Parecer que institui as Diretrizes Curriculares Nacionais para a Educação das Relações Étnico-Raciais e para o Ensino de História e Cultura Afro-Brasileira e Africana aponta como caminho para responder às demandas da população afrodescendente (e indígena – com a inclusão proposta pela Lei 11.645/08) a construção de políticas públicas pautadas por três eixos: reparação, reconhecimento e valorização. Acredito que às/aos educadoras/es que ingressam na educação básica caberá pautar suas práticas a partir desses eixos, ou seja: 1. Assumindo o compromisso com a reparação, a partir do momento em que o currículo, enquanto instância legitimadora de saberes e visões de mundo, invisibilizou-se o protagonismo das populações negras e indígenas; 2. Reconhecendo a produção de conhecimento dessas mesmas populações, procurando romper com as hierarquizações que restringem esse conhecimento ao folclórico; 3. Valorizando o patrimônio histórico-cultural afro-brasileiro e indígena como fonte de conhecimento e articulado ao currículo. Uma postura educacional pautada nesses valores exigirá buscar preencher as lacunas formativas, assim como um olhar atento para mapear e acolher o que trazem os estudantes e, assim, ter-se-á um ambiente hostil ao surgimento de situações de racismo, bem como, fortalecido para as manifestações que possam surgir.

6.3.2 Educadores em geral (docentes, trabalhadores escolares, gestores e outros)

- Cuide da linguagem e faça um estudo individual e/ou coletivo constante sobre palavras e expressões com conotação racista e/ou preconceituosa. Há ainda vocábulos que remetem a situações pejorativas, a exemplo da diferença entre "escravo" e "escravizado": enquanto a primeira palavra traz o sentido de condição permanente, a segunda enfatiza uma condição de opressão temporária e ocasionada por outra pessoa. Retire as palavras racistas e preconceituosas de seu vocabulário e busque conscientizar educandos e outros educadores sobre suas descobertas;

- Participe do maior número possível de formações sobre educação antirracista, dialogue, traga questionamentos e, acima de tudo, questione suas próprias práticas e distribuições de afetos;

- Elabore estratégias juntamente à gestão escolar para aproveitar sua função no ambiente escolar para promover um processo educacional antirracista, decolonial e com reconhecimento das opressões interseccionadas. Por exemplo, merendeiras e nutricionistas podem realizar uma ação que valorize a culinária afro-brasileira por meio de imagens, jogos, decorações e breves exposições. No mesmo sentido, inspetores de alunos podem contribuir com reflexões quando há ofensas racistas entre educandos;

- Contribua para promover um trabalho em equipe baseado na lógica de solidariedade e colaboração.

A respeito dos processos formativos para educadores, Cristiane Santana observa que

> O primeiro passo dos processos formativos é levar educadoras e educadores a identificarem e desnaturalizarem práticas educacionais construídas a partir de estereótipos e preconceitos. Talvez uma primeira dificuldade seja o fato de que esse processo não é confortável, visto que muitas vezes, os educadores precisam confrontar seus próprios preconceitos. Contudo, essa revisão inicial é um passo importante para qualquer processo formativo, pois será por meio dele que se poderá identificar as lacunas na formação inicial que precisam ser preenchidas por meio da apropriação de um repertório de educação para as relações étnico-raciais [...] na questão sobre o lápis cor de pele fica muito evidente o uso de uma

> *expressão que foi naturalizada no meio educacional e, sem que os educadores a problematizem, perguntando-se quais foram os processos históricos e sociais que possibilitaram essa naturalização, a mudança poderá ser superficial, afinal, não basta decretar que certas expressões ou falas devem ser abolidas, mas compreender porque elas existem e são difundidas, ao mesmo tempo em que se constrói alternativas para superá-las.*

Na próxima lista, veremos passos que podem ser percorridos por gestores escolares.

6.3.3 Gestores escolares

- Compreenda que o papel da gestão escolar é de suma importância para que a educação antirracista, calcada na ação-reflexão-ação, seja concretizada na escola;
- Insira a educação antirracista no projeto político-pedagógico da escola;
- Rompa com a perspectiva de pedagogia de projetos, e insira a temática antirracista ao longo de todo o ano letivo de forma a desnaturalizar discursos e práticas racistas, machistas e de outras naturezas opressivas;
- Invista em projetos de protagonismo dos educandos no ambiente escolar e faça parcerias internas (com docentes) e externas (com movimentos sociais e organizações sociais que possam aportar informações e atividades sobre decolonialidade, interseccionalidade e luta antirracista);
- Evite rotinas excessivamente burocratizadas e pouco dialogadas, pois, sem equilíbrio e com o tempo tomado por atividades repetitivas e, por vezes, dispensáveis, falta tempo para investir na formação e nas práticas pedagógicas antirracistas;
- Com o auxílio e participação do grupo e da comunidade escolar, busque concretizar, a cada dia, a gestão democrática da escola, seus princípios e pressupostos;
- Tenha atenção a todos os acontecimentos escolares. Para isso, construa coletivamente uma rede de apoio e atenção na unidade. Se houver possibilidade, construa um grupo de trabalho dedicado à escuta e à atenção de situações de preconceito e discriminação em geral;
- Cultive a cultura do diálogo e administrar conflitos de modo que o foco da unidade escolar esteja inteiramente interligado ao educando;

- Não seja omisso(a) diante de casos de racismo e de reprodução de opressões interseccionadas no ambiente escolar. Busque o diálogo, a mediação de conflitos e a formação continuada e permanente como antídotos para essas situações. Abra espaço ainda para rodas de conversa sobre as temáticas;

- Invista na comunicação baseada na escuta, na empatia e no exercício de tornar comum objetivos, calendários, iniciativas, mediações e outras atividades. Além da comunicação interpessoal, a comunicação visual pode ser outro recurso a ser utilizado nesse contexto;

- Explicite os papéis de cada educador(a) no ambiente escolar; e, em grupo, designem tarefas específicas de combate ao racismo e às opressões interseccionadas. Nesse momento, busque reforçar também a atribuição de tarefas de cada funcionário;

- Abra espaços mais constantes e permanentes para a participação da comunidade escolar no processo de educação antirracista, decolonial e de reconhecimento interseccional;

- Elabore e realize um projeto de formação docente continuada, que inclua reconhecimento de situações-problema, problematizações do cotidiano, reflexões, ações e avaliação das iniciativas. Entre os temas relevantes, estão Abolição inconclusa, branquitude, mito da democracia racial, colonialidades e decolonialidades, epistemicídio, interseccionalidades, racismo estrutural, racismo institucional, diferenças entre racismo (campo das crenças e concepções do mundo) e discriminação racial (adoção de práticas que efetivam o racismo), silenciamento, currículo oculto, pedagogia decolonial[335],

---

[335] A ação de pedagogias decoloniais pode contribuir para a formação continuada docente nas perspectivas de identificar interseccionalidades e diferentes colonialidades do cotidiano. É dessa maneira que surgem pedagogias decoloniais, que se convertem em um "processo e prática sociopolítico produtivo e transformativo assentado nas realidades, subjetividades, histórias e lutas do povo, vividas em um mundo regido pela estruturação decolonial" (WALSH, 2010, p. 13-14, tradução nossa). Ainda sobre as pedagogias decoloniais, Fabian Cabaluz Ducasse afirma que "As pedagogias decoloniais se ocupam dos problemas vigentes e estruturais associados ao eurocentrismo, à colonialidade do poder, à geopolítica do conhecimento, racialização, entre outros, ou seja, enfrentam-se diferentes formas em que se expressam os padrões de poder. Começando com a crítica à histórica heleno-cêntrica, eurocêntrica e ocidentalista que concebe o processo histórico da humanidade desde uma perspectiva evolutiva e linear, concebendo a Europa e América do Norte como o centro da culminação da civilização humana, as pedagogias decoloniais se preocupam em analisar a história dos povos excluídos, subalternizados e oprimidos a partir de uma perspectiva histórica capaz de fortalecer nossas memórias e experiências criativas, nossos processos existenciais" (CABALUZ DUCASSE, 2015, p. 153, tradução nossa). Ver mais em: WALSH, 2010; CABALUZ DUCASSE, Fabian. *Entramando pedagogias críticas latinoamericanas*: notas teóricas para potenciar el trabajo político-pedagógico comunitario. Santiago de Chile: Quimantú, 2015.

saberes interculturais[336] e direito à diferença, em um exercício de uma pedagogia culturalmente relevante[337];

- Sempre que possível, envolva também movimentos sociais nesses processos. É necessário relembrar que uma formação continuada, interseccional e decolonial de professores tem relevância para contribuir com a desconstrução de preconceitos e discriminações que possam ter sido internalizados pelos educadores, bem como no diálogo com os educandos acerca das relações de racismo, machismo, sexualidade e pertencimento a uma determinada classe e território, a fim de fomentar visões mais interculturais, problematizadoras e baseadas no direito à diferença e nas diferentes epistemologias;
- Adicionar a autoidentificação racial como prática para educandos, educadores e comunidade escolar. Além disso, trabalhar com iniciativas de perspectivas de autocuidado individual e coletivo para as pessoas envolvidas;

---

[336] A respeito das práticas interculturais, "Não falam de saberes em abstrato, mas de pedagogias, de saberes, de aprendizados de reações e resistências concretas à escravidão, ao despojo de seus territórios, suas terras, suas águas, suas culturas e identidades. Teorias pedagógicas de resistência coladas e aprendidas em práticas, lutas, ações coletivas, no resistir à destruição e, sobretudo, na retomada da agricultura familiar, da construção de um teto onde abrigar a família, de sair do desemprego. Resistências que participam desde crianças/adolescentes e que levam às escolas e aos encontros da educação popular" (ARROYO, 2012, p. 24). Ver mais em: ARROYO, Miguel. *Currículo, território em disputa*. 5. ed. Petrópolis: Vozes, 2011.

[337] A esse respeito, Glória Ladson Billings afirma que "Um próximo passo para postular uma prática pedagógica eficaz é um modelo teórico que não apenas aborda o desempenho dos alunos, mas também os ajuda a aceitar e afirmar sua identidade cultural, enquanto desenvolvem perspectivas críticas que desafiam as desigualdades que as escolas (e outras instituições) perpetuam. Eu chamo essa pedagogia de pedagogia culturalmente relevante" (LADSON-BILLINGS, 1995, p. 469). Trata-se de um caminho para formar educandos bem-sucedidos academicamente, culturalmente competentes e críticos do ponto de vista sociopolítico. Para atingir tais objetivos, os docentes precisam acreditar no sucesso acadêmico dos educandos, enxergar-se como membros da comunidade e ver o ensino como forma de contribuição para a comunidade. Desse modo, poderão demonstrar conexão com todos os alunos e com a comunidade, incentivar a aprendizagem colaborativa entre os educandos por meio do encorajamento do trabalho em grupo e da superação de dificuldades de forma conjunta e solidária. Além disso, esses professores deverão apoiar e suscitar nos alunos o orgulho de pertencer àquela comunidade por meio do conhecimento da história e dos desafios sociais. É necessário ressaltar que os docentes responsáveis por construir uma pedagogia culturalmente relevante enxergam o conhecimento como compartilhado, reciclado e construído, o qual deve ser analisado de forma crítica e avaliado de forma multifacetada. Trata-se, segundo a autora, de construir pontes para facilitar o aprendizado (LADSON-BILLINGS, 1995). Trabalhar uma pedagogia culturalmente relevante em contexto nacional tem potencialidades para reforçar ainda a necessidade de incentivar professores reflexivos a realizar a leitura crítica do mito da democracia racial, por exemplo, de forma a reconhecer a ideologia racista e as motivações pelas quais o racismo e outras matrizes interseccionais de opressão se reproduzem tão facilmente na sociedade. O não reconhecimento de tais conflitos conduz a uma negação das discriminações de raça, gênero e classe, situação que culmina no silenciamento dos agentes escolares face às múltiplas manifestações de preconceitos. Ver mais em: LADSON-BILLINGS, Gloria. Culturally relevant pedagogy 2.0: a.k.a. the Remix. *Harvard Educational Review*, Cambridge, v. 84, n. 1, p. 74-84, 2014; Toward a theory of culturally relevant pedagogy. *American Educational Research Journal*, Washington, D.C., v. 32, n. 3, p. 465-491, 1995.

- Tenha também um processo permanente de formação antirracista e decolonial para todos os educadores que atuam dentro do ambiente educacional, em todas as funções existentes nesse espaço. Cada indivíduo é fundamental para o enfrentamento ao silenciamento do racismo e das opressões interseccionadas;
- Assegure que, nos espaços de formação (jornadas, reuniões formativas semanais), os relatos de discriminação no interior da escola sejam compartilhados, evitando a cultura do silêncio;
- Assegure ainda material didático-pedagógico adequado e apresente-o de forma enfática a docentes de diferentes disciplinas e também a outros educadores do ambiente escolar.

Para os coordenadores, Cristiane Santana também trouxe dicas de atuação:

> A gestão é peça fundamental na efetivação de uma educação antirracista, visto seu papel articulador, bem como, da construção das condições materiais e concretas para que educadores desenvolvam suas práticas. É muito comum nas unidades educacionais que o trabalho voltado à educação para as relações étnico-raciais recaia sobre uma única ou único educador, geralmente negro ou negra, como se o seu pertencimento racial a/o tornasse também a/o única/o responsável por esse trabalho. Ocorre que essa é uma tarefa de toda escola e aos gestores recai a responsabilidade de garantir os espaços para a formação continuada dos educadores, gestar os recursos de modo a respaldar a realização de projetos e ações que envolvam aquisição de materiais, construir os espaços de articulação e diálogo com as famílias, entre outras ações que permitirão que o trabalho não seja fruto de esforço isolado de um ou poucos educadores na escola, mas que seja compreendido e acolhido por toda unidade educacional.
>
> As recomendações caminham no mesmo sentido daquelas ofertadas aos/às professoras/es, com o acréscimo de que as/os coordenadoras/es pedagógicos têm um papel central na formação dentro do ambiente escolar, tanto na pesquisa e proposição de material de estudo, quanto na articulação de projetos entre os diferentes agentes da educação: gestão, docentes, quadro de apoio, estudantes e famílias.

6.3.4 Gestores públicos que atuam fora do ambiente escolar e universidades

Falemos sobre políticas públicas, em especial no tocante ao planejamento e à implementação de iniciativas focadas em uma educação antirracista, decolonial e de reconhecimento e combate às opressões interseccionadas, e também sobre o potente papel do ensino superior nesse cenário[338]:

- Planejamento de programa de implementação das Leis 10.639/2003 e 11.645/2008, proposto tanto pela Secretaria Estadual como por Secretarias Municipais de Educação, por meio da criação de GT específico para esse fim. Nesse espaço, faz-se necessário metas mensuráveis de implementação, formas de monitoramento e fiscalização, além de participação deliberativa da sociedade civil, com universidades, movimentos sociais e associações educacionais.

Nesse cenário, algumas medidas mais emergenciais são:

- Ter programas governamentais com formação continuada e permanente nos horários da Jornada Especial Integral de Formação (Jeife), as quais contemplem diferentes aspectos da educação antirracista, entre eles o rompimento com o silenciamento e com o mito da democracia racial, bem como a importância de se olhar para as interseccionalidades de gênero, classe, raça, território, sexualidade e origem vivenciadas pelos educandos e educadores;
- Especificar, nas formações continuadas e permanentes, módulos de acordo com a faixa etária dos educandos, com parcerias com prefeituras e universidades: pedagogia antirracista para a educação infantil; Ensino Fundamental I; Ensino Fundamental II; e ensino médio;
- Abrir diálogos junto ao MEC a fim de tornar obrigatória a realização de disciplinas sobre educação para as relações étnico-raciais nas graduações de Pedagogia e nas licenciaturas, bem como incentivar projetos transdisciplinares vinculados à educação antirracista nas disciplinas universitárias;
- Criar mais vagas para cotas raciais e para o Programa Universidade Para Todos (ProUni) em cursos superiores na área da Educação, com incentivo à iniciação científica na área de educação para as relações étnico-raciais;
- Assegurar material didático-pedagógico de apoio e para uso dos estudantes adequado às diretrizes da educação antirracista. Nesse

---

[338] As propostas a seguir foram apresentadas por mim, em nome da Comissão de Direitos Humanos e Políticas Públicas (CDHPP) do CRP/SP), em setembro de 2022 no GT Relações Raciais do Conselho Estadual de Defesa dos Direitos da Pessoa Humana (Condepe).

sentido, incentivar a confecção de novos materiais, em parceria com universidades, também pode ser uma atividade fundamental;

- Investir em programas de educomunicação que também dialoguem com a temática antirracista para que os próprios educandos produzam materiais de comunicação para a comunidade escolar, após debates aprofundados sobre o assunto;

- Realizar formações específicas com gestores escolares e com os diferentes educadores dentro do ambiente escolar sobre a educação antirracista a fim de garantir a coordenação adequada e embasada das ações para a educação para as relações étnico-raciais;

- Tornar obrigatória a realização de ações contínuas e coletivas no projeto político-pedagógico durante o ano letivo. Infelizmente, a presença do ensino da história e cultura africanas e afro-brasileiras ainda tem sido resultado de ações individuais de docentes nas escolas, de acordo com Petronilha Gonçalves e Silva[339]. Para uma educação antirracista, a coletividade é essencial;

- Intensificar parcerias com pesquisadores de universidades e psicólogos a fim de criar uma prática de escuta dos professores e da criação de docências compartilhadas[340] que envolvam movimentos sociais, instituições de ensino superior e escolas;

- Definir metas anuais de avanço da educação antirracista e ter transparência ao divulgar os resultados delas.

Outras iniciativas podem contribuir diretamente com esse cenário, tais como:

- Criação de prêmios estaduais de incentivo à educação para as relações étnico-raciais, bem como eventos de compartilhamento de experiên-

---

[339] PINA, Rute. Ensino de história da África ainda não está nos planos pedagógicos, diz professora. *Brasil de Fato*, São Paulo, 8 jan. 2017.

[340] Uma docência compartilhada consiste na construção de um conhecimento compartilhado conforme um tripé formado por professores, artistas e pesquisadores e que envolve três momentos: encontros de discussão dos temas das docências compartilhadas; formação sobre os assuntos selecionados pelo grupo; e planejamento e avaliação das docências compartilhadas. Trata-se, portanto, de momentos "que resultaram em um conhecimento afrocentrado que tem produzido verdadeiras transformações na formação oferecida aos alunos e professores no âmbito escolar em diferentes bairros de periferia da capital paulista" (AMARAL *et al.*, 2018 *apud* AMARAL; SIQUEIRA JUNIOR, 2020, p. 76). Ver mais em: AMARAL, Mônica Guimarães Teixeira do; SIQUEIRA JUNIOR, Kléber Galvão de. Por uma epistemologia sul-americana com base nas culturas afro-brasileiras: um debate sobre o ensino culturalmente relevante nas escolas públicas de ensino fundamental. *Revista Educação, Artes e Inclusão*, Florianópolis, v. 16, n. 3, jul./set. 2020.

cias de escolas de diferentes regiões, a fim de inspirar educadores e mostrar a viabilidade da educação antirracista no cotidiano;

- Incentivo à divulgação das experiências de educação antirracista com registros em sites e e-books, também com o intuito de inspirar educadores.

6.4 Dicas de leitura

A seguir, listamos cinco leituras que podem ajudar a trazer mais perspectivas sobre educação antirracista, decolonialidade, interseccionalidade e relações com os territórios:

Culturas ancestrais e contemporâneas na escola: novas estratégias didáticas para a implementação da Lei 10.639/2003[341]

Nesse livro, organizado por Mônica do Amaral, Rute Reis, Elaine Cristina Moraes Santos e Cristiane Dias, são trazidas à tona estratégias didáticas baseadas nas docências compartilhadas, com relatos de pesquisadores, professores e arte-educadores. O livro aborda a importância da descolonização do currículo e do rompimento com o eurocentrismo para a superação das dificuldades em implementar a Lei 10.639.

Ensino antirracista na educação básica: da formação de professores às práticas escolares[342]

Com linguagem didática e prática, o livro organizado por Thiago Henrique Mota traz artigos que versam sobre aspectos variados da formação docente, como conteúdos, possibilidades de intervenções pedagógicas, potências do estágio supervisionado, entre outros temas. Além disso, a obra lança olhares para as escolas públicas de Viçosa/MG para verificar como a educação das relações étnico-raciais tem ocorrido naquele território.

---

[341] AMARAL *et al.* 2018.

[342] MOTA. Thiago Henrique. *Ensino antirracista na educação básica*: da formação de professores às práticas escolares. Porto Alegre: Editora Fi, 2021.

Racismo linguístico: os subterrâneos da linguagem e do racismo[343]

Em uma das dicas do capítulo, abordamos a importância do cuidado com os vocábulos utilizados e com suas origens coloniais, racistas e machistas. Nessa obra, Gabriel Nascimento reflete o uso da linguagem como ferramenta de poder e propõe formas de expressão linguística mais inclusivas conforme uma perspectiva didática.

A pedagogia hip-hop: consciência, resistência e saberes em luta[344]

Uma proposta de educação antirracista, decolonial e consciente das interseccionalidades nascida de práticas de docências compartilhadas. Essa é uma definição possível para a pedagogia hip-hop, desenvolvida por meio de pesquisas e práticas de Cristiane Correia Dias. Na obra, a artista mostra como atividades dos quatro elementos componentes da cultura hip-hop — *breaking, graffiti, DJ* e *MC* — possibilitam a jovens a reelaboração de identidades e reflexões sobre o racismo e as violências sofridas pelo povo preto.

Conexão Atlândica: branquitude, decolonialitude e educomunicação em discursos de docentes de Joanesburgo, de Maputo e de São Paulo[345]

Você já ouviu falar sobre educomunicação? O conceito é entendido como um paradigma orientador de práticas socioeducativo-comunicacionais que envolve comunicação, educação e outros conhecimentos interdisciplinares a fim de fortalecer o protagonismo de sujeitos sociais e o consequente espaço para o direito universal à comunicação e à expressão[346]. Muitos pesquisadores defendem que a educomunicação pode potencializar ações de educação antirracista, e, entre eles, está Paola Prandini, que escreveu uma tese de doutorado sobre a presença da branquitude e das colonialidades nas dinâmicas sociais, de ensino-aprendizagem e nos currículos de escolas públicas de ensino básico de São Paulo (Brasil), Joanesburgo (África do Sul) e Maputo (Moçambique). Uma leitura imperdível que reúne reflexões teóricas aliadas pela exposição de estratégias pedagógicas usadas por docentes entrevistados.

[343] NASCIMENTO, G. *Racismo linguístico*: os subterrâneos da linguagem e do racismo. Belo Horizonte: Letramento, 2019.

[344] DIAS, Cristiane Correia. *A pedagogia hip-hop*: consciência, resistência e saberes em luta. São Paulo: Appris Editora, 2019.

[345] PRANDINI, Paola Diniz. *Conexão Atlândica*: branquitude, decolonialitude e educomunicação em discursos de docentes de Joanesburgo, de Maputo e de São Paulo. 2022. Tese (Doutorado em Ciências da Comunicação) – Universidade de São Paulo, São Paulo, 2022.

[346] Saiba mais sobre o conceito no site da Associação Brasileira de Pesquisadores e Profissionais em Educomunicação: https://abpeducom.org.br/educom/conceito/. Acesso em: 25 abr. 2023.

(IN)CONCLUSÕES

Que o letramento racial seja abundante, disponível e dialógico para educadores, educandos e cidadãos brasileiros.

Que a preocupação com a saúde mental e, em especial, com os impactos do racismo, da colonialidade e das opressões interseccionadas esteja presente em cada escola brasileira e se efetive em um cuidado cada vez mais atento às questões psicológicas.

Que os gestores escolares sigam trajetos democráticos e envolvam todos os educadores, docentes ou não, educandos e comunidade escolar em uma caminhada rumo a uma sociedade antirracista e decolonial.

Que a sobrecarga de trabalho dos educadores seja superada a fim de que nunca falte tempo para a dedicação em uma pedagogia antirracista e decolonial.

Que a pedagogia de projetos vinculados a poucas datas no ano ligadas à questão racial seja superada e dê lugar a um calendário efetivamente antirracista, com a valorização das pluralidades presentes na história e cultura africana e afro-brasileira.

Que as opressões interseccionadas da sociedade não sejam mais silenciadas e, assim, que deixem de causar sofrimento psíquico em suas vítimas.

Que o protagonismo estudantil seja intrínseco à educação antirracista, decolonial e interseccional.

Que os educadores assumam, cada vez mais, a escola como local de combate, enfrentamento e busca por superação das opressões vivenciadas pelos educandos no cotidiano, mas principalmente como lócus privilegiado de enfrentamento das desigualdades de raça, gênero e classe.

Que o diálogo de saberes entre comunidades quilombolas, indígenas, movimentos sociais, culturas periféricas e escolas esteja cada vez mais presente no cotidiano educacional formal.

Que as políticas públicas educacionais e intersetoriais sejam cada vez mais efetivas no enfrentamento ao racismo e às opressões interseccionadas sociais.

Que as histórias subalternizadas sejam visibilizadas, que os sofrimentos sejam verbalizados e denunciados, que as ressignificações sejam anunciadas.

Visibilidade, planejamento, prioridade, ação-reflexão-ação. Esses são pilares fundamentais para que a Lei 10.639/2003 saia, enfim, do papel, após longos 20 anos. Assim, nadaremos com cada vez mais força contra a maré do silenciamento e da negação.

REFERÊNCIAS

ABRAMOWICZ, A. *Trabalhando a diferença na educação infantil*. São Paulo: Moderna, 2006.

AÇÃO EDUCATIVA; CONHECIMENTO SOCIAL ESTRATÉGIA E GESTÃO. *Indicador de Alfabetismo Funcional*. Habilidades funcionais. [*S. l.*], c2022. Disponível em: https://alfabetismofuncional.org.br/habilidades-e-niveis-de-alfabetismo/. Acesso em: 28 fev. 2022.

ADORNO, T. W. *Estudos sobre a personalidade autoritária*. São Paulo: Unesp, 2019.

ADORNO, T. *Educação e emancipação*. São Paulo: Paz e Terra, 1995.

ALENCASTRO, L. F. O aprendizado da colonização. *In*: ALENCASTRO, L. F. *O trato dos viventes*: formação do Brasil no Atlântico Sul. São Paulo: Companhia das Letras, 2000, p. 11-43.

ALMEIDA, S. L. *O que é racismo estrutural?* Belo Horizonte: Letramento, 2019.

AMARAL, M. *O que o rap diz e a escola contradiz*: um estudo sobre a arte de rua e a formação da juventude na periferia de São Paulo. São Paulo: Alameda, 2017.

AMARAL, M. *et al. Culturas ancestrais e contemporâneas na escola*. São Paulo: Alameda, 2018.

AMARAL, M. G. T.; SIQUEIRA JUNIOR, K. G. Por uma epistemologia sul-americana com base nas culturas afro-brasileiras: um debate sobre o ensino culturalmente relevante nas escolas públicas de ensino fundamental. *Revista Educação, Artes e Inclusão*, Florianópolis, v. 16, n. 3, p. 73-102, jul./set. 2020. Disponível em: http://www.revistas.udesc.br/index.php/arteinclusao/article/view/17539/pdf>. Acesso em: 13 jul. 2022.

ANTUNES, R. Mesa redonda – mercado informal, empregabilidade e cooperativismo: as transformações no mundo contemporâneo. *Cadernos de Psicologia Social do Trabalho*, v. 2, n. 1, p. 55-72, 1999.

ARAUJO, M. L. P. *A escola da frente negra brasileira na cidade de São Paulo (1931-1937)*. 2008. Dissertação (Mestrado em Educação) – Universidade de São Paulo, São Paulo, 2008.

ARCOVERDE, L.; FIÚZA, R. Escolas e universidades de SP têm um caso de injúria racial a cada cinco dias. *G 1*, São Paulo, 14 mar. 2018. Disponível em: https://g1.globo.com/sp/sao-paulo/noticia/escolas-e-universidades-de-sp-tem-um-caso-de-injuria-racial-a-cada-cinco-dias.ghtml. Acesso em: 16 jul. 2019.

ARROYO, M. *Currículo, território em disputa*. 5. ed. Petrópolis: Vozes, 2011.

BALLESTRIN, L. América Latina e o giro decolonial. *Revista Brasileira de Ciência Política*, n. 11, p. 89-117, 10 jul. 2013. DOI 10.1590/S0103-33522013000200004. *Epub*.

BENTO, M. A. S. Branqueamento e branquitude no Brasil. *In*: CARONE, I.; BENTO, M. A. S. (org.). *Psicologia social do racismo*: estudos sobre branquitude e branqueamento no Brasil. Petrópolis: Vozes, 2002.

BENTO, M. A. S. **Pactos narcísicos no racismo:** branquitude e poder nas organizações empresariais e no poder público". 2002. Tese (Doutorado em Psicologia Escolar e do Desenvolvimento Humano) - Instituto de Psicologia, Universidade de São Paulo, São Paulo, 2002. DOI:10.11606/T.47.2019.tde-18062019-181514.

BLEGER, J. *Simbiose e ambiguidade*. Rio de Janeiro: Francisco Alves, 1988.

BLEGER, J. *Temas de psicologia*: entrevistas e grupos. 2. ed. São Paulo: Martins Fontes, 2007.

BOCK, A. M. B.; FURTADO, O.; TEIXEIRA, M. L. T. *Psicologias*: uma introdução ao estudo de psicologia. 14. ed. São Paulo: Saraiva, 2008.

BORGES, D. Inchado, feio, preguiçoso e inerte: a degeneração no pensamento social brasileiro, 1880-1940. *Teoria e Pesquisa*, São Carlos, n. 47, p. 43-70, jul./dez. 2005.

BRASIL. *Constituição da República Federativa do Brasil*. Brasília, DF: Senado Federal, Centro Gráfico, 1988.

BRASIL. Ministério da Educação. Conselho Nacional de Educação. *Parecer 3/2004*. Diretrizes Curriculares Nacionais para a Educação das Relações Étnico-Raciais e para o Ensino de História e Cultura Afro-Brasileira e Africana. Brasília, DF: MEC, 2004. Disponível em: http://portal.mec.gov.br/cne/arquivos/pdf/003.pdf. Acesso em: 27 fev. 2022.

BRASIL. Ministério da Educação. *Pesquisa nacional diversidade na escola*. Brasília, DF: MEC, 2009. Disponível em: http://portal.mec.gov.br/dmdocuments/sumario_diversidade.pdf. Acesso em: 21 set. 2022.

CABALUZ DUCASSE, F. *Entramando pedagogías críticas latinoamericanas*: notas teóricas para potenciar el trabajo político-pedagógico comunitario. Santiago de Chile: Quimantú, 2015. Disponível em: http://biblioteca.clacso.edu.ar/clacso/se/20160914043112/Entramando.pdf. Acesso em: 29 ago. 2022.

CABECINHAS, R. *Preto e branco*: a naturalização da discriminação racial. Porto: Campo das Letras, 2007.

CALADO, M. G. *Como uma faculdade voltada para a população negra favorece o enfrentamento da discriminação racial, o aumento da escolaridade e a inserção no mercado de trabalho desta população*. 2007. Dissertação (Mestrado em Psicologia) – Universidade São Marcos, São Paulo, 2007.

CALADO, M. G.; FELIX, A. B. M. O que nos ensinam as professoras ganhadoras do Prêmio Educar para a Igualdade Racial? *Práxis Educativa*, Ponta Grossa, v. 17, p. 1-19, 2022.

CALADO, M. G. *Escola e enfrentamento do racismo*: as experiências das professoras ganhadoras do Prêmio Educar para a Igualdade Racial. 2013. Tese (Doutorado em Educação) – Universidade de São Paulo, São Paulo, 2013. DOI 10.11606/T.48.2013. tde-25032014-133053.

CAMPOS, D. A.; FERREIRA, M. A. C. Percursos e trajetórias: a identidade do diretor de escola negro nas escolas municipais da cidade de São Paulo. *Ensaio*: Avaliação e Políticas Públicas em Educação, v. 30, n. 117, p. 1.069-1.088, out. 2022. Disponível em: https://www.scielo.br/j/ensaio/a/DX8nPqRHPpJBtqc8PW4zsJR/?lang=pt*-ModalHowcite. Acesso em: 3 abr. 2023.

CARNEIRO, S. Epistemicídio. *Portal Geledés*, São Paulo, 4 set. 2014. Disponível em: https://www.geledes.org.br/epistemicidio/. Acesso em: 2 ago. 2021.

CAVALLEIRO, E. S. *Do silêncio do lar ao silêncio escolar*: racismo, preconceito e discriminação na educação infantil. 1998. Dissertação (Mestrado) – Universidade de São Paulo, São Paulo, 1998.

CENTRO DE ESTUDOS DAS RELAÇÕES DE TRABALHO E DESIGUALDADES (CEERT). *4ª Prêmio Educar para a Igualdade Racial*: experiências de promoção da igualdade racial-étnica no ambiente escolar. Edição 2007-2008. São Paulo: Ceert, 2010.

CENTRO DE ESTUDOS DAS RELAÇÕES DE TRABALHO E DESIGUALDADES (CEERT). Sobre o Projeto Educar. *Ceert*, São Paulo, c2023. Disponível em: https://restory.ceert.org.br/premio-educar. Acesso em: 3 abr. 2023.

CERQUEIRA, D. *et al. Atlas da violência 2020.* Brasília: Ipea, 2020. Disponível em: https://www.ipea.gov.br/atlasviolencia/download/24/atlas-da-violencia-2020. Acesso em: 28 fev. 2022.

CHALHOUB, S. *Trabalho, lar e botequim*: o cotidiano dos trabalhadores no Rio de Janeiro da belle époque. Campinas: Editora da Unicamp, 2001.

CHALHOUB, S. *Visões de liberdade*: uma história das últimas décadas da escravidão da Corte. São Paulo: Cia das Letras, 1990.

CHIAVENATO, J. *O negro no Brasil*: da senzala à Guerra do Paraguai. São Paulo: Brasiliense, 1980.

COLLINS, P. H. Intersectionality's definitional dilemmas. *Annual Review of Sociology*, Palo Alto, v. 41, p. 1-20, Apr. 2015. DOI 10.1146/annurev-soc-073014-112142.

CORREA, M. *As ilusões da liberdade*: a Escola Nina Rodrigues e a antropologia no Brasil. Bragança Paulista: Edusf, 1998.

COSTA, E. S. *Racismo, política pública e modos de subjetivação em um quilombo do Vale do Ribeira.* 2012. Tese (Doutorado em Psicologia Social) –Universidade de São Paulo, São Paulo, 2012. DOI 10.11606/T.47.2012.tde-13082012-104304.

CRENSHAW, K. Documento para o encontro de especialistas em aspectos da discriminação racial relativos ao gênero. *Revista Estudos Feministas*, Florianópolis, v. 10, n. 1, p. 171-188, jan. 2002.

CROCHÍK, J. L. *Preconceito, indivíduo e cultura.* São Paulo: Casa do Psicólogo, 2006.

CROSO, C.; SOUZA, A. L. S. *Igualdade das relações étnico-raciais na escola*: possibilidades e desafios para a implementação da Lei 10639/03. São Paulo: Fundação Peirópolis, 2007.

CRUZ, A. C. J. *Os debates do significado de educar para as relações étnico-raciais na educação brasileira.* 2010. Dissertação (Mestrado em Educação) – Universidade de São Carlos, São Carlos, 2010.

CUNHA, M. I. A natureza da "raça". *Sociedade e cultura 2*: Cadernos do Noroeste 13, Braga, p. 191-203, 2000.

CURY, C. R. J. A educação nas constituições brasileiras. *In*: STEPHANOU, M.; BASTOS, M. H. C. (org.). *Histórias e memórias da educação no Brasil.* Petrópolis: Vozes, 2009. v. 3.

DÁVILA, J. *Diploma de brancura*: política social e racial no Brasil – 1917-1945. São Paulo: Editora Unesp, 2006.

DAVIS, A. *As mulheres negras na construção de uma nova utopia*. Conferência realizada na Jornada Cultural Lélia Gonzales, 1., 13 de dezembro de 1997, São Luiz. Disponível em: http://www.geledes.org.br/as-mulheres-negras-na-construcaode-uma-nova--utopia-angela-davis/#gs._kSJASA. Acesso em: 29 jul. 2021.

DAVIS, A. *Mulheres, raça e classe*. São Paulo: Boitempo, 2016.

DIAS, C. C. *A pedagogia hip-hop*: consciência, resistência e saberes em luta. São Paulo: Appris Editora, 2019.

DIAS, L. R. *No fio do horizonte*: educadora da primeira infância e o combate ao racismo. Tese (Doutorado em Educação) – Universidade de São Paulo, São Paulo, 2007. 2 v.

DOMINGUES, P. Movimento negro brasileiro: alguns apontamentos históricos. *Tempo*, v. 12, n. 23, p. 100-122, 2007. DOI 10.1590/S1413-77042007000200007.

FANON, F. *Pele negra, máscaras brancas*. Salvador: Edufba, 1980.

FARIA, C. R. Gênero, raça e a interseccionalidade nas práticas escolares. *Revista de Educação Popular*, Uberlândia, v. 21, n. 3, p. 179-193, 2022. DOI 10.14393/REP-2022-64985.

FAUNDEZ, A.; FREIRE, P. *Por uma pedagogia da pergunta*. Rio de Janeiro: Paz e Terra, 1985. (Coleção Educação e Comunicação).

FAUSTO, B. *História concisa do Brasil*. São Paulo: Edusp, 2006.

FAZZI, R. C. *O drama racial de crianças brasileiras*. Belo Horizonte: Autêntica Editora, 2006.

FERNANDES, F. *A integração do negro na sociedade de classes*. São Paulo: Edusp, 1965. v. 1-2.

FERNANDES, M. I. A. *Negatividade e vínculo*: a mestiçagem como ideologia. São Paulo: Casa do Psicólogo, 2005.

FERREIRA, A. B. H. *Novo dicionário da língua portuguesa*. Rio de Janeiro: Editora Nova Fronteira, 1986.

FERREIRA, G. R. (org.). *A transversalidade da prática do professor pedagogo*. Ponta Grossa: Atena, 2019. Disponível em: https://www.atenaeditora.com.br/wp-content/

uploads/2019/09/E-book-A-Transversalidade-da-Pratica-do-Professor-Pedagogo. pdf. Acesso em: 9 set. 2021.

FERREIRA, R. F. *Uma história de lutas e vitórias*: A construção da identidade de um afrodescendente brasileiro. São Paulo. Tese (Doutorado) – Universidade de São Paulo, São Paulo, 1999.

FIGUEIREDO, P. Índice de suicídio entre jovens e adolescentes negros cresce e é 45% maior do que entre brancos. *G 1*, [*s. l.*], 21 maio 2019. Disponível em: https:// g1.globo.com/ciencia-e-saude/noticia/2019/05/21/indice-de-suicidio-entre-jo-vens-e-adolescentes-negros-cresce-e-e-45percent-maior-do-que-entre-brancos. ghtml. Acesso em: 20 abr. 2023.

FRAGA, P. C. P. As ONGs e o espaço público no Brasil. *Tempo Presença*, Rio de Janeiro, p. 26-33, 2002.

FREIRE, P. *Pedagogia do oprimido*. 58. ed. Rio de Janeiro: Paz e Terra, 2014.

FREIRE, P. *Pedagogia da autonomia*: saberes necessários à prática educativa. 25. ed. Rio de Janeiro: Paz e Terra, 2002.

FREUD, S. A dissecção da personalidade psíquica. *In*: FREUD, S. *Edição standard brasileira das obras psicológicas completas de Sigmund Freud*. Tradução de J. Salomão. Rio de Janeiro: Imago, 1996, v. 22, p. 75-102. Originalmente publicada em 1932.

FREUD, S. A identificação. *In*: FREUD, S. *Edição standard brasileira das obras psico-lógicas completas de Sigmund Freud*. Tradução de J. Salomão. Rio de Janeiro: Imago, 1996, v. 18, p. 133-139. Originalmente publicada em 1921.

FREYRE, G. *Casa grande & senzala*: formação da família brasileira sob o regime da economia patriarcal. 51. ed. São Paulo: Global, 2006.

FRIGOTTO, G. *Educação e a crise do capitalismo real*. 6. ed. São Paulo: Cortez Editora, 2010.

GOFFMAN, E. *Estigma*: notas sobre a manipulação da identidade deteriorada. Rio de Janeiro: LTC, 1988.

GOMES, N. L. (org.). *Práticas pedagógicas de trabalho com relações étnico-raciais na escola na perspectiva da Lei 10.639/2003*. Brasília: MEC; Unesco, 2012.

GOMES, N. L. Alguns termos e conceitos presentes no debate sobre relações raciais no Brasil: uma breve discussão. *In*: BRASIL. *Educação anti-racista*: caminhos abertos pela Lei 10.639/03. Brasília: Secad/MEC, 2005a. p. 39-62.

GOMES, N. L. Limites e possibilidades da implementação da lei 10.639/03 no contexto das políticas públicas em educação. *In*: PAULA, M.; HERINGER, R. (org.). *Caminhos convergentes*: Estado e sociedade na superação das desigualdades raciais no Brasil. Rio de Janeiro: Fundação Heinrich Boll, ActionAid, 2009. p. 39-74.

GOMES, N. L. Trajetórias escolares, corpo negro e cabelo crespo: reprodução de estereótipos ou ressignificação cultural? *Revista Brasileira de Educação*, Rio de Janeiro, n. 21, p. 40-51, dez. 2002.

GOMES, N. L. Educação e relações raciais: refletindo sobre algumas estratégias de atuação. *In*: MUNANGA, K. *Superando o racismo na escola*. [S. l.]: Secretaria de Educação Continuada, Alfabetizada e Diversidade, 2005b.

GONÇALVES, F. J. M. A invisibilidade pública. *In*: COSTA, F. B. *Homens invisíveis*: relatos de uma humilhação social. São Paulo: Globo, 2004. Prefácio.

GONÇALVES, L. A. O. *O silêncio*: um ritual pedagógico a favor da discriminação racial (um estudo acerca da discriminação racial como fator de seletividade na escola pública de primeiro grau – 1ª a 4ª série). 1985. Dissertação (Mestrado em Educação) – Universidade Federal de Minas Gerais, Belo Horizonte, 1985.

GONZALEZ, L. A mulher negra na sociedade brasileira. *In*: LUZ, Madel T. (org.). *O lugar da mulher*: estudos sobre a condição feminina na sociedade atual. Rio de Janeiro: Edições Graal, 1982.

GUIMARÃES, A. S. A. Como trabalhar com "raça" em sociologia. *Educação e Pesquisa*, São Paulo, v. 29, n. 1, p. 93-107, jan./jun. 2003.

GUIMARÃES, A. S. A. *Racismo e anti-racismo no Brasil*. São Paulo: Editora 34; Fundação de Apoio à Universidade de São Paulo, 1999.

HASENBALG, C. A. *Discriminação e desigualdades raciais no Brasil*. Rio de Janeiro: Edições Graal, 1979.

HELOANI, J. R.; L. S. Psicodinâmica do trabalho: o método clínico de intervenção e investigação. *Revista Produção*, São Paulo, v. 14, n. 3, p. 79, set./dez. 2004.

HILSDORF, M. L. S. *História da educação brasileira*: leituras. São Paulo: Cengage Learning, 2011.

HIRATA, H. Gênero, classe e raça: interseccionalidade e consubstancialidade das relações sociais. *Tempo Social*, v. 26, n. 1, p. 61-73, 30 jul. 2014. DOI 10.1590/S0103-20702014000100005. *Epub*.

HOFBAUER, A. *Uma história de branqueamento ou o negro em questão*. São Paulo: Editora Unesp, 2006.

HOLANDA, S. B. *Raízes do Brasil*. 26. ed. São Paulo: Companhia das Letras, 1995.

HOOKS, B. *Ensinando a transgredir*: a educação como prática da liberdade. Tradução de Marcelo Brandão Cipolla. 2. ed. São Paulo: Martins Fontes, 2017.

INSTITUTO BRASILEIRO DE GEOGRAFIA E ESTATÍSTICA (IBGE). Desigualdades sociais por cor ou raça no Brasil. *Estudos e Pesquisas*: Informação Demográfica e Socioeconômica, Rio de Janeiro, n. 41, 2019. Disponível em: https://biblioteca.ibge.gov.br/visualizacao/livros/liv101681_informativo.pdf. Acesso em: 6 jul. 2022.

INSTITUTO BRASILEIRO DE GEOGRAFIA E ESTATÍSTICA (IBGE). *Pesquisa nacional por amostra de domicílios contínua*: educação 2019. Rio de Janeiro: IBGE, 2020. Disponível em: https://biblioteca.ibge.gov.br/visualizacao/livros/liv101736_informativo.pdf. Acesso em: 28 fev. 2022.

INSTITUTO NACIONAL DE ESTUDOS E PESQUISAS EDUCACIONAIS ANÍSIO TEIXEIRA (INEP). *Censo escolar 2015*. Brasília, DF: Inep, 2015. Disponível em: http://portal.inep.gov.br/artigo/-/asset_publisher/B4AQV9zFY7Bv/content/microdados-do-censo-escolar-2015-ja-estao-disponiveis/21206. Acesso em: 17 jul. 2019.

INSTITUTO NACIONAL DE ESTUDOS E PESQUISAS EDUCACIONAIS ANÍSIO TEIXEIRA (INEP). *Censo escolar da educação básica 2022*: resumo técnico. Brasília, DF: Inep, 2023.

JANSEN, R. Censo de 1872, único a registrar população escrava. *O Globo*, Rio de Janeiro, 12 jan. 2013. Disponível em: http://oglobo.globo.com/historia/censo-de--1872-unico-registrar-populacao-escrava-esta-disponivel-7275328#ixzz2fSP23H6c. Acesso em 14 fev. 2022.

JONES, M. *Racismo e preconceito*. Tradução de Dantes Moreira Leite. São Paulo: Universidade de São Paulo, 1973.

KAËS, R. *Um singular plural*: a psicanálise à prova do grupo. São Paulo: Edições Loyola, 2011.

KAËS, R. *O grupo e o sujeito do grupo*: elementos para uma teoria psicanalítica do grupo. São Paulo: Casa do Psicólogo, 1997.

LADSON-BILLINGS, G. Culturally relevant pedagogy 2.0: a.k.a. the Remix. *Harvard Educational Review*, Cambridge, v. 84, n. 1, p. 74-84, 2014.

LADSON-BILLINGS, G. Toward a theory of culturally relevant pedagogy. *American Educational Research Journal*, Washington, D.C., v. 32, n. 3, p. 465-491, 1995.

LAGO, C.; NONATO, C.; MARTINS, F. A alteridade na educomunicação: estudos de gênero, interseccionalidade e performance. *Comunicação e Educação*, São Paulo, n. 2, jul./dez. 2019. Disponível em: http://www.revistas.usp.br/comueduc/article/view/165197/159517. Acesso em: 15 dez. 2020.

LALANDE, A. *Vocabulário técnico e crítico de filosofia*. 3. ed. São Paulo: Martins Fontes, 1999.

LANDER, E. (org.). *A colonialidade do saber*: eurocentrismo e ciências sociais. Perspectivas latino-americanas. Ciudad Autónoma de Buenos Aires: Clacso, set. 2005. (Colección Sur Sur). Disponível em: http://www.antropologias.org/rpc/files/downloads/2010/08/Edgardo-Lander-org-A-Colonialidade-do-Saber-eurocentrismo-e-ci%C3%AAncias-sociais-perspectivas-latinoamericanas-LIVRO.pdf. Acesso em: jan. 2022.

LANDIM, L. *A invenção das ONGs*: do serviço invisível à profissão impossível. 1993. Tese (Doutorado) – Antropologia Social, Museu Nacional, UFRJ, Rio de Janeiro, 1993.

LAPLANCHE, J. *Vocabulário da psicanálise*. Laplanche e Pontalis; sob a direção de Daniel Lagache. 4. ed. São Paulo: Martins Fontes, 2001.

LIMA, M. E. O.; VALA, J. As novas formas de expressão do preconceito e do racismo. *Estudos de Psicologia*, Natal, v. 9, n. 3, p. 401-411, 2004.

LISBOA, A. P. Negros bem-sucedidos incomodam racistas e são prova de mudança social. *Correio Braziliense*, Brasília, 6 dez. 2020. Disponível em: https://www.correiobraziliense.com.br/euestudante/trabalho-e-formacao/2020/12/4893443-negros-bem-sucedidos-incomodam-racistas-e-sao-prova-de-mudanca-social.html. Acesso em: 19 nov. 2022.

LOPES, N. *Enciclopédia brasileira da diáspora africana*. São Paulo: Selo Negro, 2004.

LUGONES, M. Colonialidad y género. *In*: ESPINOSA MIÑOSO, Y.; GÓMEZ CORREAL, D.; OCHOA MUÑOZ, K. (ed.). *Tejiendo de otro modo*: feminismo, epistemologia y apuestas descoloniales en Abya Yala. Popayán: Editorial Universidad del Cauca, 2014a.

LUGONES, M. Rumo a um feminismo descolonial. *Estudos Feministas*, Florianópolis, v. 22, n. 3, p. 935-952, set./dez. 2014b. Disponível em: https://periodicos.ufsc.br/index.php/ref/article/view/36755/28577. Acesso em: 23 jun. 2021.

MACHADO, B. A. Interseccionalidade, consubstancialidade e marxismo: debates teóricos e políticos. *In*: COLÓQUIO INTERNACIONAL MARX E O MARXISMO - DE O CAPITAL À REVOLUÇÃO DE OUTUBRO (1867 – 1917), 1. ed., Niterói, 2017. *Anais do Colóquio Internacional Marx e o Marxismo*. Niterói, Núcleo Interdisciplinar de Estudos e Pesquisas sobre Marx e o Marxismo (NIEP-Marx), s/p, 2017. Disponível em: https://www.niepmarx.blog.br/MManteriores/MM2017/anais2017/MC18/mc18l.pdf. Acesso em: 29 jul. 2021.

MACHADO, M. H. P. T. (org.). *Crime e escravidão*: trabalho, luta e resistência nas lavouras paulistas 1830-1888. São Paulo: Brasiliense, 1987.

MACHADO, M. H. P. T. (org.). *O Brasil no olhar de William James*: cartas, diários e desenhos, 1865-1866. São Paulo: Editora da Universidade de São Paulo, 2010.

MACHADO, M. H. P. T. (org.). *O plano e o pânico*: movimentos sociais na década da abolição. Rio de Janeiro; São Paulo: Editora da UFRJ; Editora da Universidade de São Paulo, 1994.

MACHADO, R.; COSTA, A. Pensar a América Latina para além do latino-americanismo. *IHU Online*, São Leopoldo, 17 nov. 2014. Disponível em: http://www.ihuonline.unisinos.br/artigo/5784-santiago-castro-gomez#:~:text=Santiago%20Castro%2DG%C3%B3mez%20%C3%A9%20graduado,de%20Frankfurt%2C%20ambas%20na%20Alemanha. Acesso em: 7 abr. 2023.

MAIO, M. C.; SANTOS, R. V. (org.). *Raça como questão*: história, ciência e identidades no Brasil. Rio de Janeiro: Editora Fiocruz, 2010.

MALDONADO-TORRES, N. Analítica da colonialidade e da decolonialidade: algumas dimensões básicas. *In*: BERNARDINO-COSTA, Joaze; MALDONADO-TORRES, N.; GROSFOGUEL, R. (org.). *Decolonialidade e pensamento afrodiaspórico*. São Paulo: Autêntica, 2018.

MALDONADO-TORRES, N. Sobre la colonialidad del ser: contribuciones al desarrollo de un concepto. *In*: CASTRO-GÓMEZ, S.; GROSFOGUEL, R. (ed.). *El giro decolonial*: reflexiones para una diversidad epistémica más allá del capitalismo global. Bogotá: Siglo del Hombre Editores; Universidad Central; Instituto de Estudios Sociales Contemporáneos; Pontificia Universidad Javeriana; Instituto Pensar, 2007. Disponível em: http://www.unsa.edu.ar/histocat/hamoderna/grosfoguelcastrogomez.pdf. Acesso em: 20 jul. 2021.

MARTINS, C. A. M. *Racismo anunciado*: o negro e a publicidade no Brasil (1985-2005). 2010. Dissertação (Mestrado em Interfaces Sociais da Comunicação) – Universidade de São Paulo, São Paulo, 2010. DOI 10.11606/D.27.2010.tde-04042010-182647.

MARX, K.; ENGELS, F. *A ideologia alemã*: teses sobre Feuerbach. São Paulo: Centauro, 2006.

MATTOSO, J. *O Brasil desempregado*: como foram destruídos mais de 3 milhões de empregados nos anos 90. 2. reimp. [*S. l.*]: Editora Fundação Perseu Abramo, 2000.

MBEMBE, A. *A crítica da razão negra*. São Paulo: N-1 Edições, 2018.

McCLINTOCK, A. *Couro imperial*: raça, gênero e sexualidade no embate colonial. Campinas: Editora da Unicamp, 2010.

MINAYO, C. S. *O desafio do conhecimento*: pesquisa qualitativa em saúde. São Paulo; Rio de Janeiro: Hucitec, 1993.

MOORE, C. *A África que incomoda*. Belo Horizonte: Nandyala, 2010.

MOTA, T. H. *Ensino antirracista na educação básica*: da formação de professores às práticas escolares. Porto Alegre: Editora Fi, 2021. Disponível em: https://www.ped.ufv.br/wp-content/uploads/2021/06/182-Ensino-antirracista-na-Educac%C-C%A7a%CC%83o-Ba%CC%81sica.pdf. Acesso em: 14 nov. 2023.

MOURA, C. (org.). *Os quilombos na dinâmica social do Brasil*. Maceió: Edufal, 2001.

MOURA, C. *Rebeliões da senzala*. 4. ed. Porto Alegre: Mercado Aberto, 1988.

MUNANGA, K. (org.). *Superando o racismo na escola*. 3. ed. Brasília: Ministério de Educação, 2005.

MUNANGA, K. *Negritude*: usos e sentidos. São Paulo: Editora Autêntica, 2009a.

MUNANGA, K. *Origens africanas do Brasil contemporâneo*: histórias, línguas, culturas e civilizações. São Paulo: Global Editora, 2009b.

MUNANGA, K. Prefácio. *In*: CARONE, I.; BENTO, M. A. S. (org.). *Psicologia social do racismo*: estudos sobre branquitude e branqueamento no Brasil. Petrópolis: Vozes, 2002.

MUNANGA, K. Uma abordagem conceitual das noções de raça, racismo, identidade e etnia. *In*: PROGRAMA de Educação sobre o Negro na Sociedade Brasileira. Niterói: Editora da Universidade Federal Fluminense, 2004.

MUNANGA, K.; GOMES, N. L. *O negro no Brasil de hoje*. São Paulo: Global Editora, 2006.

NABUCO, J. *O abolicionista*. São Paulo: Publifolha, 2000.

NASCIMENTO, A. *O genocídio do negro brasileiro*: processo de um racismo mascarado. Rio de Janeiro: Paz e Terra, 1978.

NASCIMENTO, E. L. Reflexões sobre o movimento negro no Brasil. *In*: ALFREDO, G. A. S.; LYNN, H. (org.). *Tirando a máscara sobre o racismo no Brasil, 1938-1997*. São Paulo: Paz e Terra, 2000.

NASCIMENTO, G. *Racismo linguístico*: os subterrâneos da linguagem e do racismo. Belo Horizonte: Letramento, 2019.

NEGRÃO, E. V. A discriminação racial em livros didáticos e infanto-juvenis. *Cadernos de Pesquisa*, São Paulo, n. 63, p. 86-87, nov. 1987.

NISKIER, A. *Educação brasileira*: 500 anos de história. Rio de Janeiro: Funarte, 2001.

NOGUEIRA, O. Relações raciais no município de Itapetininga. *In*: BASTIDE, Roger; FERNANDES, Florestan (dir.). *Relações raciais entre negros e brancos em São Paulo*. São Paulo: Anhembi, 1955.

NOGUEIRA, O. *Tanto preto quanto branco*: estudo de relações raciais. São Paulo: T. A. Queiroz, 1985.

PENNA, S. D. J. Razões para banir o conceito de raça da medicina brasileira. *História, Ciências e Saúde*, Manguinhos, v. 12, n. 1, p. 321-346, maio/ago. 2005.

PEREIRA, A. M. *Por que estudar a história da África?* Rio de Janeiro: Ceap, 2006.

PINA, R. Ensino de história da África ainda não está nos planos pedagógicos, diz professora. *Brasil de Fato*, São Paulo, 8 jan. 2017. Disponível em: https://www.brasildefato.com.br/2017/01/08/ensino-de-historia-da-africa-ainda-nao-esta--nos-planos-pedagogicos-diz-professora/. Acesso em: 21 set. 2022.

PINSKY, J. *A escravidão no Brasil*. São Paulo: Contexto, 2001.

POCHANN, M. *O trabalho sob fogo cruzado*: exclusão, desemprego e precarização no final do século. 3. ed. São Paulo: Contexto, 2002.

PRANDINI, P. D. *Conexão Atlândica*: branquitude, decolonialidade e educomunicação em discursos de docentes de Joanesburgo, de Maputo e de São Paulo. 2022.

Tese (Doutorado em Ciências da Comunicação) – Universidade de São Paulo, São Paulo, 2022. DOI 10.11606/T.27.2022.tde-08062022-110935.

QUIJANO, A. Colonialidade do poder, eurocentrismo e América Latina In: LANDER, Edgardo (org.). *A colonialidade do saber*: eurocentrismo e ciências sociais. Perspectivas latino-americanas. Ciudad Autónoma de Buenos Aires: Clacso, set. 2005. (Colección Sur Sur). Disponível em: http://www.antropologias.org/rpc/files/downloads/2010/08/Edgardo-Lander-org-A-Colonialidade-do-Saber-eurocentrismo-e-ci%C3%AAncias-sociais-perspectivas-latinoamericanas-LIVRO.pdf. Acesso em: jan. 2022.

REDAÇÃO DONNA. Cachos livres: Google revela crescimento de 232% na busca por cabelos cacheados. *Zero Hora*, Porto Alegre, 8 ago. 2017. Disponível em: https://gauchazh.clicrbs.com.br/donna/beleza/noticia/2017/08/cachos-livres-google-revela-crescimento-de-232-na-busca-por-cabelos-cacheados-cjpk6wvjm002mc2c-naq9d6izl.html. Acesso em: 19 nov. 2022.

REIS FILHO, J. T. *Negritude e sofrimento psíquico*: uma leitura psicanalítica. 2005. Tese (Doutorado em Psicologia Clínica) – Pontifícia Universidade Católica de São Paulo, São Paulo, 2005. Disponível em: https://tede.pucsp.br/bitstream/handle/15816/1/Jose%20Tiago%20dos%20Reis%20Filho.pdf. Acesso em: 3 abr. 2023.

RESTREPO, E. Sobre os estudos culturais na América Latina. *Educação*, Porto Alegre, v. 38, n. 1, p. 21-31, jan./abr. 2015. Disponível em: http://revistaseletronicas.pucrs.br/ojs/index.php/faced/article/view/20325/12750. Acesso em: 17 out. 2022.

ROMANELLI, O. O. *História da educação no Brasil*. 33. ed. Petrópolis: Vozes, 2008.

ROMERO, S. *Contos populares do Brasil*. Rio de Janeiro: José Olympio, 1954.

ROSEMBERG, F. Expansão da educação infantil e processos de exclusão. *Cadernos de Pesquisa*, São Paulo, n. 107, p. 7-40, jun. 1999.

ROSEMBERG, F. Relações raciais e rendimento escolar. *Cadernos de Pesquisa*, São Paulo, n. 63, p. 19-23, nov. 1987.

ROSEMBERG, F. Segregação espacial na escola paulista. *Estudos Afro-Asiáticos*, Rio de Janeiro, n. 19, p. 97-107, 1990.

ROSEMBERG, F.; BAZILLI, C.; SILVA, P. V. B. Racismo em livros didáticos brasileiros e seu combate: uma revisão da literatura. *Educação e Pesquisa*, v. 29, n. 1, p. 125-146, 2003. DOI 10.1590/S1517-97022003000100010.

SANTOS, G. A. *A invenção do "ser negro"*: um percurso das ideias que naturalizaram a inferioridade dos negros. Rio de Janeiro; São Paulo: Educ; Fapesp; Pallas, 2002.

SANTOS, S. A. A Lei 10.639/03 como fruto da luta antirracista do movimento negro. *In*: GOMES, N. L. (org.). *Educação anti-racista*: caminhos abertos pela Lei Federal nº 10.639/03. Brasília, DF: Ministério da Educação, Secadi, 2005. (Coleção Educação para Todos). Disponível em: http://www.dominiopublico.gov.br/pesquisa/DetalheObraForm.do?select_action=&co_obra=16224. Acesso em: 18 jan. 2023.

SARAIVA, A. Trabalho, renda e moradia: desigualdades entre brancos e pretos ou pardos persistem no país. *Agência de Notícias IBGE*, Brasília, 12 nov. 2020. Disponível em: https://agenciadenoticias.ibge.gov.br/agencia-noticias/2012-agencia-de-noticias/noticias/29433-trabalho-renda-e-moradia-desigualdades-entre-brancos-e-pretos-ou-pardos-persistem-no-pais. Acesso em: 28 fev. 2022.

SCHUCMAN, L. V. *Entre o "encardido", o "branco" e o "branquíssimo"*: raça, hierarquia e poder na construção da branquitude paulistana. 2012. Tese (Doutorado em Psicologia Social) – Universidade de São Paulo, São Paulo, 2012.

SCHWARCZ, L. M. *O espetáculo das raças*: cientistas, instituições e questão nacional no Brasil. 1870-1930. São Paulo: Companhia das Letras, 1993.

SILVA, A. C. A desconstrução da discriminação no livro didático. *In*: MUNANGA, K. (org.). *Superando o racismo na escola*. 3. ed. Brasília: Ministério de Educação, 2005.

SILVA, I. B. *O racismo silencioso na escola pública*. Araraquara: Junqueira&Marin; Uniara, 2009.

SILVA, N. V.; HASENBALG, C. A. Tendências da desigualdade educacional no Brasil. *Dados*, v. 43, n. 3, p. 423-445, 2000. DOI 10.1590/S0011-52582000000300001.

SISS, A. *Afro-brasileiros, cotas e ação afirmativa*: razões históricas. Rio de Janeiro; Niterói: Quartet; Penesb, 2003.

SKIDMORE, T. *Preto no branco*: raça e nacionalidade no pensamento brasileiro. Rio de Janeiro: Paz e Terra, 1976.

SOUZA, A. L. S.; CROSO, C. *Igualdade das relações étnico-raciais na escola*: possibilidades e desafios para a implementação da Lei 10.639/2003. São Paulo; Peirópolis: Ação Educativa; Ceafro; Ceert, 2007.

SOUZA, E. F. Repercussões do discurso pedagógico sobre relações raciais nos PCNs. *In*: CAVALLEIRO, E. S. (org.). *Racismo e anti-racismo na educação*: repensando nossa escola. São Paulo: Selo Negro Edições, 2001.

SOUZA, J. B. A. Las Casas, Alonso de Sandoval e a defesa da escravidão negra. *Topoi*, Rio de Janeiro, v. 7, n. 12, p. 25-59, jan. 2006.

SOUZA, M. C. C. C. Depressão em professores e violência escolar. *Notandum*, v. 11, p. 19-28, 2008a.

SOUZA, M. C. C. C. Educação, memória e direito à história. *In*: JEAN LAUNAND –SEMINÁRIO INTERNACIONAL CEMOrOC: Filosofia e Educação, 8. *Anais* [...]. São Paulo: Factash Editora, 2008b. p. 7-24.

SOUZA, N. S. *Tornar-se negro (ou as vicissitudes da identidade do negro brasileiro em ascensão social)*. São Paulo: Companhia das Letras, 2022.

STEPAN, N. L. *"A hora da eugenia"*: raça, gênero e nação na América Latina. Rio de Janeiro: Editora Fiocruz, 2005.

TADEI, E. M. A. Mestiçagem enquanto um dispositivo de poder e a constituição de nossa identidade nacional. *Psicologia, Ciência e Profissão*, n. 22, p. 2-13, 2002.

TAGUIEFF, P. A. *O racismo*. Lisboa: Instituto Piaget, 1997.

THOMPSON, E. P. *A formação da classe operária inglesa*. 6. ed. São Paulo: Paz e Terra, 2011. v. 1.

TODOS PELA EDUCAÇÃO. *Desigualdades persistentes*: só 1 em cada 3 negros tem alfabetização consolidada. São Paulo: Todos pela Educação, 3 dez. 2018. Disponível em: https://todospelaeducacao.org.br/noticias/desigualdade-persistente-so-1-em--cada-3-negros-tem-alfabetizacao-consolidada/. Acesso em: 28 fev. 2022.

TROUILLOT, M. R. *Silencing the past*: power and production of history. Boston: Beacon Press, 1995.

VELHO, G. *Subjetividade e sociedade*: uma experiência de geração. Rio de Janeiro: Jorge Zahar Editores, 1989.

WALSH, C. *Interculturalidad crítica y pedagogía de-colonial*: apuestas (des)de el in-surgir, re-existir y re-vivir. [*S. l.: s. n.*], 2010. Disponível em: http://www.antro-pologias.org/rpc/files/downloads/2010/09/Catherine-Walsh-Interculturalidad--cr%C3%ADtica-y-pedagog%C3%ADa-de-colonial.pdf. Acesso em: 28 nov. 2022.

WISSENBACH, M. C. Da escravidão à liberdade: dimensões de uma privacidade possível. *In*: NOVAIS, F. A. (dir.). *História da vida privada no Brasil*. São Paulo: Companhia das Letras, 1988. v. 3, organização de Nicolau Sevcenko.

WISSENBACH, M. C. *Sonhos africanos, vivências ladinas*: escravos e forros em São Paulo. 2. ed. São Paulo: Hucitec, 2009.